元史

四部備要

史部

中華書局據武英殿本校刊

桐鄉陸費逵總勘
杭縣高時顯
吳汝霖輯校
杭縣丁輔之監造

元史卷三十九

明翰林學士亞中大夫知制誥兼修國史宋　濂等修

本紀第三十九

順帝二

二年春正月壬戌太陰犯右執法甲子太陰犯角宿乙丑宿松縣地震山裂丁卯太陰犯房宿是月置都水庸田使司于平江二月戊寅朔祭社稷辛巳太陰犯昴宿甲申太白經天戊子詔以世祖所賜王積翁田八十頃還其子都中初積翁賫詔諭日本死於王事嘗受賜後收入官故復賜之己丑立穆陵關巡檢司壬辰日赤如赭乙未丙申復如之丁酉追尊帝生母邁來迪爲貞裕徽聖皇后庚子分衡州路衡陽縣立新城縣進封宣靖王買奴爲益王甲辰宗王也可札魯忽赤添孫薨賜鈔一百錠以葬乙巳詔賞勞廣海征猺將卒有官者升散階歿於王事者優加褒贈金山甘肅兵士在逃者聽復業免其罪三月戊申以阿里海牙家藏書畫賜伯顏甲寅以按灰爲大宗正府也可札魯忽赤總掌天

下奸盜詐僞丁巳以累朝御服朱衣七寶項牌賜伯顏庚申日赤如赭壬戌復如之賜征東元帥府軍士冬衣及甲諸軍討廣西猺久無功勑行省行臺廉訪司官共督之順州民饑以鈔四千錠賑之夜太陰犯星宿癸亥日赤如赭甲子太陰犯箕宿乙丑太陰犯南斗賜宗王火兒灰母荅里鈔一千錠以撒敦上都居第賜太保定住仍勑有司籍撒敦家財甲戌復四川鹽井之禁以按荅木兒家人田宅賜太保定住以汪家奴爲宣政院使加金紫光祿大夫造武宗英宗明宗三朝皇后玉冊玉寶是月陝西暴風旱無麥夏四月丁丑朔日赤如赭禁民間私造格例戊寅封駙馬孛羅帖木兒爲毓德王丙戌太陰犯角宿丁亥禁服麒麟鸞鳳白兎靈芝雙角五爪龍八龍九龍萬壽福壽字赭黄等服庚寅以知樞密院事帖木兒不華爲中書平章政事撒迪爲御史大夫甲午遣使以香幣賜武當龍虎二山詔以太平路爲郯王徹徹禿食邑以集慶廬州饒州禿禿哈民戸賜伯顏仍於句容縣設長官所領之戊戌車駕時巡上都拜中書左丞耿煥爲侍御史王德懋爲中書左丞賜宗室灰里王金一錠鈔一千錠毓德王

孛羅帖木兒鈔三千錠公主八八鈔二千錠五月丙午朔黃河復于故道庚戌太陰犯靈臺乙卯南陽鄧州大霖雨自是日至于六月甲申湍河白河大溢水爲災丙辰太白晝見丁巳亦如之壬申秦州山崩是月婺州不雨至于六月六月丁丑禁諸王駙馬從衞服只孫衣繫條環贈宗王忽都答兒爲雲安王謚忠武羅羅歹爲保寧王謚昭勇庚辰命中書平章政事阿吉剌知經筵事戊子以鐵木兒補化爲江浙行省左丞相太白犯井宿辛卯以汴梁大名諸路脫別台地土賜伯顏禮部侍郎忽里台請復科舉取士之制不聽庚子涇水溢辛丑以鈔五千錠賜吳王搠失江秋七月丙午詔以公主奴倫引者思之地五千頃賜伯顏以衞輝路賜衞王寬徹哥爲食邑己酉太白犯鬼宿庚戌以定住鎖南參議中書省事壬子發阿魯哈不蘭奚駱駝一百一十上供太皇太后乘輿之用乙卯太白犯熒惑庚申禁隔越中書口傳勅旨冒支錢糧甲子命有司以所籍撒敦寶器分賜伯顏及太保定住乙丑中書平章政事孛羅徙宅賜金二錠銀十錠庚午勅賜上都孔子廟碑載累朝尊崇之意省諸王公主駙馬從衞糧賜

之數癸酉命宗王不蘭奚駙馬月魯不花帖古思教化鎭薛連可怯魯連之地各賜鈔六百錠及銀牌遣之是月黃州蝗督民捕之人日五斗以鈔二千錠賑新收阿速軍扈從車駕者每戶鈔二錠死者人一錠八月甲戌朔日有食之高郵大雨雹詔雲南廣海八番及甘肅四川邊遠官死而不能歸葬者有司給糧食舟車護送還鄉去鄉遠者加鈔二十錠無親屬者官爲瘞之命威順王寬徹不花還鎭湖廣先是伯顏矯制召之至京至是帝遣歸藩戊寅祭社稷大都至通州霖雨大水勅軍人修道己卯太陰犯心宿辛巳太陰犯箕宿辛卯以徽政院中政院財賦府田租六萬三千三百石補本年海運未敷之數令有司歸其直壬辰立屯衞於馬札罕之地庚子詔强盜皆死盜牛馬者劓盜驢騾者黥額再犯劓盜羊豕者墨項再犯黥三犯劓劓後再犯者死盜諸物者照其數估價省院臺五府官三年一次審決著爲令辛丑減湖馬路泥溪平夷蠻夷夷都沐川雷坡六長官司併爲三九月庚戌熒惑犯太微垣癸亥弛鞏昌總帥府漢人軍器之禁戊辰車駕還自上都海運糧至京遣官致祭天妃是月台州路饑發

義倉募富人出粟賑之沅州路盧陽縣饑賑糶米六千石冬十月丙子熒惑犯
左執法己卯享于太廟丙申命參知政事納麟監繪明宗皇帝御容丁酉太陰
犯昴宿己亥詔每日右丞相伯顏太保定住中書平章政事孛羅阿吉剌聚議
於內廷平章政事塔失海牙右丞鞏卜班參知政事納麟許有壬等聚議於中
書太陰犯進賢是月撫州袁州瑞州諸路饑發米六萬石賑糶之十一月己酉
太陰犯壘壁陣壬子以那海為湖廣行省平章政事討廣西叛猺武宗英宗明
宗三朝皇后升祔入廟命官致祭丁巳遣河南行省平章政事玥璐普華於西
番為僧己未太陰犯壘壁陣辛酉賜宣讓王帖木兒不花市宅錢四千錠詔帖
木兒不花王府官屬朝賀班次列于有司之右壬戌命同知樞密院事者燕不
花兼宮相都總管府達魯花赤領隆鎮衞左阿速衞諸軍癸亥安置宗王不蘭
奚於梧州丁卯太陰犯房宿辛未禁彈弓弩箭袖箭壬申國公買住卒賜鈔三
百錠印造至元三年鈔本一百五十萬錠是月松江府上海縣饑發義倉糧及
募富人出粟賑之安豐路饑賑糶麥四萬二千四百石十二月甲戌日赤如赭

丙子命與元府鳳州留壩鎮及晉寧路遼山縣十八盤各立巡檢司宗王也孫帖木兒進西馬三疋賜文濟王蠻子金印驛劵及從衛者衣幷糧五千石詔省院臺翰林集賢奎章閣太常禮儀院禮部官定議寧宗皇帝尊謚廟號是月江州諸縣饑總管王大中貸富人粟以賑貧民而免富人雜徭以爲息約年豐還之民不病饑慶元慈溪縣饑遣官賑之是歳詔整治驛傳以甘肅行省白城子屯田之地賜宗王喃忽里以燕鐵木兒居第賜灌頂國師曩哥星吉號大覺海寺塑千佛於其內江浙旱自春至于八月不雨民大饑

三年春正月癸卯廣州增城縣民朱光卿反其黨石昆山鍾大明率衆從之僞稱大金國改元赤符命指揮狗札里江西行省左丞沙的討之戊申大都南北兩城設賑糶米鋪二十處辛亥升祔懿璘只班皇帝於廟謚沖聖嗣孝皇帝廟號寧宗豫王阿剌忒納失里買池州銅陵產銀地一所請用私財煅煉輸納官課從之癸丑立宣鎮侍衛屯田萬戶府於寧夏丙辰月食丁巳日有交暈左右珥上有白虹貫之戊午帝獵于柳林凡三十五日監察御史丑的宋紹明進諫

帝嘉納之賜金幣丑的等固辭帝曰昔魏徵進諫唐太宗未嘗不賞汝其受之是月臨江路新淦州新喻州瑞州民饑賑糶米二萬石封晉郭璞爲靈應侯二月壬申朔日有食之棒胡反於汝寧信陽州棒胡本陳州人名閏兒以燒香惑衆妄造妖言作亂破歸德府鹿邑焚陳州屯營於杏岡命河南行省左丞慶童領兵討之紹興路大水丙子立船戶提舉司十處提領二十處定船戶科差船一千料之上者歲納鈔六錠以下遞減壬午以上太皇太后玉冊玉寶恭謝太廟甲申定服色器皿輿馬之制己丑汝寧獻所獲棒胡彌勒佛小旗僞宣敕幷紫金印量天尺辛卯發鈔四十萬錠賑江浙等處饑民四十萬戶開所在山場河泊之禁聽民樵採廣西猺賊復反命湖廣行省平章那海江西行省平章禿兒迷失海牙總兵捕之丙申太保定住薨給賜殯葬諸物庚子中書參知政事納麟等請立採珠提舉司先是嘗立提舉司泰定間以其煩擾罷去至是納麟請復立之且以採珠戶四萬賜伯顏是月發義倉米賑蘄州及紹興饑民三月辛亥太陰犯靈臺發鈔一萬錠賑大都寶坻饑民戊午以玉寶玉冊立弘吉剌

氏伯顏忽都爲皇后因兩輟賀詔以完者帖木兒蘇州之田二百頃賜郯王徹
徹禿己未大都饑命於南北兩城賑糶糙米癸亥加封晉周處爲英義武惠正
應王己丑命宗王燕帖木兒爲大宗正府札魯忽赤是月天兩線發義倉糧賑
溧陽州饑民六萬九千二百人夏四月壬申遣使降香於龍虎三茅閤皁諸山
癸酉禁漢人南人高麗人不得執持軍器凡有馬者拘入官甲戌有星孛于王
良至七月壬寅沒于貫索皇后以受玉冊玉寶恭謝太廟命伯顏領宣鎮侍衛
軍賜鈔三千錠建宣鎮侍衛府以太皇太后受冊寶詔天下己卯車駕時巡上
都壬午高麗王阿剌忒納失里朝賀還國賜金一錠鈔二千錠從官賜與有差
辛卯合州大足縣民韓法師反自稱南朝趙王太陰犯壘壁陣丁酉諡唐杜甫
爲文貞己亥惠州歸善縣民聶秀卿譚景山等造軍器拜戴甲爲定光佛與朱
光卿相結爲亂命江西行省左丞沙的捕之庚子太白晝見是月詔省院臺部
宣慰司廉訪司及部府幕官之長並用蒙古色目人禁漢人南人不得習學蒙
古色目文字以米八千石鈔二千八百錠賑哈剌奴兒饑民龍興路南昌新建

縣饑太皇太后發徽政院糧三萬六千七百七十石賑糶之五月辛丑民間訛言朝廷拘刷童男童女一時嫁娶殆盡壬寅太白犯鬼宿癸卯給平伐都雲定雲二處安撫司達魯花赤暗都剌等虎符乙巳以興州松州民饑禁上都興和造酒太陰犯軒轅戊申詔汝寧棒胡廣東朱光卿聶秀卿等皆係漢人漢人有官於省臺院及翰林集賢者可講求誅捕之法以聞太白晝見壬子太陰犯心宿甲寅詔哈八兒禿及禿堅帖木兒爲太尉各設僚屬幕官西番賊起殺鎭西王子党兀班立行宣政院以也先帖木兒爲院使往討之戊午太白晝見己未太陰犯壘壁陣辛酉太白晝見壬戌命四川行省參知政事舉理等捕反賊韓法師丁卯慧星見於東北大如天船星色白約長尺餘彗指西南至八月庚午始滅六月庚午太白經天辛未甲戌復如之乙亥太白犯靈臺戊寅贈丞相安童推忠佐運開國元勳東平忠憲王於所封城內建立祠廟官爲致祭己卯太白經天夜太白犯太微垣辛巳大霖雨自是日至癸巳不止京師河南北水溢御河黃河沁河渾河水溢沒人畜廬舍甚衆壬午太白晝見太陰犯斗宿癸未

設醮長春宮丁亥太白犯太微垣戊子加封文始尹真人爲無上太初博文文始真君徐甲爲垂玄感聖慈化應御真君庚桑子洞靈感化超蹈混然真君文子通玄光暢昇元敏秀真君列子沖虛至德遁世遊樂真君莊子南華至極雄文弘道真君己丑太白晝見庚寅復如之至七月辛酉方息壬辰彰德大水深一丈立高密縣維川鄉景芝社巡檢司秋七月己亥漳河泛溢至廣平城下賜鞏卜班西平王印癸卯車駕出獵太白經天乙巳復如之丙午車駕幸失剌斡耳朵太白復經天丁未車駕幸龍岡灑馬乳以祭戊申召朵兒只國王入朝庚戌太白晝見河南武陟縣禾將熟有蝗自東來縣尹張寬仰天祝曰寧殺縣尹毋傷百姓俄有魚鷹羣飛啄食之壬子車駕幸乾元寺甲寅太白經天乙卯懷慶水庚申詔除人命重事之外凡盜賊諸罪不須候五府官審錄有司依例決之辛酉太白晝見壬戌賜宗王桑哥八剌七寶繫腰太白經天癸亥甲子復如之是月狗札里沙的擒朱光卿尋追擒石昆山鍾大明八月戊辰祭社稷遣使賑濟南饑民九萬戶庚午彗星不見自五月丁卯始見至是凡六十三日自昴

至房氐歷一十五宿而滅甲戌太陰犯心宿辛巳京畿盜起壬午京師地大震太廟梁柱裂各室牆壁皆壞壓損儀物文宗神主及御床盡碎西湖寺神御殿壁仆壓損祭器自是累震至丁亥方止所損人民甚衆癸未日有交暈左右珥白虹貫之河南地震弛高麗執持軍器之禁仍令乘馬戊子漢人鎮遏生番處亦開軍器之禁修理文宗神主昇廟中諸物是月車駕至自上都九月己亥熒惑犯斗宿甲辰太白犯斗宿丁未太陰犯壘壁陣己酉立皮貨所於寧夏設提領使副主之立四川湖廣江西江浙行樞密院文宗新主玉冊及一切神御之物皆成詔依典禮祭告太陰犯壘壁陣辛亥太陰犯軒轅丙寅大都南北兩城添設賑糶米鋪五所冬十月庚午太白晝見癸酉日赤如赭乙亥命江浙行省丞相𢷬思監提調海運丙子太陰犯壘壁陣壬午太陰犯昴宿丁亥太白晝見太陰犯鬼宿庚寅太白晝見辛卯亦如之丙申復如之十一月丁酉太白經天戊戌太白犯亢宿己亥太白經天壬寅太陰犯熒惑癸卯太陰犯壘壁陣丙午立屯田於雄州丁未填星犯鍵閉辛亥太白犯五車甲寅太白犯鬼宿丙辰太

陰犯軒轅丁巳太白經天太陰犯太微垣詔脫脫木兒襲脫火赤荊王位仍命
其妃忽剌灰同治兀魯思事戊午太白經天癸亥發鈔萬五千錠賑宣德等處
地震死傷者太白經天甲子乙丑復如之十二月己巳享于太廟歲星退犯天
罇填星犯罰星甲戌熒惑犯壘壁陣太白犯東咸乙亥吏部仍設考功郎中員
外郎主事各一員庚辰命阿魯圖襲廣平王爵壬午集賢大學士羊歸等言太
上皇唐妃影堂在真定玉華宮每年宜於正月二十日致祭從之丙戌命阿速
衛探馬赤軍屯田是月以馬札兒台爲太保分樞密院鎮北邊是歲詔賜孝子
靳昺碑伯顏請殺張王劉李趙五姓漢人帝不從徵西域僧伽剌麻至京師號
灌頂國師賜玉印
四年春正月丙申以地震赦天下詔內外廉能官父母年七十無侍丁者附近
銓注以便侍養以宣政院使不蘭奚年七十致仕授大司徒給全俸終身癸卯
太白犯建星甲辰復如之丙午太白犯五車辛亥太陰犯軒轅己未填星犯東
咸江浙海運糧數不足撥江西河南五十萬石補之庚申太陰入南斗太白犯

牛宿辛酉分命宗王乃馬歹爲知行樞密院事癸亥印造鈔本百二十萬錠是月詔修曲阜孔子廟二月丁卯罷河南江西江浙湖廣四川等處行樞密院戊辰祭社稷庚午車駕獵于柳林戊寅太陰犯軒轅己卯太陰犯靈臺乙酉奉聖州地震是月賑京師河南北被水災者龍興路南昌州饑以江西海運糧賑糶之三月戊申塡星退犯東咸辛酉命中書平章政事阿吉剌監修至正條格告祭南郊以國王朶兒只爲遼陽行省左丞相宗王玉里不花爲知樞密院事賜鈔一千錠金一錠銀十錠夏四月辛未京師天雨紅沙晝晦以探馬赤只兒瓦歹爲中書平章政事癸酉以脫脫爲御史大夫乙亥命阿吉剌爲奎章大學士兼知經筵事己卯車駕時巡上都河南執棒胡至京師誅之癸巳車駕薄暮至八里塘雨雹大如拳其狀有小兒環玦獅象龜卵之形五月乙未立五臺山等處巡檢司庚戌升兩淮屯田打捕總管府爲正三品甲寅贈湖廣行省平章政事燕赤推誠翊戴安邊制勝功臣太傅開府儀同三司上柱國追封永平王謚忠襄辛酉詔土番宣慰司軍士許令乘馬執兵器湖廣行省元領新化洞古州

潭溪龍里洪州諸洞三百餘處洞民六萬餘戶分隸靖州立敘南橫江巡檢司是月命佛家閭爲考功郎中喬林爲考功員外郎魏宗道爲考功主事考較天下郡縣官屬功過命阿剌吉復爲中書平章政事彰德獻瑞麥一莖三穗臨沂費縣水發米三萬石賑糶之六月庚午廣東廉訪司僉事恩莫綽言處決重囚宜命五府官斟酌地里遠近預選官分行各道比到秋分時畢事從之辛巳袁州民周子旺反僭稱周王僞改年號尋擒獲伏誅塡星退犯鍵閉壬午立重慶路墊江縣己丑邵武路大雨水入城郭平地二丈是月信州路靈山裂漳州路南勝縣民李志甫反圍漳城守將搠思監與戰失利詔浙江行省平章別不花總浙閩江西廣東軍討之秋七月壬寅詔以伯顏有功立生祠於涿州汴梁己酉奉聖州地大震損壞人民廬舍丙辰鞏昌府山崩壓死人民戊午爲伯顏立打捕鷹房諸色人戶總管府八月癸亥朔日有食之戊辰祭社稷己巳申取高麗女子及閹人之禁贈伯顏察兒守誠佐治安惠世美功臣太師開府儀同三司上柱國追封奉元王諡忠宣辛未宣德府地大震癸酉山東鹽運司於濟南

歷城立濱洛鹽倉東西二場丙子京師地震日二三次至乙酉乃止丁酉白虹貫天癸未改宣德府爲順寧府奉聖州爲保安州贈太保曲出推忠翊運保寧一德功臣太師開府儀同三司上柱國追封廣陽王諡忠愍贈平章伯帖木兒宣忠濟美協誠正德功臣太傅開府儀同三司上柱國追封文安王諡忠憲甲申雲南老告土官八那遣姪那賽齎象馬來朝爲立老告軍民總管府是月車駕還自上都閏八月戊戌日赤如赭己亥復如之塡星犯罰星太陰犯斗宿壬寅日赤如赭庚戌太陰犯斗宿乙卯太陰犯鬼宿九月丙寅太陰犯斗宿戊辰太白犯東咸癸酉奔星如盃大色白起自右旗之下西南行沒於近濁甲申太陰犯軒轅乙酉太陰犯靈臺庚寅日赤如赭太白犯斗宿冬十月辛卯享于太廟辛亥太陰犯酒旗十一月丙寅改英宗殿名昭融丁卯立紹熙府軍民宣撫都總使司命御史大夫脫脫兼都總使治書侍御史吉當普爲副都總使世襲其職本府元領六州二十縣一百五十二鎭國初以其地荒而廢之至是居民二十餘萬故立府治之乙巳命平章政事孛羅領太常禮儀院使熒惑犯氐宿

丁丑太陰犯鬼宿戊寅太陰犯壘壁陣壬午四川散毛洞蠻反遣使賑被寇人民十二月甲午大都南城等處設米鋪二十每鋪日糶米五十石以濟貧民俟秋成乃罷戊戌立邦牙等處宣慰司都元帥府并總管府先是世祖既定緬地以其處雲南極邊就立其酋長爲帥令三年一入貢至是來貢故立官府庚子熒惑犯房宿壬寅以宣徽使別兒怯不花爲御史大夫癸卯太白經天己酉復如之庚戌加荆王脫脫木兒元德上輔廣中宣義正節振武佐運功臣之號太白經天辛亥復如之壬子熒惑犯東咸乙卯太白犯外屏太陰犯斗宿丙辰太白經天

元史卷三十九

明翰林學士亞中大夫知制誥兼修國史宋　濂等修

本紀第四十

順帝三

五年春正月癸亥禁濫予僧人名爵庚午太陰犯井宿乙亥熒惑犯天江濮州鄄城范縣饑賑鈔二千一百八十錠冀寧路交城等縣饑賑米七千石桓州饑賑鈔二千錠雲需府饑賑鈔五千錠開平縣饑賑米兩月興和寶昌等處饑賑鈔萬五千錠二月庚寅信州雨土甲午太陰犯昴宿戊戌祭社稷庚子免廣海添辦鹽課萬五千引止辦元額壬寅太陰犯靈臺三月辛酉八魯剌思千戶所民被災遣太禧宗禋院斷事官塔海發米賑之戊辰灤河住冬怯憐口民饑每戶賑糧一石鈔二十兩夏四月辛卯革興州興安縣癸巳立伯顏南口過街塔二碑乙未加封孝女曹娥爲慧感靈孝昭順純懿夫人壬寅太陰犯日星及房宿己酉申漢人南人高麗人不得執軍器弓矢之禁是月車駕時巡上都五月

己未朔晃火兒不剌賽禿不剌紐阿迭列孫三卜剌等處六愛馬大風雪民饑
發米賑之庚午太陰犯心宿壬申太陰犯斗宿丙子太白犯昴宿丙戌加封瀏
陽州道吾山龍神崇惠昭應靈顯廣濟侯六月壬寅月食甲辰熒惑退入南斗
庚戌汀州路長汀縣大水平地深可三丈餘沒民廬八百家壞民田二百頃戸
賑鈔半錠死者一錠乙卯達達民饑賑糧三月是月沂莒二州民饑發糧賑糶
之秋七月辛酉壬戌熒惑犯南斗甲子熒惑犯南斗太陰犯房宿甲戌太白經
天丙子開上都興和等處酒禁丁丑封皇姊月魯公主爲昌國大長公主戊寅
太白經天詔諸王位下官毋入常選甲申常州宜興山水出勢高二丈壞民廬
乙酉太白經天丙戌太白復經天八月丁亥車駕至自上都戊子太白經天祭
社稷己丑太白復經天庚寅宗王脫歡脫木爾各愛馬人民饑以鈔三萬四千
九百錠賑之宗王脫憐渾禿各愛馬人民饑以鈔萬一千三百五十七錠賑之
太白經天辛卯太白復經天甲午太陰犯斗宿丁酉太白犯軒轅戊戌己亥太
白經天壬寅至甲辰太白復經天乙巳太陰犯昴宿九月丁巳瀋陽饑民食木

皮賑糶米一千石戊午太白經天己未太白復經天冬十月辛卯享于太廟壬辰禁倡優盛服許男子裹青巾婦女服紫衣不許戴笠乘馬甲午詔命伯顏爲大丞相加元德上輔功臣之號賜七寶玉書龍虎金符己亥熒惑犯壘壁陣是月衡州饑賑糶米五千石遼陽饑賑米五百石文登牟平二縣饑賑糶米一萬石十一月丁巳熒惑犯壘壁陣禁宰殺戊辰開封杞縣人范孟反僞傳帝旨殺河南行省平章政事月祿帖木兒左丞劫烈廉訪使完者不花等已而捕誅之癸酉瑞州路新昌州雨木冰至明年二月始解是月八番順元等處饑賑鈔二萬二十錠十二月辛卯復立都水庸田使司于平江先是嘗置而罷至是復立甲午太陰犯昴宿癸酉熒惑犯外屏是歲勑賜曲阜宣聖廟碑工部廳梁上出芝草一本七莖袁州饑賑糶米五千石膠密莒濰等州饑賑鈔二萬錠

六年春正月丁卯太陰犯鬼宿甲戌立司禋監奉太祖太宗睿宗三朝御容於石佛寺乙亥太陰犯房宿戊寅追封闊兒吉思宣誠戡難翊運致美功臣太師開府儀同三司上柱國追封晉寧王諡忠襄是月察忽察罕腦兒等處馬災賑

鈔六千八百五十八錠邳州饑賑米兩月二月甲申朔詔權止今年印鈔戊子祭社稷己丑太陰犯昴宿丙申太陰犯太微垣己亥黜中書大丞相伯顏爲河南行省左丞相詔曰朕踐位以來命伯顏爲太師秦王中書大丞相而伯顏不能安分專權自恣欺朕年幼輕視太皇太后及朕弟燕帖古思變亂祖宗成憲虐害天下加以極刑允合輿論朕念先朝之故尚存憫恤今命伯顏出爲河南行省左丞相所有元領諸衛親軍并怯薛丹人等詔書到時卽許散還以太保馬札兒台爲太師中書右丞相太尉塔失海牙爲太傅知樞密院事塔馬赤爲太保御史大夫脫脫爲知樞密院事汪家奴爲中書平章政事嶺北行省平章政事也先帖木兒爲御史大夫增設京城米鋪從便賑糶壬寅詔除知樞密院事脫脫之外諸王侯不得懸帶弓箭環刀輒入內府癸卯太陰犯心宿乙巳罷各處船戶提舉廣東採珠提舉二司丁未太陰犯羅堰立延徽寺以奉寧宗祀事罷司禋監罷通州河西務等處抽分按利房大都東裏山查提領所戊申熒惑犯月星己酉慧星如房星大色白狀如粉絮尾跡約長五寸餘彗指西南漸

向西北行是月福寧州大水溺死人民京畿五州十一縣水每戶賑米兩月三月甲寅漳州義士陳君用襲殺反賊李志甫授君用同知漳州路總管府事乙卯益都般陽等處饑賑之丙辰赦漳潮二州民爲李志甫劉虎仔脅從之罪褒贈軍將死事者丁巳大斡耳朵思風雪爲災馬多死以鈔八萬錠賑之癸亥四怯薛役戶饑賑米一千石鈔二千錠成宗潛邸四怯薛戶饑賑米二百石鈔二百錠以知樞密院事脫脫御史大夫別兒怯不花知樞密院事㐅不花知經筵事中書參議阿魯佛住兼經筵官太陰犯軒轅丁卯詔賜江南行臺御史中丞史惟良御史中丞耿煥山東廉訪使張友諒中書參知政事許有壬上尊束帛庚午太陰犯房宿辛未詔徙伯顏於南恩州陽春縣安置壬申太陰犯南斗丁丑以治書侍御史達識帖睦邇爲奎章閣大學士翰林直學士揭傒斯爲奎章閣供奉學士戊寅太白犯月星辛巳彗星見自二月己酉至三月庚辰凡三十二日是月淮安路山陽縣饑賑鈔二千五百錠給糧兩月順德路邢臺縣饑賑鈔三千錠夏四月己丑享于太廟庚寅詔大天元延壽寺立明宗神御殿碑以

同知樞密院事鐵木兒塔識爲中書右丞丙午詔封馬札兒台爲忠王及加荅剌罕之號馬札兒台辭五月癸丑禁民間藏軍器乙卯監察御史普魯台言右丞相馬札兒台辭荅剌罕及王爵名號宜示天下以勸廉讓從之己未詔以党兀巴太子擒賊阿荅理胡歿於王事追封涼王謚忠烈漳州龍巖尉黃佐才獲李志甫餘黨鄭子箕佐才因與賊戰妻子四十餘口皆遇害以佐才爲龍巖縣尹丁卯太陰犯斗宿辛未降鈔萬錠給守衛宮闕內外門禁唐兀左右阿速貴赤阿兒渾欽察等衛軍丙子車駕時巡上都置月祭各影堂香於大明殿遇行禮時令省臣就殿迎香祭之以宦者伯不花爲長寧寺卿是月濟南饑賑鈔萬錠六月丙申詔撤文宗廟主徙太皇太后不荅失里東安州安置放太子燕帖古思於高麗其略曰昔我皇祖武宗皇帝昇遐之後祖母太皇太后惑於憸慝俾皇考明宗皇帝出封雲南英宗遇害正統寖偏我皇考以武宗之嫡逃居朔漠宗王大臣同心翊戴肇啓大事于時以地近先迎文宗暫總機務繼知天理人倫之攸當假讓位之名以寶璽來上皇考推誠不疑卽授以皇太子寶文宗

稔惡不悛當躬迓之際乃與其臣月魯不花也里牙明里董阿等謀爲不軌使
我皇考飲恨上賓歸而再御宸極思欲自解於天下乃謂夫何數日之間宮車
弗駕海內聞之靡不切齒又私圖傳子乃搆邪言嫁禍於八不沙皇后謂朕非
明宗之子遂俾出居遐陬祖宗大業幾於不繼內懷愧慊則殺也里牙以杜口
上天不祐隨降殞罰叔嬸不答失里怙其勢燄不立明考之冢嗣而立孺稚之
弟懿璘質班奄復不年諸王大臣以賢以長扶朕踐位國之大政屬不自遂者
詎能枚舉每念治必本於盡孝事莫先於正名賴天之靈權奸屏黜盡孝正名
不容復緩永惟鞠育罔極之恩忍忘不共戴天之義既往之罪不可勝誅其命
太常徹去脫脫木兒在廟之主不答失里本朕之嬸乃陰構奸臣弗體朕意僭
膺太皇太后之號迹其閨門之禍離間骨肉罪惡尤重揆之大義削去鴻名徙
東安州安置燕帖古思昔雖幼沖理難同處朕終不陷於覆轍專務殘酷惟放
諸高麗當時賊臣月魯不花也里牙已死其以明里董阿等明正典刑監察御
史崔敬言燕帖古思不宜放逐不報己亥秦州成紀縣山崩地坼癸卯太白晝

見己酉太白復晝見辛亥太白晝見夜犯歲星是月濟南路歷城縣饑賑鈔二千五百錠秋七月甲寅太白晝見詔封微子爲仁靖公箕子爲仁獻公比干加封爲仁顯忠烈公乙卯奉元路盩厔縣河水溢漂流人民丁巳太白晝見戊午以星文示異地道失寧蝗旱相仍頒罪己詔於天下享于太廟己未以亦憐真班爲御史大夫庚申太陰犯心宿壬戌至癸亥太白晝見甲子太陰犯羅堰乙丑至丙寅太白復晝見丁卯燕帖古思薨詔以鈔一百錠備物祭之癸酉太白晝見戊寅命翰林學士承旨腆哈奎章閣學士巎巎等刪修大元通制庚辰達達之地大風雪羊馬皆死賑軍士鈔一百萬錠并遣使賑怯烈干十三站每站一千錠是月禁色目人勿妻其叔母八月壬午以也先帖木兒爲御史大夫戊子祭社稷是月車駕至自上都九月辛亥明里董阿伏誅癸丑加封漢張飛武義忠顯英烈靈惠助順王辛酉太白犯虛梁丙寅詔今後有罪者毋籍其妻女以配人丁卯太陰犯昴宿熒惑犯歲星甲戌太陰犯軒轅冬十月甲申奉玉冊玉寶尊皇考爲順天立道睿文智武大聖孝皇帝親祼太室庚寅奉符長清元

城清平四縣饑詔遣制國用司官驗而賑之辛卯各愛馬人不許與常選壬辰立曹南王阿剌罕淮安王伯顏河南王阿术祠堂丁酉太白入南斗己亥太白犯斗宿壬寅馬札兒台辭左丞相職仍爲太師以脫脫爲中書右丞相宗正札魯忽赤鐵木兒不花爲中書左丞相是月河南府宜陽等縣大水漂沒民廬溺死者衆人給殯葬鈔一錠仍賑義倉糧兩月十一月甲寅監察御史世圖爾言宜禁答失蠻回回主吾人等叔伯爲婚姻乙卯太陰犯虛粱以親祼大禮慶成御大明殿受羣臣朝戊午熒惑犯氐宿甲子月食辰星犯東咸辛未以孔克堅襲封衍聖公戊寅辰星犯天罡是月處州婺州饑以常平義倉糧賑之十二月復科舉取士制國子監積分生員三年一次依科舉例入會試中者取一十八名癸未太陰犯虛粱乙酉太陰犯土公丁亥熒惑犯鈎鈐戊子罷天曆以後增設太禧宗禋等院及奎章閣乙未熒惑犯東咸戊戌太陰犯明堂是月東平路民饑賑之寶慶路大雪深四尺五寸

至正元年春正月己酉朔改元詔曰朕惟帝王之道德莫大於克孝治莫大於

得賢朕早歷多難入紹大統仰思祖宗付託之重戰兢惕勵于茲八年慨念皇考久勞于外甫卽大命四海觖望夙夜追慕不忘于懷乃以至元六年十月初四日奉玉冊玉寶追上皇考曰順天立道睿文智武大聖孝皇帝被服袞冕祼于太室式展孝誠十有一月六日勉徇大禮慶成之請御大明殿受羣臣朝爰自去春疇咨于衆以知樞密院事馬札兒台爲太師右丞相以正百官以親萬民尋卽控辭養疾私第再三諭旨勉令就位自春徂秋其請益固朕憫其勞日久察其至誠不忍煩之以政俾解機務仍爲太師而知樞密院事脫脫早歲輔朕克著忠貞乃命爲中書右丞相宗正札魯忽赤帖木兒不花嘗歷政府嘉績著聞爲中書左丞相竝錄軍國重事夫三公論道以輔予德二相總政以弼予治其以至元七年爲至正元年與天下更始甲寅熒惑犯天江丁巳享于太廟庚申太陰犯井宿癸亥詔天壽節禁屠宰六日辛未太陰犯心宿癸酉太陰犯斗宿甲戌太白晝見凡四日是月命脫脫領經筵事命永明寺寫金字經一藏免天下稅糧五分湖南諸路饑賑糶米十八萬九千七十六石二月戊寅祭社

稷己卯太白晝見庚辰太白復晝見辛巳立廣福庫罷藏珍等庫乙酉濟南濱州沾化等縣饑以鈔五萬三千錠賑之丙戌太白晝見癸巳太陰犯明堂乙未加封皇姊不答昔你明惠貞懿大長公主是月大都寶坻縣饑賑米兩月河間莫州滄州等處饑賑鈔三萬五千錠晉州饒陽阜平安喜靈壽四縣饑賑鈔二萬錠印造至元鈔九十九萬錠中統鈔一萬錠三月庚戌罷兩淮屯田手號打捕軍役令屬本所領之癸丑命屯儲衞軍於河南芍陂洪澤德安三處屯種甲寅給還帖木兒不花宣讓王印鎭淮西己未汴梁地震大都路涿州范陽房山饑賑鈔四千錠丙子以行省平章政事燕帖木兒就佩虎符提調屯田是月般陽路長山等縣饑賑鈔萬錠彰德路安陽等縣饑賑鈔萬五千錠夏四月丁丑道州土賊蔣丙等反破江華縣掠明遠縣戊寅彰德有赤風自西北起晝晦如夜甲申享于太廟丁亥臨賀縣民被猺寇鈔掠發義倉糧賑之庚寅帝幸護聖寺命中書右丞鐵木兒塔識爲平章政事阿魯爲右丞許有壬爲左丞癸巳立富平庫隸資正院復立衞候司丁酉以兩浙水災免歲辦餘鹽三萬引己亥立

吏部司績官庚子復封太師馬札兒台爲忠王罷漷州河西務彰德饑賑鈔萬五千錠是月車駕時巡上都五月戊申以崇文監屬翰林國史院己未罷河西務行用庫壬戌月食是月賑阿剌忽等處被災之民三千九百一十三戸給鈔二萬一千七百五錠閏五月丁丑改封徽州土神汪華爲昭忠廣仁武烈靈顯王甲午賞賜扈從明宗諸王官屬八百七人金銀鈔幣各有差壬寅詔刻宣文至正二寶六月戊午禁高麗及諸處民以親子爲宦者因避賦役戊辰改舊奎章閣爲宣文閣庚午太陰犯井宿是月揚州路崇明通泰等州海潮湧溢溺死一千六百餘人賑鈔萬一千八百二十錠秋七月己卯享于太廟乙酉太陰犯填星庚寅太陰犯雲雨八月戊申祭社稷是月車駕至自上都九月庚辰太陰犯建星壬午賜文臣燕於拱辰堂己丑冀寧路嘉禾生異畝同穎壬辰太陰犯鉞星又犯井宿壬寅許有壬進講明仁殿帝悅賜酒宣文閣中仍賜貂裘金織文幣冬十月丁未享於太廟己酉封阿沙不花順寧王昔寶赤寒食順國公甲寅中書省臣奏海運不給宜令江浙行省於中政院財賦府撥賜諸人寺觀田

糧總運二百六十萬石從之乙卯歲星犯氐宿丁巳太陰犯月星戊午月食既
十一月丙子道州路賊何仁甫等反戊寅彰德屬縣各添設縣尉一員庚辰分
吏部禮部兵部刑部爲二庫戶部工部爲二庫各設管勾一員己亥太陰犯東
井庚子太陰犯天江猺賊寇邊詔湖廣行省平章政事鞏卜班總兵討平之定
賞有差十二月乙卯詔民年八十以上蒙古人賜繒帛二表裏其餘州縣旌以
高年耆德之名免其家雜役丁巳太白犯壘壁陣己未立四川安岳縣增設嘉
興等處鹽倉壬戌雲南車里寒賽刀等反詔雲南行省平章政事脫脫木兒討
平之癸亥以在庫至元中統鈔二百八十二萬二千四百八十八錠可支二年
住造明年鈔本詔華王伯顏察兒等所獻檀景等處產金地土山東燕南強盜
縱橫至三百餘處選官捕之復立拱儀局己巳以翰林學士承旨張起巖知經
筵事是月復立司禋監加封眞定路滹沱河神爲昭佑靈源侯
二年春正月丁丑享于太廟丙戌開京師金口河深五十尺廣一百五十尺役
夫一十萬戊子太陰犯明堂癸巳遣翰林學士三保等代祀五嶽四瀆甲午熒

惑犯月星是月大同饑人相食運京師糧賑之順寧保安饑賑鈔一萬錠廣平
磁威州饑賑鈔五萬錠降咸平府爲縣升懿州爲路以大寧路所轄興中義州
屬懿州二月壬寅頒農桑輯要戊申祭社稷乙卯李沙的僞造御寶聖旨稱樞
密院都事伏誅己巳織造明宗御容是月彰德路安陽臨彰等縣饑賑鈔二萬
錠大同路渾源州饑以鈔六萬二千錠糧二萬石兼賑之大名路饑以鈔萬二
千錠賑之河間路饑以鈔五萬錠賑之三月戊寅親試進士七十八人賜拜住
陳祖仁及第其餘出身有差辛巳冀寧路饑賑糶米三萬石戊子太陰犯房宿
是月順德路平鄉縣饑賑鈔萬五千錠衛輝路饑賑鈔萬五千錠杭州路火災
給鈔萬錠賑之夏四月辛丑冀寧路平晉縣地震聲鳴如雷裂地尺餘民居皆
傾乙巳享于太廟己酉罷雲南蒙慶宣慰司庚申太陰犯羅堰是月車駕時巡
上都五月甲申太白經天丁亥以浙江行省平章政事只而瓦台爲河南行省
平章政事東平雨雹如馬首六月戊申命江浙撥賜僧道田還官徵糧以備軍
儲壬子濟南山崩水湧乙丑罷邦牙宣慰司是月汾水大溢秋七月庚午惠州

路羅浮山崩辛未享于太廟乙未太陰掩太白丁酉太白晝見己亥慶遠路莫八聚衆反攻陷南丹左右兩江等處命脫脫赤顏討平之立司獄司於上都比大都兵馬司是月拂郎國貢異馬長一丈一尺三寸高六尺四寸身純黑後二蹄皆白八月庚子朔日有食之癸卯罷上都事產提舉司丙午太白晝見戊申祭社稷是月冀寧路饑賑糶米萬五千石九月己巳詔遣湖廣行省平章政事鞏卜班領河南江浙湖廣諸軍討道州賊平之復平峽峒堡寨二百餘處辛未車駕至自上都丁丑太陰犯羅堰京城强賊四起戊子太陰犯井宿是月歸德府睢陽縣因黃河爲患民饑賑糶米萬三千五百石冬十月己亥朔日有食之癸卯太陰犯建星陝西行省平章政事朵朵辭職侍親不允丁未享于太廟甲寅太陰犯天關壬戌詔遣官致祭孔子于曲阜罷織染提舉司甲子杭州嘉興紹興溫州台州等路各立檢校批驗鹽引所權免兩浙額鹽十萬引福建餘鹽三萬引十一月甲申詔免雲南明年差稅辛卯歲星熒惑太白聚於尾宿十二月壬寅申服色之禁丙午命中書右丞太平樞密副使姚庸御史中丞張起巖

知經筵事己酉京師地震辛亥封晃火帖木兒之子徹里帖木兒爲撫寧王丙辰賜雲南行省參知政事不老三珠虎符以兵討死可伐癸亥阿魯禿滿等以謀害宰臣圖爲叛逆伏誅

元史卷四十

明翰林學士亞中大夫知制誥兼修國史宋　濂等修

本紀第四十一

順帝四

三年春正月丙子中書左丞許有壬辭職丁丑享于太廟乙酉中書平章政事納麟辭職庚寅沙汰怯薛丹名數二月戊戌祭社稷甲辰太陰犯井宿填星犯牛宿熒惑犯羅堰丁未立四川省檢校官遼陽吾者野人叛乙卯太陰犯氐宿是月汴梁路新鄭密二縣地震寶慶路錢判官文殊奴以所受勑牒貸官糧萬石賑之秦州成紀縣鞏昌府寧遠伏羌縣山崩水涌溺死人無算三月壬申造鹿頂殿監察御史成遵等言可用終場下第舉人充學正山長國學生會試不中者與終場舉人同戊寅詔作新風憲在內之官有不法者監察御史劾之在外之官有不法者行臺監察御史劾之歲以八月終出巡次年四月中還司壬午太陰犯氐宿是月詔修遼金宋三史以中書右丞相脫脫爲都總裁官中書

平章政事鐵木兒塔識中書右丞太平御史中丞張起巖翰林學士歐陽玄侍御史呂思誠翰林侍講學士揭傒斯爲總裁官夏四月丙申朔日有食之乙巳享于太廟是月兩都桑果葉皆生黃色龍文車駕時巡上都五月河決白茅口六月壬子命經筵官月進講者三是月回回剌里五百餘人渡河寇掠解吉隰等州中書戶部以國用不足請撙節浮費秋七月丁卯享于太廟戊辰修大都城戊寅立永昌等處宣慰司庚辰太白犯右執法是月興國路大旱河南自四月至是月霖雨不止戶部復言撙節錢糧八月甲午朔晉寧路臨汾縣獻嘉禾一莖有八穗者命朵思麻同知宣慰司事鎖兒哈等討四川上蓬瑣吃賊戊戌祭社稷山東有賊焚掠兗州是月車駕還自上都九月甲子湖廣行省平章政事鞏卜班擒道州賀州猺賊首唐大二蔣仁五至京誅之其黨蔣丙自號順天王攻破連桂二州甲申修理太廟遣官告祭奉遷神主於後殿冬十月乙未增立巡防捕盜所於永昌丁酉告祭太廟奉安神主戊戌帝將祀南郊告祭太廟至寧宗室問曰朕寧宗兄也當拜否太常博士劉聞對曰寧宗雖弟其爲帝時

陛下爲之臣春秋時魯閔公弟也僖公兄也閔公先爲君宗廟之祭未聞僖公不拜陛下當拜帝乃拜丁未月食己酉帝親祀上帝于南郊以太祖配癸丑命僉樞密院事韓元善爲中書參知政事中書參議買木丁同知宣徽院事己未以郊事禮成詔大赦天下文官普減一資武官陞散官一等蠲民間田租五分賜高年帛以湖廣行省平章政事鞏卜班爲宣徽院使行樞密院知院剌剌爲翰林學士承旨十一月辛未享于太廟十二月丙申詔寫金字藏經丁未以別兒怯不花爲中書左丞相是月膠州及屬邑高密地震河南等處民饑賑糶麥十萬石是歲詔立常平倉罷民間食鹽徵遺逸脫因伯顏張瑾杜本本辭不至

四年春正月辛未享于太廟辛巳詔定守令黜陟之法六事備者陞一等四事備者減一資三事備者平遷六事俱不備者降一等庚寅河決曹州雇夫萬五千八百修築之是月河又決汴梁二月戊戌祭社稷辛丑四川行省立惠民藥局是月中書右丞太平陞平章政事閏月辛酉朔永平灃州等路饑賑之乙亥月食三月丁酉復立武功縣壬寅特受八禿麻朵兒只征東行省左丞相嗣高

麗國王癸丑以河南行省平章政事納麟爲中書平章政事集賢大學士姚庸
爲中書左丞夏四月丁亥復立廣樣局是月車駕時巡上都五月乙未右丞相
脫脫辭職不許甲辰許之以阿魯圖爲中書右丞相乙巳封脫脫爲鄭王食邑
安豐賜金印及海青文豹等物俱辭不受是月大霖雨黄河溢平地水二丈決
白茅堤金堤曹濮濟兗皆被災六月戊辰鞏昌隴西縣饑每戸貸常平倉粟三
斗俟年豐還官己巳賜脫脫松江田爲立松江等處稻田提領所秋七月戊子
朔温州颶風大作海水溢地震益都瀕海鹽徒郭火你赤作亂己丑享于太廟
是月灤河水溢八月戊午祭社稷丁卯山東霖雨民饑相食賑之丙戌賜脫脫
金十錠銀五十錠鈔萬錠幣帛二百匹辭不受是月陝西行省定惠民藥局莒
州蒙陰縣地震郭火你赤上太行由陵川入壺關至廣平殺兵馬指揮復還益
都車駕還自上都九月丁亥朔日有食之丙午命太平提調都水監辛亥以南
臺治書侍御史秦從德爲江浙行省參知政事提調海運癸丑命御史大夫也
先帖木兒平章政事鐵木兒塔識知經筵事右丞達識帖睦邇提調宣文閣知

經筵事冬十月乙酉議修黄河淮河堤堰十一月丁亥朔以各郡縣民饑不許抑配食鹽復令民入粟補官以備賑濟戊子禁内外官民宴會不得用珠花己亥保定路饑以鈔八萬錠糧萬石賑之戊申河南民饑禁酒十二月己未四川廉訪司建言廣元等五路廣安等三府永寧等兩宣撫司請依内郡設置推官一員從之壬戌太陰犯外屏癸亥漢陽地震戊寅猺賊寇靖州是月東平地震禁淫祠賑東昌濟南般陽慶元撫州饑民是歲猺賊寇潯州同知府事保童率民兵擊走之

五年春正月辛卯享于太廟是月薊州地震二月戊午祭社稷三月辛卯帝親試進士七十有八人賜普顏不花張士堅進士及第其餘賜出身有差是月以陳思謙參議中書省事先是思謙建言所在盜起蓋由歲饑民貧宜大發倉廩賑之以收人心仍分布重兵鎮撫中夏不聽大都永平鞏昌興國安陸等處并桃温萬戸府各翼人民饑賑之夏四月丁卯大都流民官給路糧遣其還鄉是月汴梁濟南邠州瑞州等處民饑賑之募富戸出米五十石以上者旌以義士

之號車駕時巡上都五月己丑詔以軍士所掠雲南子女一千一百人放還鄉里仍給其行糧不願歸者聽丁未河間轉運司竈戶被水災詔權免餘鹽二萬引候年豐補還官六月廬州張順與出米五百餘石賑饑旌其門秋七月丁亥河決濟陰己丑享于太廟丙午命也先帖木兒鐵木兒塔識並爲御史大夫詔作新風紀八月戊午祭社稷是月車駕還自上都九月壬午日有食之戊戌開酒禁辛丑以中書右丞達識帖睦邇爲翰林學士承旨中書參知政事搠思監爲右丞資政院使朵兒直班爲中書參知政事是月華罷奥魯冬十月壬子以中書平章政事太平爲御史大夫乙卯享于太廟辛酉命奉使宣撫巡行天下詔曰朕自踐祚以來至今十有餘年託身億兆之上端居九重之中耳目所及豈能周知故雖夙夜憂勤覬安黎庶而和氣未臻災眚時作聲教未洽風俗未淳吏弊未袪民瘼滋甚豈承宣之寄糾劾之司奉行有所未至歟若稽先朝成憲遣官分道奉使宣撫布朕德意詢民疾苦疏滌寃滯蠲除煩苛體察官吏賢否明加黜陟有罪者四品以上停職申請五品以下就便處決民間一切興利

除害之事悉聽舉行命江西行省左丞忽都不丁吏部尚書何執禮巡兩浙江東道前雲南行省右丞散散將作院使王士弘巡江西福建道大都路達魯花赤拔實江浙行省參知政事秦從德巡江南湖廣道吏部尚書定僧宣政僉院魏景道巡河南江北道資政院使鑾子兵部尚書李獻巡燕南山東道兵部尚書不花樞密院判官靳義巡河東陝西道宣政院同知伯家奴宣徽僉院王也速迭兒巡山北遼東道荊湖北道宣慰使阿乞剌兩淮運使杜德遠巡雲南省上都留守阿牙赤陝西行省左丞王紳巡甘肅永昌道大都留守答爾麻失里河南行省參知政事王守誠巡四川省前西臺中丞定定集賢侍講學士蘇天爵巡京畿道平江路達魯花赤左答納失里都水監賈惟貞巡海北海南廣東道黃河泛溢辛未遼金宋三史成右丞相阿魯圖進之帝曰史既成書前人善者朕當取以爲法惡者取以爲戒然豈止激勸爲君者爲臣者亦當知之卿等其體朕心以前代善惡爲勉己卯監察御史不答失里請罷造作不急之務是月以呂思誠爲中書參知政事十一月甲午至正條格成奉元路陳望叔僞稱

燕帖古思太子伏誅十二月丁巳詔定薦舉守令法是歲宣徽院使篤憐鐵穆
邇知樞密院事馮思温爲御史中丞
六年春二月庚戌朔日有食之辛未與國雨雹大者如馬首是月山東地震七
日乃止三月辛未盜扼李開務之閘河刼商旅船兩淮運使宋文瓚言世皇開
會通河千有餘里歲運米至京者五百萬石今騎賊不過四十人刼船三百艘
而莫能捕恐運道阻塞乞選能臣率壯勇千騎捕之不聽戊申京畿盜起范陽
縣請增設縣尉及巡警兵從之山東盜起詔中書參知政事鎖南班至東平鎮
遏八番龍宜來進馬夏四月壬子遼陽爲捕海東青煩擾吾者野人及水達達
皆叛癸丑以長吉爲皇太子宮傅官頒至正條格於天下甲寅以中書參知政
事呂思誠爲左丞乙卯享于太廟丁卯車駕時巡上都發米二十萬石賑糶貧
民萬戸買住等討吾者野人遇害詔恤其家以中書左丞呂思誠知經筵事命
左右二司六部吏屬於午後講習經史五月壬午陝西饑禁酒象州盜起江西
田賦提舉司擾民罷之丁亥盜竊太廟神主遣火兒忽答討吾者野人丁酉以

黃河決立河南山東都水監六月己酉汀州連城縣民羅天麟陳積萬叛陷長汀縣福建元帥府經歷真寶萬戶廉和尚等討之丁巳詔以雲南賊死可伐盜據一方侵奪路甸命亦禿渾爲雲南行省平章政事討之秋七月己卯享于太廟丙戌以遼陽吾者野人等未靖命太保伯撒里爲遼陽行省左丞相鎮之丁亥降詔招諭死可伐散毛洞蠻覃全在叛招降之以爲散毛誓厓等處軍民宣撫使置官屬給宣敕虎符設立驛鋪癸巳詔選怯薛官爲路府縣達魯花赤丙申以朵兒直班爲中書右丞答兒麻爲參知政事壬寅以御史大夫亦憐真班等知經筵事甲辰京畿奉使宣撫定定奏言御史撒八兒等罪杖黜之時諸道奉使皆與臺憲互相掩蔽惟定定與湖廣道拔實糾舉無避八月丙午命江浙行省右丞忽都不花江西行省右丞禿魯統軍合討羅天麟戊申祭社稷是月車駕還自上都九月乙酉克復長汀戊子邵武地震有聲如鼓至夜復鳴冬十月思靖猺寇犯武岡詔湖廣省臣及湖南宣慰元帥完者帖木兒討之俘斬數百級猺賊敗走閏月乙亥詔赦天下免差稅三分水旱之地全免靖州猺賊吳

天保陷黔陽癸未汀州賊徒羅德用殺首賊羅天麟陳積萬以首級送官餘黨悉平十二月丁丑省臣改擬明宗母壽章皇后徽號曰莊獻嗣聖皇后己卯改立山東東西道宣慰使司都元帥府開設屯田駐軍馬甲申詔復立大護國仁王寺昭應宮財用規運總管府凡貸民間錢二十六萬餘錠辛卯有司以賞賚氾濫奏請恩賜必先經省臺院定擬甲午設立海海剌禿屯田二處詔犯贓罪之人常選不用復立八百宣慰司以土官韓部襲其父爵辛丑以吉剌班爲太尉開府置僚屬壬寅山東河南盜起遣左右阿速衛指揮不兒國等討之是歲黃河決尚書李絅請躬祀郊廟近正人遠邪佞以崇陽抑陰不聽

七年春正月甲辰朔日有食之大寒而風朝官仆者數人己酉享于太廟壬子命中書左丞相別兒怯不花爲右丞相尋辭職丁巳復立東路都蒙古軍都元帥府庚申雲南老丫等蠻來降立老丫耿凍路軍民總管府丙寅以廣西宣慰使章伯顏討猺獠有功陞湖廣行省左丞詔以怯薛丹支給浩繁除累朝定額外悉罷之二月甲戌朔興聖宮作佛事賜鈔二千錠己卯山東地震壞城郭棣

州有聲如雷河南山東盜蔓延濟寧滕邳徐州等處庚辰以中書參知政事鎖南班爲中書右丞道童爲中書參知政事丙戌以宦者伯帖木兒爲司徒是月猺賊吳天保寇沅州以阿吉剌爲知樞密院事整治軍務三月甲辰中書省臣言世祖之朝省臺院奏事給事中專掌之以授國史纂修近年廢弛恐萬世之後一代成功無從稽考乞復舊制從之乙巳遣使銓選雲南官員修光天殿庚戌試國子監會食弟子員選補路府及各衞學正戊午詔編六條政類庚申監察御史王士點劾集賢大學士吳直方躐進官階奪其宣命乙丑雲南王孛羅來獻死可伐之捷壬申遣使修上都大乾元寺命有司定吊賻諸王公主駙馬禮儀之數夏四月乙亥命江浙省臣講究役法己卯享于太廟辛巳遣達本賀方使于占城以通政院使朵郎吉兒爲遼陽行省參知政事討吾者野人己丑發米二十萬石賑糶貧民以翰林學士承旨定住爲中書右丞庚寅復命別兒怯不花爲中書右丞相以中書平章政事鐵木兒塔識爲左丞相臨清廣平灤河等處盜起遣兵捕之通州盜起監察御史言通州密邇京城而盜賊蜂起宜

增兵討之以杜其源不聽是月河東大旱民多饑死遣使賑之車駕時巡上都五月庚戌猺賊吳天保陷武岡路詔遣湖廣行省右丞沙班統軍討之乙丑右丞相別兒怯不花以調燮失宜災異迭見罷詔以太保就第是月臨淄地震七日乃止六月詔免太師馬札兒台官安置西寧州其子脫脫請與父俱行以御史大夫太平爲中書平章政事彰德路大饑民相食秋七月甲寅召隱士完者圖執禮哈琅爲翰林待制張樞董立爲翰林修撰李孝先爲著作郎張樞不至丙辰太陰犯壘壁陣丁巳以江南行臺大夫納麟爲御史大夫是月猺賊吳天保復寇沅州陷溆浦辰漢縣所在焚掠無遺徙馬札兒台於甘肅以別兒怯不花之譖也九月癸卯八憐內哈剌那海禿魯和伯賊起斷嶺北驛道甲辰遼陽霜早傷禾賑濟驛戶戊申車駕還自上都癸丑上都斡耳朵成用鈔九千餘錠甲寅詔舉才能學業之人以備侍衛丁巳中書左丞相鐵木兒塔識薨辛酉以御史大夫朵兒只爲中書左丞相甲子集慶路盜起鎮南王孛羅不花討平之丁卯猺寇吳天保復陷武岡延及寶慶殺湖廣行省右丞沙班于軍中冬十月

辛未享于太廟丁丑詔左右丞相平章樞密知院御史大夫得賜玉押字印餘官不與庚辰詔建木華黎伯顏祠堂於東平丙戌亦憐只答兒反遣兵討之辛卯開東華射圃戊戌西番盜起凡二百餘所陷哈剌火州劫供御蒲萄酒殺使臣是月猺賊吳天保復寇沅州州兵擊走之十一月辛丑監察御史曲曲以宦者隴普憑藉寵幸驟陞榮祿大夫追封三代田宅踰制上疏劾之甲辰沿江盜起剽掠無忌有司莫能禁兩淮運使宋文瓚上言江陰通泰江海之門戶而鎮江眞州次之國初設萬戶府以鎮其地今戍將非人致使賊艦往來無常集慶花山劫賊才三十六人官軍萬數不能進討反爲所敗後竟假手鹽徒雖能成功豈不貽笑宜亟選智勇以任兵柄以圖後功不然東南五省租稅之地恐非國家之有不聽撥山東地土十六萬二千餘頃屬大承天護聖寺乙巳中書戶部言各處水旱田禾不收湖廣雲南盜賊蜂起兵費不給而各位怯薛冗食甚多乞賜分柬帝牽於衆請令三年後減之庚戌太陰犯天廩懷慶路饑猺賊吳天保復陷武岡命湖廣行省平章政事苟爾領兵討之以河決命工部尚書迷

兒馬哈謨行視金堤甲寅猺賊吳天保陷靖州命威順王寬徹不花鎮南王孛
羅不花及湖廣江西二省以兵討之丁巳命中書平章政事太平爲左丞相辭
不允戊午命河南山東都府發兵討湖廣洞蠻己未以中書省平章政事韓嘉
訥爲陝西行臺御史大夫迤北荒旱缺食遣使賑濟驛戶丁卯海北湖南猺賊
竊發兩月餘有司不以聞詔罪之秩降散官一等是月馬札兒台薨召脫脫還
京師十二月庚午以中書左丞相朵兒只爲右丞相平章政事太平爲左丞相
詔天下丙子以連年水旱民多失業選臺閣名臣二十六人出爲郡守縣令仍
許民間利害實封呈省壬午晉寧東昌東平恩州高唐等處民饑賑鈔十四萬
錠米六萬石丙戌中書省臣建議以河南盜賊出入無常宜分撥達達軍與楊
州舊軍於河南水陸關隘戍守東至徐邳北至夾馬營遇賊掩捕從之是月陝
西行御史臺臣劾奏別兒怯不花乃逆臣之親子不可居太保之職不從是歲
置中書議事平章四人隆福宮三皇后弘吉剌氏木納失里薨
八年春正月戊戌朔命也先帖木兒知樞密院事丁未享于太廟辛亥黃河決

遷濟寧路於濟州詔各官府諳練事務之人毋得遷調詔翰林國史院纂修后妃功臣列傳學士承旨張起巖學士楊宗瑞侍講學士黃溍爲總裁官左丞相太平左丞呂思誠領其事甲子木憐等處大雪羊馬凍死賑之是月詔給銅虎符以宮尉完者不花貴赤衞副指揮使壽山監湖廣軍命湖廣行省右丞禿赤湖南宣慰都元帥完者帖木兒討莫磐洞諸蠻斬首數百級其餘二十餘洞縛其洞首楊鹿五赴京師二月癸酉御史大夫納麟加太尉致仕乙亥以北邊沙土苦寒罷海海剌禿屯田丙子命太子愛猷識理達臘習讀畏吾兒文字庚辰太陰犯軒轅癸未太陰犯平道甲申命星吉爲江南行臺御史大夫壬辰太平言孛答乃禿忙兀三處屯田世祖朝以行營舊站撥屬虎賁司後爲豪有力者所奪遂失其利今宜仍前撥還從之是月以前奉使宣撫賈惟貞稱職特授永平路總管會歲饑惟貞請降鈔四萬餘錠賑之詔濟寧鄆城立行都水監以賈魯爲都水三月丁酉詔以束帛旌郡縣守令之廉勤者遼東鎖火奴反詐稱大金子孫水達達路脫脫禾孫唐兀火魯火孫討擒之壬寅土番盜起有司請不

拘資級委官討之福建盜起地遠難於討捕詔汀漳二州立分元帥府轄之癸
卯帝親試進士七十有八人賜阿魯輝帖木兒王宗哲進士及第餘出身有差
己酉湖廣行省遣使獻石壁洞蠻捷丙辰太陰犯建星己未遣使詰江浙江西
湖廣四川雲南銓福建番廣蠻夷等處官員選辛酉遼陽兀顏撥魯歡妄稱大
金子孫受玉帝符文作亂官軍討斬之壬戌六條政類書成京畿民饑徽州路
達魯花赤哈剌不花以政績聞詔賜金帛旌之是月猺賊吳天保復寇沅州夏
四月辛未河間等路以連年河決水旱相仍戶口消耗乞減鹽額詔從之乙亥
帝幸國子學賜衍聖公銀印升秩從二品定弟子員出身及奔喪省親等法詔
守令選立社長專一勸課農桑詔京官三品以上歲舉守令一人守令到任三
月亦舉一人自代其玉典赤拱衛百戶不得授縣達魯花赤止授佐貳久著廉
能則用之平江松江水災給海運糧十萬石賑之丁丑遼陽董哈剌作亂鎮撫
欽察討擒之己卯海寧州沭陽縣等處盜起遣翰林學士禿堅不花討之是月
享于太廟車駕時巡上都命脫脫爲太傅湖廣韋伯顏引兵捕土寇莫萬五蠻

雷等已而廣西峒賊乘隙入寇伯顏退走五月丁酉朔大霖雨京城崩庚子廣西山崩水湧灕江溢平地水深二丈餘屋宇人畜漂沒壬子寶慶大水丁巳四川旱饑禁酒六月丙寅朔陞徐州爲總管府以邳宿滕嶧四州隸之丙戌立司天臺於上都是月山東大水民饑賑之秋七月丙申朔日有食之辛丑復立五道河屯田乙巳享于太廟旌表大都節婦鞏氏門戊申西北邊軍民饑遣使賑之壬子量移竄徙官於近地安置死者聽歸葬乙卯遣使祭曲阜孔子廟江州路總管劉恆有政績陞授山東宣慰使丙辰以阿剌不花爲大司徒八月丙子太陰犯壘壁陣己卯山東雨雹是月車駕還自上都九月己未太陰犯靈臺冬十月丁亥廣西蠻掠道州十一月辛亥猺賊吳天保率衆六萬掠全州是歲詔賜高年帛設分元帥府於沂州以買列的爲元帥備山東寇台州方國珍爲亂聚衆海上命江浙行省參知政事朶兒只班討之監察御史張楨劾太尉阿乞剌欺罔之罪又言明里董阿也里牙月魯不花皆陛下不共戴天之讎伯顏賊殺宗室嘉王郯王一十二口稽之古法當伏門誅而其子兄弟尚仕于朝宜急

誅竄別兒怯不花阿附權奸亦宜遠貶今災異迭見盜賊蜂起海寇敢於要君閫帥敢於玩寇若不振舉恐有唐末藩鎮噬臍之禍不聽監察御史李泌言世祖誓不與高麗共事陛下踐世祖之位何忍忘世祖之言乃以高麗奇氏亦位皇后今災異屢起河決地震盜賊滋蔓皆陰盛陽微之象乞仍降為妃庶幾三辰奠位災異可息不聽

元史卷四十一

元史卷四十一考證

至正七年春正月庚申雲南老丫等蠻來降○臣祖庚按老丫實字記作老撾

元史卷四十一考證

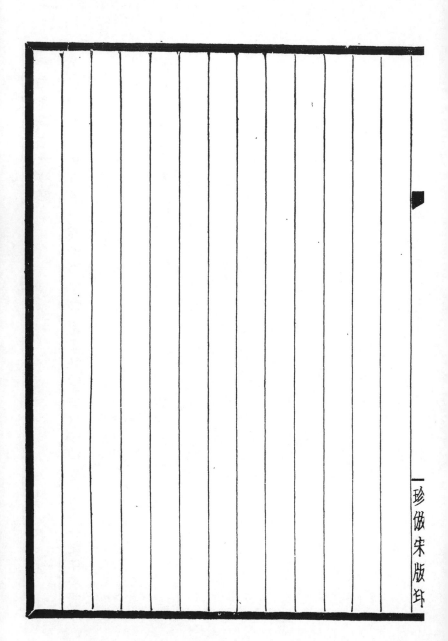

元史卷四十二

明翰林學士亞中大夫知制誥兼修國史宋　濂等修

本紀第四十二

順帝五

九年春正月丁酉享于太廟癸卯立山東河南等處行都水監專治河患乙巳廣西猺賊復陷道州萬戶鄭均擊走之丙午命中書平章政事太不花提調會同館庚戌太白犯建星辛亥太白犯平道二月戊辰祭社稷辛巳太不花辭職不允甲申太陰犯建星三月丁酉壩河淺澁以軍士民夫各一萬濬之己亥太白犯壘壁陣己巳命大司農達識帖睦邇爲湖廣行省平章政事是月河北潰陳州麒麟生不乳而死猺賊吳天保復寇沅州夏四月丁卯享于太廟丁丑以知樞密院事欽察台爲中書平章政事己卯以燕南廉訪使韓元善爲中書左丞立鎮撫司於直沽海津鎮壬午以河間鹽運司水災住煎鹽三萬引是月車駕時巡上都五月戊戌命太傅脫脫提調大斡耳朵內史府庚子詔修黃河金

堤民夫日給鈔三貫辛丑罷瑞州路上高縣長官司庚戌命翰林國史院等官薦舉守令丙辰定守令督攝之法路督攝府府督攝州州督攝縣是月白茅河東注沛縣遂成巨浸蜀江大溢浸漢陽城民大饑六月丙子刻小玉印以至正珍祕爲文凡祕書監所掌書盡皆識之秋七月庚寅監察御史斡勒海壽劾奏殿中侍御史哈麻及其弟雪雪罪惡御史大夫韓嘉訥以聞不省章三上詔奪哈麻雪雪官出海壽爲陝西廉訪副使韓嘉訥爲宣政院使壬辰詔命太子愛猷識理達臘習學漢人文書以李好文爲諭德歸暘爲贊善張仲爲文學李好文等上書辭不許賜公主不答昔你平江田五十頃甲午以也先帖木兒爲御史大夫乙未以湖廣行省左丞相亦憐真班知樞密院事丙午太陰犯壘壁陣癸丑太陰犯天關甲寅以柏顏爲集賢大學士乙卯罷右丞相朵兒只依前爲國王左丞相太平爲翰林學士承旨是月大霖雨水沒高唐州城江漢溢漂沒民居禾稼閏月辛酉詔脫脫爲中書左丞相仍太傅韓嘉訥爲浙江行省平章政事庚午以也可札魯忽赤搠思監爲中書右丞同知樞密院事玉樞虎兒吐

華爲中書參知政事辛巳詔赦湖廣猺賊詿誤者戊子命岐王阿剌乞鎮西番八月甲辰以集賢大學士柏顏爲中書平章政事河南行省平章政事月魯不花爲宣政院使庚戌以司徒雅普化提調太史院知經筵事是月車駕還自上都九月甲子凡建言中外利害者詔委官選其可行之事以聞丙寅命平章政事柏顏提調留守司丙子中書平章政事定住以疾辭職不允辛巳命知樞密院事亦憐真班提調武備寺丙戌熒惑犯靈臺是月遣御史中丞李獻代祀河瀆冬十月辛卯享于太廟丁酉命皇太子愛猷識理達臘自是日爲始入端本堂肄業命脫脫領端本堂事司徒雅普化知端本堂事端本堂虛中座以俟至尊臨幸太子與師傅分東西向坐授書其下僚屬以次列坐十一月戊午朔日有食之戊辰太陰犯畢宿庚辰太白犯壘壁陣十二月戊戌太白復犯壘壁陣丁未猺賊吳天保陷辰州是歲詔汰冗官均俸祿賜致仕官及高年帛漕運使賈魯達言便益二十餘事從其八事其一曰京畿和糴二曰優䘏漕司舊領漕戶三曰接運委官四曰通州總治豫定委官五曰船戶困於壩夫海糧壞於壩

戶六曰疏濬運河七曰臨清運糧萬戶府當隸漕司八曰宜以宣忠船戶付本司節制冀寧平遙等縣曹七七反命刑部郎中八十兵馬指揮沙不丁討平之十年春正月丙辰朔以中書右丞搠思監爲平章政事玉樞虎兒吐華爲中書右丞壬戌立四川容美洞軍民總管府壬申太陰犯熒惑甲戌隕石棣州色黑中微有金星先有聲自西北來至州北二十里乃隕二月丙戌詔加封天妃父種德積慶侯母育聖顯慶夫人辛丑太陰犯平道甲辰太陰犯鍵閉三月己卯熒惑犯太微垣是月奉化州山石裂有禽鳥草木山川人物之形夏四月己丑左司都事武祺建言更鈔法丁酉赦天下其略曰朕纂承洪業撫臨萬邦夙夜厲精靡遑暇逸比緣倚注失當治理乖方是用圖任一相俾贊萬機爰命脫脫爲中書右丞相統正百官允釐庶績曾未期月百度具舉中外協望朕甚嘉焉尙慮軍國之重民物之繁政令有未孚生意有未遂可赦天下丙午太白犯鬼宿是月車駕時巡上都六月壬子星大如月入北斗震聲若雷三日復還秋七月辛酉太陰犯房宿癸亥以大護國仁王寺昭應宮財用規運總管府仍屬宣

政院辛未太白晝見丁丑太白復晝見八月壬寅車駕還自上都九月癸丑朔太白晝見辛酉祭三皇如祭孔子禮先是歲祀以醫官行事江西廉訪使文殊訥建言禮有未備乃勅工部具祭器江浙行省造雅樂太常定儀式翰林撰樂章至是用之壬戌熒惑犯天江庚午命樞密院以軍士五百修築白河堤壬午脫脫以吏部選格條目繁多莫適據依銓選者得以高下之請編類爲成書從之冬十月癸巳歲星犯軒轅乙未吏部尚書偰哲篤建言更鈔法命中書省御史臺集賢翰林兩院之臣集議之丙申太陰犯昴宿辛丑置諸路寶泉都提舉司於京城是月大名東平濟南徐州各立兵馬指揮司以捕上馬賊十一月壬子朔日有食之丙辰以高麗瀋王之孫脫脫不花等爲東宮怯薛官辛酉罷遼陽濱海民煎熬野鹽戊辰太陰犯鬼宿己巳詔天下以中統交鈔壹貫文權銅錢一千文準至元寶鈔貳貫仍鑄至正通寶錢並用以實鈔法至元寶鈔通行如故是月三星隕于耀州化爲石如斧形削之有屑擊之有聲十二月壬午朔修大都城辛卯以大司農禿魯等兼領都水監集河防正官議黃河便益事命

前同知樞密院事不顏不花等討廣西猺賊乙未太陰犯鬼宿己酉方國珍攻
溫州是歲京師麗正門樓上忽有人妄言災禍鞫問之自稱薊州人已而不知
所往
十一年春正月乙卯享于太廟丙辰辰星犯牛宿庚申命江浙行省左丞孛羅
帖木兒討方國珍丁卯蘭陽縣有紅星大如斗自東南墜西北其聲如雷己卯
命搠思監提調大都留守司二月庚寅太陰犯鬼宿乙未太陰犯太微丁酉太
陰犯亢宿是月命遊皇城中書省臣諫止之不聽立湖南元帥府分府于寶慶
路三月庚戌立山東分元帥府于登州丙辰親策進士八十三人賜朶烈圖文
允中進士及第其餘賜出身有差壬戌徵建寧處士彭炳爲端本堂說書不至
丁卯太陰犯東咸戊辰太陰犯天江是月遣使賑湖南北被寇人民死者鈔五
錠傷者三錠燬所居屋者一錠夏四月壬午詔開黃河故道命賈魯以工部尚
書爲總治河防使發汴梁大名十三路民十五萬廬州等戍十八翼軍二萬自
黃陵岡南達白茅放于黃固哈只等口又自黃陵西至陽青村合于故道凡二

百八十里有奇仍命中書右丞玉樞虎兒吐華同知樞密院事黑廝以兵鎮之冀寧路屬縣多地震半月乃止乙酉享于太廟詔加封河瀆神爲靈源神祐弘濟王仍重建河瀆及西海神廟改永順安撫司爲宣撫司丁酉孟州地震庚子罷海西遼東道巡防捕盜所立鎮寧州辛丑師壁安撫司土官田驢什用盤順府土官墨奴什用降立長官司四巡檢司七乙巳彰德路雨雹形如斧傷人畜是月罷沂州分元帥府改立兵馬指揮使司復分司于膠州車駕時巡上都五月己酉朔日有食之辛亥潁州妖人劉福通爲亂以紅巾爲號陷潁州初欒城人韓山童祖父以白蓮會燒香惑衆謫徙廣平永平縣至山童倡言天下大亂彌勒佛下生河南及江淮愚民皆翕然信之福通與杜遵道羅文素盛文郁王顯忠韓咬兒復鼓妖言謂山童實宋徽宗八世孫當爲中國主福通等殺白馬黑牛誓告天地欲同起兵爲亂事覺縣官捕之急福通遂反山童就擒其妻楊氏其子韓林兒逃之武安癸丑文水縣雨雹壬申命同知樞密院事禿赤以兵討劉福通授以分樞密院印丙子命大都至汴梁二十四驛凡馬一匹助給鈔

五錠六月發軍一千從直沽至通州疏濬河道是月劉福通據朱皐攻破羅山
真陽確山遂犯武陽葉縣等處江浙左丞孛羅帖木兒爲方國珍所敗秋七月
丙辰廣西大水丁巳罷四川大奴管勾洞長官司改立忠孝軍民府己未太陰
犯斗宿壬戌太陰犯右執法己巳太白犯左執法熒惑入鬼宿是月開河功成
乃議塞決河命大司農達識帖睦邇及江浙行省參知政事樊執敬浙東廉訪
使董守慤同招諭方國珍八月丁丑朔中興地震戊寅祭社稷乙酉太陰犯天
江丙戌蕭縣李二及老彭趙君用攻陷徐州李二號芝蔴李與其黨亦以燒香
聚衆而反是月車駕還自上都蘄州羅田縣人徐貞一名壽輝與黃州麻城人
鄒普勝等以妖術陰謀聚衆遂舉兵爲亂以紅巾爲號九月戊申以中書平章
政事朶兒直班提調宣文閣知經筵事平章政事定住提調會同館事壬子命
御史大夫也先帖木兒知樞密院事及衛王寬徹哥總率大軍出征河南妖寇
各賜鈔一千錠從征者賜予有差乙卯辰星犯左執法丁巳太白犯房宿壬戌
詔以高麗國王不答失里之弟伯顏帖木兒襲其王封不答失里之子遂廢戊

辰太陰犯鬼宿是月劉福通陷汝寧府及息州光州衆至十萬徐壽輝陷蘄水縣及黃州路冬十月戊寅熒惑犯太微垣己卯享于太廟辛巳太陰犯斗宿癸未立寶泉提舉司于河南行省及濟南冀寧等路凡九江浙江西湖廣行省等處凡三命知樞密院事老章以兵同也先帖木兒討河南妖寇乙酉太白犯斗宿己丑太白晝見熒惑犯歲星辛卯太白犯斗宿立中書分省于濟寧癸巳歲星犯右執法癸卯以宗王神保克復睢寧虹縣有功賜金帶一從征者賞銀有差丙午熒惑犯左執法是月天雨黑子于饒州大如黍菽徐壽輝據蘄水爲都國號天完僭稱皇帝改元治平以鄒普勝爲太師十一月癸酉有星孛于婁宿甲寅孛星見于胃宿乙卯丙辰亦如之丁巳太陰犯塡星孛星微見于畢宿黃河堤成散軍民役夫庚午監察御史徹徹帖木兒等言右丞相脫脫治河功成宜有異數以旌其勞甲戌江西妖人鄧南二作亂攻瑞州總管禹蘇福擒斬之是月遣使以治河功成告祭河伯召賈魯還朝超授榮祿大夫集賢大學士賜金繫腰一銀十錠鈔千錠幣帛各二十匹都水監幷有司官有功者三十七員

皆陞遷其職詔賜脫脫答剌罕之號俾世襲之以淮安路爲其食邑命立河平
碑十二月丙子朔太白晝見丁丑太白經天己卯立河防提舉司隸行都水監
庚辰太白經天是夜犯壘壁陣甲申太陰犯填星丙戌太白復經天是夜復犯
壘壁陣以治書侍御史烏古孫良楨爲中書參知政事辛卯太白經天壬辰復
如之丁酉太白晝見太陰犯熒惑命脫脫於淮安立諸路打捕鷹房民匠錢糧
總管府秩從三品庚子太白經天辰星犯天江辛丑太白經天也先帖木兒復
上蔡縣擒韓咬兒等至京師誅之壬寅太白晝見是歲括馬
十二年春正月丙午朔詔印造中統元寶交鈔一百九十萬錠至元鈔十萬錠
戊申竹山縣賊陷襄陽路總管柴肅死之是日荆門州亦陷己酉時享太廟庚
戌以宣政院使月魯不花爲中書平章政事壬子中書省臣言河南陝西腹裏
諸路供給繁重調兵討賊正當春首耕作之時恐農民不能安於田畝守令有
失勸課宜委通曉農事官員分道巡視督勸守令親詣鄉都省諭農民依時播
種務要人盡其力地盡其利其有曾經盜賊水患供給之處貧民不能自備牛

種者所在有司給之仍令總兵官禁止屯駐軍馬毋得踏踐以致農事廢弛從之乙卯淮東宣慰司添設同知宣慰司事及都事各一員丙辰徐壽輝遣僞將丁普郎徐明遠陷漢陽丁巳陷興國府己未徐壽輝遣鄒普勝陷武昌威順王寬徹普化湖廣行省平章政事和尚棄城走刑部尚書阿魯收捕山東賊給勑牒十一道使分賞有功者辛酉徐壽輝僞將魯法興陷安陸府知府丑驢戰不勝死之癸亥刑部添設尚書侍郎郎中員外郎各一員五愛馬添設忽剌罕赤一百名乙丑太陰犯熒惑丙寅以河復故道大赦天下己巳歲星犯右執法辛未徐壽輝兵陷沔陽府壬申中興路陷山南宣慰司同知月古輪失領兵出戰衆潰宣慰司錦州不花山南廉訪使卜禮月敦皆遁走是月命逯魯曾爲淮東添設元帥統領兩淮所募鹽丁五千討徐州拘刷河南陝西遼陽三省及上都大都腹裏等處漢人馬命四川行省平章政事月魯帖木兒爲總兵官與四川行省右丞長吉討與元金州等處賊宣政院同知桑哥率領亦都護畏吾兒軍與荊湖北道宣慰使朶兒只班同守襄陽濟寧兵馬指揮使寶童統領右都衞

軍從知樞密院事月闊察兒討徐州二月乙亥朔詔許溪洞蠻猺自新丁丑以集賢大學士賈魯爲中書添設左丞以河南廉訪使哈藍朶兒只爲荆湖北道宣慰使都元帥守襄陽癸未命諸王禿堅領從官百人馳驛守揚州賜金一錠鈔一千錠命寧王牙安沙鎮四川賜鎮南王孛羅不花鈔一萬錠甲申鄒平縣馬子昭爲亂捕斬之乙酉徐壽輝兵陷江州總管李黼死之遂陷南康路丙戌霍州靈石縣地震徐壽輝兵陷岳州房州賊陷歸州戊子詔徐州內外羣聚之衆限二十日不分首從並與赦原置安東安豐分元帥府己丑游皇城庚寅太陰犯太微垣癸巳太陰犯氐宿辛丑鄧州賊王權張椿陷澧州龍鎮衛指揮使俺都剌哈蠻等帥師復之褒贈伏節死義宣徽使帖木兒等二十七人壬寅以御史大夫納麟爲江南行臺御史大夫仍太尉命翰林學士承旨八剌與諸王孛蘭奚領軍守大名癸卯命中書平章政事月魯不花知經筵事左丞賈魯參知政事帖理帖木兒烏古孫良楨並同知經筵事是月賊侵滑濬命德住爲河南右丞守東明德住時致仕于家聞命馳至東明浚城隍嚴備禦賊不敢犯徐

壽輝僞將歐祥陷袁州命帖理帖木兒以中書參知政事分省濟寧三月乙巳朔追封太師忠王馬扎兒台爲德王丁未徐壽輝僞將許甲攻衡州洞官黃安撫敗之徐壽輝僞將陶九陷瑞州總管禹蘇福萬戶張岳敗之壬子河南左丞相太不花克復南陽等處癸丑中書省臣請行納粟補官之令凡各處士庶果能爲國宣力自備糧米供給軍儲者照依定擬地方實授常選流官依例陞轉封廕及已除茶鹽錢穀官有能再備錢糧供給軍儲者驗見授品級改授常流從之戊午太陰犯進賢辛酉命親王阿兒麻以兵討商州等處賊以鞏卜班知行樞密院事壬戌太陰犯東咸甲子徐壽輝僞將項普略陷饒州路遂陷徽州信州四川未附生蠻向亞甲洞主墨得什用出降立盤順府丁卯江南行臺御史大夫帖木哥乞致仕不允以爲甘肅行省平章政事以出征馬少出幣帛各一十萬匹於迤北萬戶千戶所易馬戊辰太白晝見詔南人有才學者依世祖舊制中書省樞密院御史臺皆用之中書省臣言張理獻言饒州德興三處膽水浸鐵可以成銅宜卽其地各立銅冶場直隸寶泉提舉司宜以張理就爲銅

冶場官從之以江浙行省左丞相亦憐真班爲江西行省左丞相領兵收捕饒信賊庚午詔隨朝一品職事及省臺院六部翰林集賢司農太常宣政宣徽中政資正國子祕書崇文都水諸正官各舉循良材幹智勇兼全堪充守令者二人知人多者不限員數各處試用守令並授兼管義兵防禦諸軍奥魯勸農事所在上司不許擅差守令既已優陞其佐貳官員比依入廣例量陞二等任滿驗守令全治者與真授不治者全削二等依本等敘半治者減一等敘雜職人員其有知勇之士並依上例凡除常選官於殘破郡縣及迫近賊境之處陞四等稍近賊境陞二等是月方國珍復劫其黨下海入黃巖港台州路達魯花赤泰不花率官軍與戰死之隴西地震百餘日城郭頽夷陵谷遷變定西會州靜寧莊浪尤甚會州公宇中牆崩獲弩五百餘張長者丈餘短者九尺人莫能挽改定西爲安定州會州爲會寧州詔定軍民官不守城池之罪閏三月辛巳以台州路達魯花赤泰不花爲江浙行省參知政事行台州路事命下泰不花已死壬午以大理宣慰使答失八都魯爲四川行省添設參知政事與本省平章

政事咬住討山南湖廣等處賊乙酉徐壽輝僞將陳普文陷安吉路鄉民羅明
遠起義兵復之命工部尚書朵來兵部侍郎馬某火者分詣上都察罕腦兒集
寧等處給散出征河南達達軍口糧立淮南江北等處行中書省治揚州轄揚
州高郵淮安滁州和州廬州安豐安慶蘄州黃州壬辰以大都留守兀忽失爲
江浙行省添設右丞討饒信賊丙申阿速愛馬里納忽台擒滑州開州賊韓兀
奴罕有功授資用庫大使丁酉湖廣行省參知政事鐵傑以湖南兵復岳州戊
戌詔淮南行省設官二十五員以翰林學士承旨晃火兒不花湖廣平章政事
失列門並爲平章政事淮東元帥蠻子爲右丞燕南廉訪使秦從德爲左丞陝
西行臺侍御史答失禿山北廉訪使趙璉並爲參知政事庚子以樞密副使悟
良哈台爲中書添設參知政事同知經筵事辛丑命淮南行省平章政事晃火
兒不花提調鎭南王傅事是月詔四川行省平章政事咬住以兵東討荊襄賊
克復忠萬夔雲陽等州命江西行省左丞相亦憐眞班以兵守江東西關隘命
諸王亦憐眞班愛因班參知政事也先帖木兒與陝西行省平章政事月魯帖

木兒討南陽襄陽賊刑部尚書阿魯討海寧賊江西行省右丞火你赤與參知政事朵觧討江西賊以浙東宣慰使恩寧普代江浙行省左丞左答納失里守蕪湖命江西行省右丞兀忽失江浙行省左丞老老與星吉不顏帖木兒蠻子海牙同討饒信等處賊方國珍不受招安之命命江浙左丞左答納失里討之命典瑞院給淮南行省銀字圓牌三面驛券五十道詔江西行省左丞相亦憐真班淮南行省平章政事晃火兒不花江浙行省左丞左答納失里湖廣行省平章政事也先帖木兒四川行省平章政事八失忽都及江南行臺御史大夫納麟與江浙行省官並以便宜行事也先帖木兒駐軍沙河軍中夜驚軍潰退屯朱仙鎮詔以中書平章政事蠻子代總其兵也先帖木兒還京師仍命爲御史大夫夏四月癸卯朔日有食之江西臨川賊鄧忠陷建昌路己酉時享太廟甲寅以御史大夫搠思監爲中書平章政事提調留守司乙卯鐵傑及萬戶陶夢禎復武昌漢陽尋再陷丙辰江西宜黃賊塗佑與邵武建寧賊應必達等攻陷邵武路總管吳按攤不花以兵討之千戶魏淳以計擒塗佑應必達復其城

辛酉翰林學士承旨渾都海牙乞致仕不允以爲中書平章政事四川行省參知政事桑哥失里復渠州甲子翰林學士承旨歐陽玄以湖廣行省右丞致仕賜玉帶及鈔一百錠給全俸終其身戊辰諸王禿堅帖木兒平章政事也先帖木兒討和州有功各賜金繫腰幷鈔一千錠辛未荊門知州聶炳復荊門州平章政事忽都海牙年老有疾詔免其朝賀是月大駕時巡上都永懷縣賊陷桂陽咬住復歸州進攻峽州與峽州總管趙余褫大破賊兵誅賊將李太素等遂平之詔天下完城郭築隄防命亦都護月魯帖木兒領畏吾兒軍馬同豫王阿剌忒納失里知樞密院事老章討襄陽南陽鄧州賊陝西行臺監察御史蒙古魯海牙范文等糾言也先帖木兒喪師辱國乞明正其罪詔不允左遷西臺御史大夫朵爾直班爲湖廣行省平章政事蒙古魯海牙十二人爲各路添設佐貳官五月癸酉朔太白犯鎮星戊寅命龍虎山張嗣德爲三十九代天師給印章海道萬戶李世安建言權停夏運從之命江南行臺御史大夫納麟給宣勅與台州民陳子由楊恕卿趙士正戴甲令其集民丁夾攻方國珍己卯咬住復

中興路庚辰監察御史徹徹帖木兒等言河南諸處羣盜輒引亡宋故號以爲
口實宜以瀛國公子和尚趙完普及親屬徙沙州安置禁勿與人交通從之罷
茋兒棚等處金銀場課癸未建昌民戴良起鄉兵克復建昌路乙酉命留守帖
木哥與諸王朶兒只守口北龍慶州是月答失八都魯至荆門增募兵趨襄陽
與賊戰大敗克之命左答納失里仍守蕪湖險隘六月丙午中書省臣言大名
路開滑濬三州元城十一縣水旱蟲蝗饑民七十一萬六千九百八十口給鈔
十萬錠賑之戊申命治書侍御史杜秉彛中書參議李稷並兼經筵官辛亥太
白犯井宿河南行省左丞匝納祿參知政事王也速迭兒並以失誤軍需左遷
添設淮西宣慰使隨軍供給命河南行省平章政事禿魯參知政事李猷供給
汝寧軍需丁巳賜中書參知政事悟良哈台珠衣幷帽乙丑宣讓王帖木兒不
花諸王乞塔歹曲憐帖木兒及淮南廉訪使班祝兒並平賊有功賜金繫腰銀
鈔有差紹慶宣慰使楊延禮不花遙授湖廣左丞楊伯顏卜花爲紹慶宣慰使
換文資楊城爲沿邊溪洞招討使兼征行萬戶回賜先所拘收牌面丙寅紅巾

周伯顏陷道州修太廟西神門秋七月丁丑時享太廟庚辰饒徽賊犯昱嶺關陷杭州路辛巳命通政院使答兒麻失里與樞密副使禿堅不花討徐州賊給敕牒三十道以賞功己丑湘鄉賊陷寶慶路庚寅以殺獲西番首賊功賜岐王阿剌乞巴鈔一千錠邠王嵬釐諸王班的失監平章政事鎖南班各金繫腰一以征西元帥斡羅爲章珮添設少監討徐州脫脫請親出師討徐州詔許之辛卯命脫脫台爲行樞密院使提調二十萬戶賜金繫腰一銀鈔幣帛有差丁酉辰星犯靈臺以杜秉彝爲中書添設參知政事湖南元帥副使小云失海牙總管兀顏思忠復寶慶路是月徐壽輝僞將王善康壽四江二蠻等陷福安寧德等縣八月癸卯命中書參知政事帖理帖木爾淮南行省右丞蠻子供給脫脫行軍一應所需方國珍率其衆攻台州城浙東元帥也忒迷失福建元帥黑的兒擊退之甲辰以同知樞密院事哈麻爲中書添設右丞齊王失列門獻馬一萬五千匹于京師賜脫脫金三錠銀三十錠鈔一萬錠幣帛各一千匹丁未日本國白高麗賊過海剽掠身稱島居民高麗國王伯顏帖木兒調兵勦捕之賜

金繫腰一鈔二千錠己酉命知樞密院事咬咬中書平章政事搠思監也可扎魯忽赤福壽並從脫脫出師征徐州賜金繫腰及銀鈔幣帛有差翰林學士承旨闊怯鎮過五投下百姓賜金繫腰一壬子以扎撒溫孫爲河南行省右丞偰哲篤爲淮南行省左丞各賜鈔五十錠丙辰以禿思迷失爲淮南行省平章政事丁巳命中書平章政事普化知經筵事脫脫將出師六部尚書密邇麻和謨等上言大臣天子之股肱中書庶政之根本不可以一日離乞詔留賢相弼亮天工如此則內外有兼治之宜社稷有倚重之寄不報脫脫言皇后斡耳朵思支用不敷自今爲始每年宜給金一十錠銀五十錠以同知樞密院事雪雪出軍南陽同知樞密院事禿赤出軍河南皆有功各進階榮祿大夫中書左丞哈麻進階榮祿大夫庚申命哈麻等提調各怯薛各愛馬口糧丁卯太白犯歲星詔脫脫以答剌罕太傅中書右丞相分省于外督制諸處軍馬討徐州中書省樞密院御史臺分官屬從行稟受節制爵賞有功誅殺有罪綏順討逆悉聽便宜從事是日發京師是月大駕還大都安陸賊將俞君正復陷荆門州知州聶

炳死之賊將党仲達復陷岳州九月乙亥俞君正復陷中興咬住領兵與戰於樓臺敗績奔松滋本路判官上都死之己卯監察御史及河南分御史臺行樞密院河南廉訪司鞏昌總帥府陝西都府義兵萬戶府等官交章言御史大夫也先帖木兒出征河南功績庚辰賜也先帖木兒金繫腰一金一錠銀一十錠鈔五千錠幣帛各一百匹癸未中興義士范中偕荊門僧李智率義兵復中興路俞君正敗走龍鎮衞指揮使俺都剌哈蠻領兵入城咬住自松滋還屯兵于石馬乙酉脫脫至徐州丁亥命知行樞密院事阿剌吉從脫脫討徐州賜金繫腰一金一錠銀五錠鈔幣有差辛卯脫脫復徐州屠其城芝蔴李等遁走壬辰太陰犯軒轅戊戌賜哈麻鈔三百錠買玉帶己亥賊攻辰州達魯花赤和尚擊走之庚子詔加脫脫爲太師班師還京冬十月丁未時享太廟庚戌知樞密院事老章進階金紫光祿大夫命平章定住右丞哈麻同知經筵事癸丑命和糴粟豆五十萬石于遼陽甲寅拜知行樞密院事阿乞剌爲太尉淮南行省平章政事戊午太陰犯鬼宿甲子太陰犯歲星乙丑太陰犯亢宿十一月辛未命江

浙行省平章政事慶童收捕常州賊乙亥以星吉爲江西行省平章政事出師湖廣丙子中書省臣請爲脫脫立徐州平寇碑及加封王爵癸未命江浙行省右丞帖里帖木兒總兵討方國珍己丑以脫脫平徐功賜金一十錠銀一百錠鈔五萬錠幣帛各三千匹上表辭從之庚寅太陰犯太微垣十二月壬寅答失八都魯復襄陽辛亥詔以杭常湖信廣德諸路皆克復赦詿誤者蠲其夏稅秋糧命有司撫恤其民辛酉以湖廣行省參知政事卜顏不花右丞阿兒灰討猺賊復湖南潭岳等處有功卜顏不花陞散階從一品阿兒灰陞正二品癸未脫脫言京畿近地水利召募江南人耕種歲可得粟麥百萬餘石不煩海運而京師足食帝曰此事有利於國家其議行之是歲海運不通立都水庸田使司于汴梁掌種植之事穎州沈丘人察罕帖木兒與信陽州羅山人李思齊同起義兵破賊有功授察罕帖木兒中順大夫汝寧府達魯花赤李思齊知汝寧府

元史卷四十三

明翰林學士亞中大夫知制誥兼修國史宋　濂等修

本紀第四十三

順帝六

十三年春正月庚午朔用帝師請釋放在京罪囚以中書添設平章政事哈麻爲平章政事參知政事悟良哈台爲右丞參知政事烏古孫良楨爲左丞詔印造中統元寶交鈔一百九十萬錠至元鈔一十萬錠辛未命悟良哈台烏古孫良楨兼大司農卿給分司農司印西自西山南至保定河間北至檀順州東至遷民鎭凡係官地及元管各處屯田悉從分司農司立法佃種合用工價牛具農器穀種召募農夫諸費給鈔五百萬錠以供其用旌表眞定路藁城縣董氏婦貞節壬申命陝西行省平章政事卜答失里爲總兵官癸酉享于太廟以皇第二子育于太尉衆家奴家賜衆家奴及乳母鈔各一千錠甲戌重建穆清閣乙亥命中書右丞禿禿以兵討商州賊丙子方國珍復降以司農司舊署賜哈

麻庚辰中書省臣言近立分司農司宜於江浙淮東等處召募能種水田及脩
築圍堰之人各一千名爲農師教民播種宜降空名添設職事勑牒一十二道
遣使齎往其地有能募農民一百名者授正九品二百名者正八品三百名者
從七品卽書塡流官職名給之就令管領所募農夫不出四月十五日俱至田
所期年爲滿卽放還家其所募農夫每名給鈔十錠從之以杜秉彝爲中書參
知政事乙酉太陰犯太微垣丙戌以武衛所管鹽臺屯田八百頃除軍見種外
荒閑之地盡付分司農司荅失八都魯克復襄陽樊城有功陞四川行省右丞
賜金繫腰一庚寅知樞密院事老章克復南陽唐州賜金一錠銀一十錠鈔一
千錠幣帛各五十匹戊戌熒惑太白辰星聚于奎宿二月丁未祭先農己酉太
陰犯軒轅庚戌太白犯熒惑壬子太陰犯太微垣甲寅中書省臣言徐州民願
建廟宇生祠右丞相脫脫從之詔仍立脫脫平徐勳德碑壬戌以宣政院使篤
憐帖木兒知經筵事中書右丞悟良哈台左丞烏古孫良楨參知政事杜秉彝
並同知經筵事三月己卯命脫脫領大司農司甲申詔脩大承天護聖寺賜鈔

二萬錠丁亥命脫脫以太師開府提調太史院回回漢兒司天監己丑以各衙門係官田地幷宗仁等衞屯田地土並付分司農司播種是月會州定西靜寧莊浪等州地震命江浙行省左丞帖里帖木兒江南行臺侍御史左答納失里招諭方國珍夏四月戊戌朔命南北兵馬司各分官一員就領通州漷州直沽等處巡捕官兵往來巡邏給分司印一同署事半載一更特命烏古孫良楨得用軍器庚子以禮部所轄掌薪司幷地土給付分司農司以甘肅行省平章政事鎖南班爲永昌宣慰使總永昌軍馬仍給平章政事俸先是永昌愚魯罷等爲亂鎖南班討平之至是復起故有是命辛丑太白犯井宿乙巳時享太廟己西詔取勘徐州汝寧南陽鄧州等處荒田幷戶絕籍沒入官者立司牧署掌分司農司耕牛又立玉田屯署降徐州路爲武安州以所轄縣屬歸德府其滕州嶧州仍屬益都路辛亥太陰犯房宿是月車駕時巡上都五月己巳命東安州武清大興宛平三縣正官添給河防職名從都水監官巡視渾河隄岸或有損壞即脩理之辛未江西行省左丞相亦憐真班江浙行省左丞老老引兵取道

自信州元帥韓邦彥哈迷取道由徽州浮梁同復饒州蘄黃等賊聞風皆奔潰
癸酉以太尉阿剌吉爲嶺北行省左丞相知行樞密院事伯家奴封武國公與
諸王孛羅帖木兒同出軍甲戌行樞密院添設僉院二員乙亥太陰犯歲星乙
未泰州白駒場亭民張士誠及其弟士德士信爲亂陷泰州及興化縣遂陷高
郵據之僭國號大周自稱誠王建元天祐六月丙申朔立詹事院設詹事三員
同知二員副詹事二員丞二員命四川行省平章政事玉樞虎兒吐華便宜行
事丁酉立皇子愛猷識理達臘爲皇太子中書令樞密使授以金寶告祭天地
宗廟命右丞相脫脫兼詹事己亥詔征西都元帥汪只南發本處精銳勇敢軍
一千人從征討以千戶二員百戶一十員領之庚子知樞密院事失剌把都總
河南軍平章政事答失八都魯總四川軍自襄陽分道而下克復安陸府辛丑
罷宮傅府以所掌錢帛歸詹事院癸卯詔以勅牒二十道鈔五萬錠給付淮南
行省平章政事達識帖睦邇於淮南淮北等處召募壯丁并總領漢軍蒙古守
禦淮安遼東搠羊哈及乾帖困朮赤朮等五十六名吾者野人以皮貨來降給

搠羊哈等三人銀牌一面管領吾者野人甲辰以立皇太子詔天下大赦己酉
亦都護高昌王月魯帖木兒薨于南陽軍中命其子桑哥襲亦都護高昌王爵
辛亥親王完者禿泰州陣亡八禿亳州陣亡各賻鈔五百錠命前河西廉訪副
使也先不花爲淮西添設宣慰副使討泰州丙辰詔皇太子位下立儀衛司設
指揮二員給二珠金牌副指揮二員一珠金牌賜吳王搠思監金二錠銀五錠
鈔二千錠幣帛各九匹以資政院所轄左右都威衛屬詹事院是月命淮南行
省平章政事達識帖睦邇便宜行事詔淮南行省平章政事福壽討興化是夏
薊州大水秋七月丁卯泉州天雨白絲海潮日三至時享太廟戊辰太白晝見
宦官至一品二品者依常例給俸祿壬申湖廣行省參知政事阿魯輝復武昌
及漢陽府癸酉詔詹事院自行銓注本院屬官壬辰親王只兒哈忽薨於海寧
軍中以其子寶童繼襲王爵八月癸卯親王闊兒吉思帖木兒獻馬辛亥賜脫
脫東泥河田一十二頃親王只兒哈郎討捕金山賊薨於軍中命其子禿魯帖
木兒入備宿衛庚申命不花帖木兒襲封文濟王是月車駕還自上都資政院

使脫火赤以兵復江州路以四川行省平章政事玉樞虎兒吐華右丞完者不
花守鎮中興路左遷平章政事咬住爲淮西元帥供給烏撒軍進討蘄黃九月
乙丑朔日有食之乙亥以怯薛官廣平王咬咬征討慢功削其王爵降爲河南
行省平章政事己丑廣寧王渾都帖木兒薨賻鈔一千錠建皇太子鹿頂殿于
聖安殿西歪剌歹桑哥失里獻馬一百匹賜金繫腰一幣帛各九庚寅太陰犯
熒惑辛卯扎你別之地獻大撒哈剌察亦兒米西兒刀弓鎖子甲及青白西馬
各二匹賜鈔二萬錠壬辰太白經天熒惑犯左執法南臺御史大夫納驎以老
疾辭職從之命太尉如故丁酉享于太廟庚子太白經天冬十月癸卯以江浙
行省參知故事買住丁陛本省右丞提調明年海運甲辰歲星犯氐宿丁未廣
西元帥甄崇福復道州誅賊將周伯顔庚戌從帖里帖木兒左答納失里之請
授方國珍徽州路治中國璋廣德路治中國瑛信州路治中督遣之任國珍疑
懼不受命立水軍都萬戶府於崑山州以浙東宣慰使納驎哈剌爲正萬戶宣
慰使董摶霄爲副萬戶庚申賜皇太子妃鈔十萬錠壬戌賜皇太子五愛馬怯

薛丹二百五十人鈔各一百一十錠癸亥太白犯亢宿是月撤世祖所立氈殿
改建殿宇十一月壬申太陰犯壘壁陣乙酉立典藏庫貯皇太子錢帛丁亥江
西右丞火你赤以兵平富州臨江遂引兵復瑞州是月立義兵千戶水軍千戶
所于江西事平願還爲民者聽十二月丁酉太白犯東咸己亥寧王旭滅該還
大斡耳朵思賜金繫腰一鈔一千錠庚子熒惑入氐宿癸卯脫脫請以趙完普
家產田地賜知樞密院事桑哥失里庚戌京城天無雲而雷鳴少頃有火見于
東南淮慶路及河南府西北有聲如擊鼓者數四已而雷聲震地癸丑以西安
王阿剌忒納失里爲豫王弟答兒麻討南陽賊有功以西安王印與之命鎮寵
吉兒之地丁巳太陰犯心宿西寧王牙罕沙鎮四川還沙州賜鈔一千錠是月
大同路疫死者大半江浙行省平章政事卜顏帖木兒南臺御史中丞蠻子海
牙及四川行省參知政事哈臨禿左丞桑禿失里西寧王牙罕沙合軍討徐壽
輝于蘄水敗之壽輝遁走獲其僞官四百餘人陝西行省平章政事孛羅四川
行省右丞答失八都魯復均房等州詔孛羅等守之答失八都魯討東正陽是

歲自六月不雨至于八月造清寧殿前山子月宮諸殿宇以宦官留守也先帖木兒留守同知也速迭兒及都水少監陳阿木哥等董其役哈麻及禿魯帖木兒等陰進西天僧于帝行房中運氣之術號演揲兒法又進西番僧善祕密法帝皆習之

十四年春正月甲子朔汴梁城東汴河冰皆成五色花草如繪畫三日方解乙丑熒惑犯歲星丁卯太白犯建星辛未享于太廟壬申命帖木兒不花襲封廣寧王賜鈔一千錠癸酉熒惑犯房宿立遼陽等處漕運庸田使司屬分司農司丁丑帝謂脫脫曰朕嘗作朵思哥兒好事迎白傘蓋遊皇城實爲天下生靈之故今命剌麻選僧一百八人仍作朵思哥兒好事凡所用物官自給之毋擾于民丙戌以答兒麻監藏遙授陝西行省平章政事實授行宣政院使整治西番人民是月命桑哥失里哈臨禿守中與答失八都魯復峽州二月戊戌祭社稷乙卯命中書平章政事搠思監提調規運總管府戊午太白犯壘壁陣己未以湖廣行省平章政事苟兒爲淮南行省平章政事以兵攻高郵是月以呂思誠

爲湖廣行省左丞命湖廣行省右丞伯顏普化江南行臺中丞蠻子海牙江浙行省平章政事卜顏帖木兒參知政事阿里温沙會合湖廣行省平章政事也先帖木兒討沿江賊立鎮江水軍萬戶府命江浙行省右丞佛家閭領之詔河南淮南兩省並立義兵萬戶府建清河大壽元忠國寺以江浙廢寺田歸之三月癸亥朔日有食之己巳廷試進士六十二人賜薛朝晤牛繼志進士及第餘授官出身有差壬申以皇太子行幸和買駝馬甲戌命親王速哥帖木兒以兵討宿州賊丙子頴州陷是月中書定擬義兵立功者權任軍職事平授以民職從之命四川行省右丞答失八都魯陞本省平章政事兼知行樞密院事總荆襄諸軍從宜調遣詔和買馬于北邊以供軍用凡有馬之家十匹內和買二匹每匹給鈔一十錠夏四月癸巳朔汾州介休縣地震泉湧以武祺參議中書省事是月車駕時巡上都江西湖廣大饑民疫癘者甚衆御史臺臣糾言江浙行省左丞帖里帖木兒等罪先是帖里帖木兒與江南行臺侍御史左答納失里奉旨招諭方國珍報國珍已降乞立巡防千戶所朝廷授以五品流官令納其

船散遣徒衆國珍不從擁船一千三百餘艘仍據海道阻絕糧運以故歸罪二人以江浙行省參知政事阿兒温沙陞本省右丞浙東宣慰使恩寧普爲江浙行省參知政事皆總兵討方國珍發陝西軍討河南賊給鈔令自備鞍馬軍器合二萬五千人馬七千五百匹永昌鞏昌沿邊人匠雜戶亦在遣中造過街塔於蘆溝橋命有司給物色人匠以御史大夫也先不花督之復立應昌全寧二路先是有詔罷之以撥屬魯王馬某沙王傅府至是有司以爲不便復之詔復起永昌鞏昌喃巴臨洮等處軍命各衛軍人脩白浮甕山等處隄堰五月甲子安豐正陽賊圍廬州是月詔脩砌北巡所經色澤嶺黑石頭河西沿山道路刱建龍門等處石橋皇太子徙居宸德殿命有司脩葺之立南陽鄧州等處毛胡蘆義兵萬戶府募土人爲軍免其差役令討賊自効因其鄉人自相團結號毛胡蘆故以名之詔以玉樞虎兒吐華募兵萬人下蜀江代荅失八都魯守中興荊門命荅失八都魯以兵赴汝寧陞湖廣行省參知政事阿兒灰爲右丞討廬州募寧夏善射者及各處回回朮忽殷富者赴京師從軍復發禿卜軍萬人命

太傅阿剌吉領之命荆王答兒麻失里代闊瑞阿合鎭河西討西番賊六月辛卯朔薊州雨雹高郵張士誠寇揚州丙申達識帖睦邇以兵討張士誠敗績諸軍皆潰詔江浙行省參知政事佛家閭會達識帖睦邇復進兵討之甲辰太陰入斗宿己酉盱眙縣陷庚戌陷泗州官軍潰秋七月甲子潞州襄垣縣大風拔木偃禾乙丑太陰犯角宿壬申詔免大都上都興和三路今年稅糧命刑部尚書阿魯於汝寧州等處募兵討泗州壬午太陰犯昴宿是月汾州孝義縣地震八月冀寧路榆次縣桃李花車駕還自上都九月己未朔賜親王撒蠻答失金二錠銀二十錠鈔一萬錠幣帛表裏各三百匹創設奧剌赤二十名仍給衣糧草料庚申以湖廣行省左丞呂思誠復爲中書左丞辛酉以知樞密院事月赤察兒爲中書平章政事詔脫脫以太師中書右丞相總制諸王各愛馬諸省各翼軍馬董督總兵領兵大小官將出征高郵甲子封高麗國王脫脫不花爲瀋王丁卯普顏忽都皇后母歿賻鈔三百錠立寧宗影堂戊子免河南蒙古軍人雜泛差役是月賜穆淸閣工匠皮衣各一領蓋海靑鷹房禁河南淮南酒階州

西番賊起遣兵擊之方國珍拘執元帥也忒迷失黄巖州達魯花赤宋伯顔不
花知州趙宜浩以俟詔命冬十月甲午享于太廟戊戌詔答失八都魯及泰不
花等會軍討安豐甲辰詔加號海神爲輔國護聖庇民廣濟福惠明著天妃壬
子太陰犯太微垣十一月丙寅勅中書省樞密院御史臺凡奏事先啓皇太子
詔江浙應有諸王公主后妃寺觀官員撥賜田糧及江淮財賦稻田營田各提
舉司糧盡數赴倉聽候海運以備軍儲價錢依本處十月時估給之丁卯脫脫
領大兵至高郵辛未戰于高郵城外大敗賊衆丙子太陰犯鬼宿癸未賜親王
喃答失金鍍銀印乙酉脫脫遣兵平六合縣是月答失八都魯復苗軍所據鄭
均許三州皇太子脩佛事釋京師死罪以下囚十二月辛卯絳州北方有紅氣
如火蔽天丙申以中書平章政事定住爲左丞相宣政院使哈麻永昌宣慰鎖
南班並爲中書平章政事進階光祿大夫監察御史袁賽因不花等劾奏脫脫
出師三月略無寸功傾國家之財以爲己用半朝廷之官以爲自隨又其弟也
先帖木兒庸材鄙器玷汙清臺綱紀之政不修貪淫之心益著章三上詔令也

先帖木兒出都門聽旨以宣徽使汪家奴爲御史大夫丁酉詔以脫脫老師費財已逾三月坐視寇盜恬不爲意削脫脫官爵安置淮安路弟御史大夫也先帖木兒安置寧夏路以河南行省平章政事泰不花爲本省左丞相中書平章政事月闊察兒加太尉集賢大學士雪雪知樞密院事一同總兵總領諸處征進軍馬幷在軍諸王駙馬省院臺官及大小出軍官員其滅里卜亦失你山哈八兒禿哈怯來等拔都兒云都赤禿兒怯里兀孛可西番軍人各愛馬朶憐赤高麗回回民義丁壯等軍人並聽總兵官節制詔被災殘破之處令有司賑恤仍蠲租稅三年賜高年帛罷廣田茶運寶泉等司戊戌以定住領經筵事中政院使桑哥失里爲中書添設右丞己亥太陰掩昴宿庚子以桑哥失里同知經筵事冀國公秃魯加太尉進階金紫光祿大夫癸卯命哈麻提調經正監都水監會同館知經筵事就帶元降虎符甲辰以桑哥失里提調宣文閣哈麻兼大司農呂思誠兼司農卿提調農務己酉紹興路地震是月命織造世祖御容詔威順王寬徹普化還鎭湖廣先是以賊據湖廣命奪其王印至是寬徹普化討

賊累立功故詔還其印仍守舊鎮命甘肅右丞嵬的討捕西番賊答失八都魯
復河陰鞏縣猺賊自耒陽寇衡州萬戶許脫因死之是歲詔諭民間私租太重
以十分爲率普減二分永爲定例降鈔十萬錠賞江西守城官吏軍民京師大
饑加以疫癘民有父子相食者帝於內苑造龍船委內官供奉少監塔思不花
監工帝自製其樣船首尾長一百二十尺廣二十尺前瓦簾棚穿廊兩暖閣後
吾殿樓子龍身幷殿宇用五彩金粧前有兩爪上用水手二十四人身衣紫衫
金荔枝帶四帶頭巾于船兩旁下各執篙一自後宮至前宮山下海子內往來
游戲行時其龍首眼口爪尾皆動又自製宮漏約高六七尺廣半之造木爲匱
陰藏諸壺其中運水上下匱上設西方三聖殿匱腰立玉女捧時刻籌時至輒
浮水而上左右列二金甲神一懸鐘一懸鉦夜則神人自能按更而擊無分毫
差當鐘鉦之鳴獅鳳在側者皆翔舞匱之西東有日月宮飛僊六人立宮前遇
子午時飛僊自能耦進度僊橋達三聖殿已而復退立如前其精巧絕出人謂
前代所鮮有時帝怠于政事荒於游宴以宮女三聖奴妙樂奴文殊奴等一十

六人按舞名爲十六天魔首垂髮數辮戴象牙佛冠身被纓絡大紅綃金長短裙金雜襖雲肩合袖天衣綬帶鞋韈各執加巴剌般之器內一人執鈴杵奏樂又宮女一十一人練槌髻勒帕常服或用唐帽窄衫所奏樂用龍笛頭管小鼓箏纂琵琶笙胡琴響板拍板以宦者長安迭不花管領遇宮中讚佛則按舞奏樂宮官受祕密戒者得入餘不得預

元史卷四十三

元史卷四十四

明翰林學士亞中大夫知制誥兼修國史宋　濂等修

本紀第四十四

順帝七

十五年春正月戊午朔以中書平章政事搠思監提調留守司宣徽使黑厮爲中書平章政事河南行省左丞許有壬爲集賢大學士遼陽行省左丞奇伯顏不花陞本省平章政事壬戌以宣政院副使忻都爲太子詹事癸亥享于太廟甲子親王禿堅帖木兒歿于軍中賜鈔五百錠江西行省平章政事道童加大司徒戊辰太陰犯五車辛未太陰犯鬼宿大斡耳朵儒學教授鄭咺建言蒙古乃國家本族宜教之以禮而猶循本俗不行三年之喪又收繼庶母叔嬸兄嫂恐貽笑後世必宜改革繩以禮法不報丙子上都饑賑糶米二萬石丁丑徐壽輝僞將倪文俊復陷沔陽府威順王寬徹普化令王子報恩奴等同湖南元帥阿思藍水陸並進討之至漢川水淺文俊用火筏燒船報恩奴遇害庚辰復設

仁虞雲需尚供三總管府丙戌大同路饑出粮一萬石減價糶之是月詔以湖廣行省平章政事乞剌班慢功削其官爵令從軍自効詔安置脫脫于亦集乃路收所賜田土命河南行省參知政事洪丑驢守禦河南陝西行省參知政事述律朵兒只守禦潼關宗王扎牙失里守禦興元陝西行省參知政事阿魯溫沙守禦商州通政院使朵來守禦山東詔豫王阿剌忒納失里與陝西行省平章政事搠思監從宜商議軍事閏月壬寅以各衛軍人屯田京畿人給鈔五錠以是日入役日支鈔二兩五錢仍給牛種農器命司農司令本管萬戶督其勤惰丙午太陰犯心宿丙辰太白經天是月上都路饑詔嚴酒禁命河南行省參知政事塔失帖木兒領元管陝西軍馬守禦河南二月己未劉福通等自碭山夾河迎韓林兒至立爲皇帝又號小明王建都亳州國號宋改元龍鳳以其母楊氏爲皇太后杜遵道盛文郁爲丞相羅文素劉福通爲平章劉六知樞密院事拆鹿邑縣大清宮材建宮闕遵道等各遣子入侍遵道得寵專權劉福通疾之命甲士撾殺遵道福通遂爲丞相後稱太保丙寅以中書平章政事黑廝左

丞許有壬並知經筵事戊辰命太傅御史大夫汪家奴爲中書右丞相中書平章政事定住爲左丞相詔天下庚午以河南行省平章政事咬咬爲遼陽行省左丞相壬申立淮東等處宣慰使司都元帥府于天長縣統濠泗義兵萬戶府并洪澤等處義兵聽富民願出丁壯義兵五千名者爲萬戶五百名者爲千戶一百名者爲百戶仍降宣勅牌面丙子以達識帖睦邇爲中書平章政事提調留守司平章政事黑厮兼大司農是月命刑部尚書董銓等與江西行省平章政事火你赤專任征討之務便宜從事遣使先降曲赦諭以禍福如能出降釋其本罪執迷不悛剋日進討二月庚寅太陰犯五車癸巳徐壽輝兵陷襄陽路甲午命汪家奴攝太尉持節授皇太子愛猷識理達臘玉冊錫以袞服九旒祇謁太廟丙申太陰犯房宿辛丑以監察御史言安置脫脫于雲南鎮西路也先帖木兒于四川碉門脫脫長男哈剌章安置肅州次男三寶奴安置蘭州仍籍其家產己酉命知樞密院事衆家奴知經筵事知樞密院事捏兀失該提調內史府癸丑太白經天夏四月壬戌中書省臣言江南因盜賊阻隔所在闕官宜

遣人與各省及行臺官以廣東廣西海北海南三品以下通行遷調五品以下
先行照會之任江浙行省三年一次遷調福建等處闕官亦依前例從之命彰
德等處分樞密院添設同知副使都事各一員癸亥以中書平章政事達識帖
睦邇知經筵事命樞密院添設僉院一員判官二員直沽分樞密院添設副使
一員都事一員以御史中丞扎撒兀孫同知經筵事乙丑以中書右丞臧十左
丞烏古孫良楨分省彰德辛未命御史中丞伯家奴同知經筵事中書參議成
遵兼經筵官癸酉以左丞相定住爲右丞相平章政事哈麻爲左丞相太子詹
事桑哥失里爲中書平章政事雪雪爲御史大夫丁丑加知樞密院事衆家奴
太傅辛巳親王脫脫甍賜鈔二百錠是月車駕時巡上都詔翰林待制烏馬兒
集賢待制孫撝招安高郵張士誠仍齎宣命印信牌面與鎭南王孛羅不花及
淮南行省廉訪司等官商議給付之御史臺劾奏中書左丞呂思誠罷之詔四
川等處立宣化鎭南軍民府改四川忠孝軍民府爲忠孝軍民安撫司罷盤順
府改立盤順軍民安撫司罷四川羊毋甲洞臬南王洞長官司改立忠義軍民

安撫司立汴梁等處義兵萬戶府五月壬辰復襄陽路監察御史也里忽都等劾奏河南行省左丞相太不花慢功虐民詔削其官職仍令率領火赤溫從總兵官平章政事答失八都魯征進答失八都魯管領太不花一應軍馬庚戌倪文俊自沔陽陷中興路元帥朶兒只班死之是月命淮南行省平章政事咬住淮東廉訪使王也先迭兒撫諭高郵六月丙辰命御史大夫雪雪提調端本堂癸亥太白經天丁卯監察御史哈林禿劾奏脫脫之師集賢大學士吳直方及其參軍黑漢長史火里赤等並宜追奪從之監察御史歪哥等辯明中書左丞呂思誠給付元追所授宣命玉帶戊辰命中書平章政事搠思監兼大司農桑哥失里知經筵事己巳靖安王闊不花薨無後命其姪襲封靖安王癸酉以四川行省平章政事答失八都魯爲河南行省平章政事乙亥命將作院判官烏馬兒招安濠泗等處章佩監丞普顏帖木兒招安沔陽等處諸王倒吾沒於軍中賻鈔二百錠丁丑保德州地震己卯陝西行省平章政事禿禿加答剌罕庚辰徵徽州隱士鄭玉爲翰林待制不至江浙省臣言至正十五年稅課等鈔內

除詔書已免稅粮等鈔較之年例海運粮幷所支鈔不敷乞減海運以甦民力
戸部定擬本年稅粮除免之外其寺觀幷撥賜田糧十月開倉盡行拘收其不
敷糧撥至元折中統鈔一百五十萬錠於產米處糴一百五十萬石貯瀕河之
倉以聽撥運從之癸未中書參知政事實理門言舊立蒙古國子監專教四怯
薛幷各愛馬官員子弟今宜諭之依先例入學俾嚴爲訓誨從之是月大明皇
帝起兵自和州渡江取太平路自紅巾妖寇倡亂之後南北郡縣多陷沒故大
明從而取之荊州大水命湖廣行省平章政事阿魯灰領軍與淮南行省平章
政事蠻子海牙淮西道宣慰使完者不花以兵攻和州等處命郡王只兒哦伯
湖廣行省右丞十蘭奚攻討河南以湖廣行省平章政事咬住爲總兵官領本
省軍馬幷江州楊完者黃州李勝等軍守禦湖廣江浙行省參知政事納驎哈
剌統領水軍萬戶等軍會本省平章政事定定進攻常州鎮江等處命將作院
判官烏馬兒利用監丞八十奴招諭濠泗淮南行省左丞相太平助之章佩監
丞普顏帖木兒翰林修撰烈瞻招諭沔陽四川行省平章政事王樞虎兒吐華

等助之以怯薛丹潑皮等六十名從江南行御史臺大夫福壽守禦集慶路國王朵兒只薨于揚州軍中命郡王只兒哦伯管領其所部軍馬秋七月辛卯享于太廟壬寅倪文俊復陷武昌漢陽等處是月命親王失里門以兵守曹州山東宣慰馬某火者以兵分府沂州莒州等處命知樞密院事答兒麻監藏及四川行省左丞沙剌班湖南同知宣慰使劉答兒麻失里以兵屯中興招諭諸處有不降者與親王禿魯及玉樞虎兒吐華討之命湖廣行省平章政事桑哥亦禿渾及禿禿禿守禦襄陽參知政事哈林禿及王塔失帖木爾守禦沔陽如賊徒不降即進兵討之陞台州海道巡防千戶所爲海道防禦運糧萬戶府八月庚申命南陽等處義兵萬戶府召募毛胡蘆義兵萬人進攻南陽戊辰以中書平章政事達識帖睦邇爲江浙行省左丞相便宜行事賜鈔一千錠甲戌以大宗正府扎魯忽赤迭里迷失爲甘肅行省平章政事戊寅太白經天雲南死可伐等降令其子莽三以方物來貢乃立平緬宣撫司四川向思勝降以安定州改立安定軍民安撫司是月車駕還自上都詔淮南行省左丞相太平統淮南諸

軍討所陷郡邑仍命湖廣行省平章政事阿魯灰以所部苗軍聽其節制立吾
者野人乞列迷等處諸軍萬戶府于哈兒分之地命親王寬徹班守與元承昌
宣慰使完者帖木兒討西番賊以淮南行省平章政事蠻子海牙與同知樞密
院事絆住馬等自蕪湖至鎮江南岸守禦同阿魯灰所部軍馬協力衛護江南
行臺命答失八都魯從便調度湖廣行省左丞卜蘭奚所領苗軍江浙行省平
章政事卜顏帖木兒守禦蘄黃蘭溪等處九月癸未命搠思監提調武衛以知
嶺北行樞密院事紐的該爲中書平章政事乙酉立分海道防禦運糧萬戶府
于平江路己丑太白犯太微垣辛卯命祕書卿答蘭提調別吉太后影堂祭祀
知樞密院事野僊帖木兒提調世祖影堂祭祀宣政院使蠻子提調裕宗英宗
影堂祭祀己亥倪文俊圍岳州路壬子命桑哥失里提調宣文閣吕思誠知經
筵事集賢大學士許有壬兼太子諭德是月移置脫脫于阿輕乞之地命答失
八都魯移軍住陳留冬十月丁巳立淮南行樞密院于揚州己未太陰犯壘壁
陣甲子命兵工二部尚書撒八兒王安童以金銀牌一百六十五面給淮東宣

尉使司等處義兵官員命哈麻領大司農司帝謂右丞相定住等曰敬天地尊祖宗重事也近年以來闕于舉行當選吉日朕將親祀郊廟務盡誠敬不必繁文卿等其議典禮從其簡者行之遂命右丞斡欒左丞呂思誠領其事以中書右丞拜住爲平章政事庚午以襲封衍聖公孔克堅同知太常禮儀院事以克堅子希學爲襲封衍聖公癸酉太陰犯軒轅哈麻奏言郊祀之禮以太祖配皇帝出宮至郊祀所便服乘馬不設內外儀仗教坊隊子齋戒七日內散齋四日於別殿致齋三日二日於大明殿西幄殿一日在南郊祀所丙子以郊祀命皇太子愛猷識理達臘祭告太廟己卯以翰林學士承旨慶童爲淮南行省平章政事立黃河水軍萬戶府于小清口十一月甲申熒惑犯氐宿庚寅塡星犯井宿壬辰親祀上帝于南郊以皇太子愛猷識理達臘爲亞獻攝太尉右丞相定住爲終獻甲午以太不花爲湖廣行省左丞相總兵招捕湖廣沔陽等處湖廣荊襄諸軍悉聽節制給還元追奪河南行省丞相宣命仍給以功賞宣勅金銀牌面戊戌介休縣桃杏花己亥太陰犯鬼宿戊申右丞相定住以病辭職命以

太保就第治病庚戌賊陷饒州路辛亥賜高麗國王伯顏帖木兒爲親仁輔義
宣忠奉國彰惠靖遠功臣是月答失八都魯攻夾河賊大破之賊陷懷慶命河
南行省右丞不花討之以湖廣歸州改隸四川行省十二月壬子朔熒惑犯房
宿給湖廣行省分省印丁巳命中書參知政事月倫失不花陳敬伯分省彰德
癸亥立忠義忠勤萬戶府于宿州武安州己巳以諸郡軍儲供餉繁浩命戶部
印造明年鈔本六百萬錠給之壬申以平章政事帖里帖木兒右丞斡欒並知
經筵事參議丁好禮兼經筵官乙亥以天下兵起下詔罪己大赦天下是月答
失八都魯大敗劉福通等于太康遂圍亳州僞宋主遁于安豐立興元等處宣
慰使司都元帥府于興元路是歲薊州雨血詔凡有水田之處設大兵農司招
集人夫有警乘機進討無事栽植播種詔濬大內河道以宦官同知留守埜先
帖木兒董其役埜先帖木兒言自十一年以來天下多事不宜興作帝怒命往
使高麗改命宦官答失蠻董之以中書平章政事拜住分省濟寧設四部是歲
察罕帖木兒與賊戰于河南北屢有功除中書刑部侍郞

十六年春正月壬午改福建宣慰使司都元帥府爲福建行中書省戊子親享
太廟命中書平章政事帖里帖木兒提調國子監己丑太陰犯昴宿丁酉太保
定住以病辭職太尉大宗正府扎魯忽赤月闊察兒以出軍中傷辭職皆不允
乙亥詔命太尉阿吉剌開府設官屬乙巳以遼陽行省左丞相咬咬爲太子詹
事翰林學士承旨朵列帖木兒同知詹事院事丙子以知樞密院事實理門兼
大府監卿戊申雲南土官阿蘆降遣姪腮斡以方物來貢庚戌左丞相哈麻罷
辛亥御史大夫雪雪亦罷以搠思監爲御史大夫復以定住爲右丞相是月薊
州地震倪文俊建僞都于漢陽迎徐壽輝據之二月癸酉禿魯帖木兒辭職不
允搠思監糾言哈麻及其弟雪雪等罪惡帝曰哈麻兄弟雖有罪然侍朕日久
與朕弟懿璘質班皇帝實同乳且緩其罰令之出征自效甲寅命右丞相定住
依前太保中書一切機務悉聽總裁詔天下丙辰以鎮南王孛羅不花自兵興
以來率怯薛丹討賊累立戰功賜鈔一萬錠定住及平章政事桑哥失里等復
奏哈麻兄弟罪惡遂命貶哈麻惠州安置雪雪肇州安置尋杖殺之壬戌詹事

伯撒里辭職乙丑禁銷毀販賣銅錢丙寅命翰林國史院太常禮儀院定擬皇
后奇氏三代功臣諡號王爵甲戌命六部大司農司集賢翰林國史兩院太常
禮儀院祕書崇文國子都水監侍儀司等正官各舉才堪守令者一人不拘蒙
古色目漢南人從中書省斟酌用之或任內害民受贓者舉官量事輕重降職
命鑾鑾爲靖安王賜金印置王傅等官己卯命集賢直學士楊俊民致祭曲阜
孔子廟仍葺其廟宇詔諭山東鹽法軍民毋得沮壞賜定住篤憐赤怯薛丹三
十名給衣糧馬疋草料是月高郵張士誠陷平江路據之改平江路爲隆平府
遂陷湖州松江常州三月辛巳復立酒課提舉司命中書平章政事帖里帖木
兒參知政事成遵等議鈔法壬午徐壽輝復寇襄陽癸未臺臣言係官牧馬草
地俱爲權豪所占今後除規運總管府見種外餘盡取勘令大司農召募耕墾
歲收租課以資國用從之丁亥以今秋出師詔和買馬六萬疋戊子命宣讓王
帖木兒不花威順王寬徹普化以兵鎭遏懷慶路各賜金一錠銀五錠幣帛九
疋鈔二千錠庚寅大明兵取集慶路江南行臺御史大夫福壽死之丙申倪文

俊昭常德路總兵官俺都剌迶命搠思監提調承徽寺丁酉立行樞密院于杭州命江浙行省左丞相達識帖睦邇兼知行樞密院事節制諸軍省院等官並聽調遣凡賞功罰罪招降討逆許以便宜行事大明兵取鎮江路戊申方國珍復降以爲海道運糧漕運萬戶兼防禦海道運糧萬戶其兄方國璋爲衢州路總管兼防禦海道事是月有兩日相盪夏四月辛亥以搠思監爲中書左丞相丙辰以資正院使普化爲御史大夫丁巳命左丞相搠思監領經筵事中書平章政事悟良哈台御史大夫普化並知經筵事庚申以河南行省左丞卜蘭奚爲湖廣行省平章政事答失八都魯加金紫光祿大夫丙寅命阿因班太子與陝西行省官同討均房南陽遼陽行省平章政事奇伯顏不花加大司徒丁卯以陝西行臺御史大夫朵朵爲陝西行省左丞相大司農咬咬爲遼陽行省左丞相以知樞密院事實理門分院濟寧翰林學士承旨脫脫同知詹事院事壬申命豫王阿剌忒納失里與陝西行省官商議軍機從宜攻討己卯命悟良哈台兼太子諭德是月車駕時巡上都五月壬辰太白犯鬼宿癸巳亦如之甲午

太陰入斗宿丙申倪文俊陷灃州路丁酉太陰犯壘壁陣乙巳賊寇辰州守將和尚以鄉兵擊敗之六月甲寅江浙行省平章政事三旦八參知政事楊完者以兵守嘉興路禦張士誠乙丑大明兵取廣德路秋七月癸未以翰林學士禿魯帖木兒爲侍御史丁酉太陰犯壘壁陣是月張士誠遣兵陷杭州江浙行省平章政事左答納失里戰死丞相達識帖木邇遁楊完者及萬戶普賢奴擊敗之復其城八月丙辰奉元路判官王淵等以義兵復商州陞淵同知關商襄鄧等處宣慰司事己未賊侵河南府路參知政事洪丑驢以兵敗之丁卯太陰犯昴宿庚午倪文俊陷衡州路元帥甄崇福戰死甲戌彗星見張宿色青白彗指西南長尺餘至十二月戊午始滅是月車駕還自上都黃河決山東大水九月庚辰汝頴賊李武崔德等破潼關參知政事述律杰戰死壬午豫王阿剌忒納失里同知樞密院事定住引兵復潼關河南行省平章政事伯家奴以兵守之丙申潼關復陷伯家奴兵潰豫王阿剌忒納失里復以兵取之李武崔德敗走戊戌賊陷陝州及虢州詔以太尉納麟復爲江南行臺御史大夫還行臺治紹

與是月察罕帖木兒復陝州及虢州復襲敗賊兵于平陸安邑以功由兵部尚書陞僉河北行樞密院事冬十月丁未大名路有星如火從東南流芒尾如曳箒隕地有聲火燄蓬勃久之乃息化爲石青黑色光瑩形如狗頭其斷處如新割者命藏于庫壬辰太陰犯井宿是月詔罷太尉也先帖木兒十一月丙戌以老的沙答里麻失並爲詹事丁亥流星大如酒盃色青白尾跡約長五尺餘光明燭地起自東北東南行没于近濁有聲如雷壬辰太陰犯井宿是月河南陷河南廉訪副使俺普遁置河南廉訪司于沂州又於沂州設分樞密院以兵馬指揮使司隸之十二月倪文俊陷岳州路殺威順王子歹帖木兒湖廣參知政事也先帖木兒與左江義兵萬戶鄧祖勝合兵復衡州是歲詔沿海州縣爲賊所殘掠者免田租三年賜高年帛河南行省左丞相太不花駐軍于南陽嵩汝等州叛民皆降軍勢大振陝西行臺監察御史李尚絅上關中形勝急論凡十有二事命大司農司屯種雄霸二州以給京師號京糧

元史卷四十四

元史卷四十五

明翰林學士亞中大夫知制誥兼修國史宋　濂等修

本紀第四十五

順帝八

十七年春正月丙子朔日有食之以伯顏秃古思爲大司徒辛卯命山東分省團結義兵每州添設判官一員每縣添設主簿一員專率義兵以事守禦仍命各路達魯花赤提調聽宣慰使司節制丙申監察御史哈剌章言淮東道廉訪使褚不華徇忠盡節宜加褒贈優恤其家從之二月壬子賊犯七盤藍田命察罕帖木兒以軍會答兒麻亦兒守陝州潼關哈剌不花由潼關抵陝西會豫王阿剌忒納失里及定住等同進討癸丑太陰犯五車以征河南許亳太康嵩汝大捷詔赦天下戊辰知樞密院事脫脫復邳州調客省使撒兒答温等攻黃河南岸賊大破之壬申劉福通遣其黨毛貴陷膠州僉樞密院事脫歡死之甲戌倪文俊陷陝州是月李武崔德陷商州察罕帖木兒與李思齊以兵自陝虢援

陝西以察罕帖木兒爲陝西行省左丞李思齊爲四川行省左丞詔以高寶爲四川行省參知政事將兵取中興不克賊遂破轆轤關三月乙亥義兵萬戶賽甫丁阿迷里丁叛據泉州庚辰毛貴陷萊州守臣山東宣慰副使釋嘉訥死之壬午大明兵取常州路甲申太陰犯鬼宿壬辰歲星犯壘壁陣甲午毛貴陷益都路益王買奴遁自是山東郡邑皆陷乙未以江淮行樞密院副使董摶霄爲山東宣慰使丁酉毛貴陷濱州戊戌以中書平章政事帖里帖木兒爲御史大夫悟良哈台斡欒並爲中書平章政事夏四月丙午監察御史五十九言今京師周圍雖設二十四營軍卒疲弱素不訓練誠爲虛設儻有不測誠可寒心宜速選擇驍勇精銳衞護大駕鎮守京師實當今奠安根本固堅人心之急務況武備莫重于兵而養兵莫先于食今朝廷撥降鈔錠措置農具命總兵官于河南克復州郡且耕且戰甚合寓兵于農之意爲今之計權命總兵官從宜于軍官府選委能撫字軍民者兼路府州縣之職務要農事有成軍民得所則擾民之害益除而匱乏之憂亦釋矣帝嘉納之乙卯毛貴陷莒州丙辰京師立便民

六庫倒易昏鈔辛酉以咬咬爲甘肅行省左丞相答失八都魯加太尉四川行
省左丞相漢中道廉訪司糾陝西行省左丞蕭家奴遇賊逃竄失陷所守郡邑
詔正其罪是月車駕時巡上都封江西行省平章政事火你赤爲營國公大明
兵取寧國路五月乙亥命知樞密院事孛蘭奚進兵討山東戊寅平章政事亦
老温帖木兒復武安州等三十餘城丙申命搠思監爲右丞相太平爲左丞相
詔天下免民今歲稅糧之半詔以永昌宣慰司屬詹事院六月甲辰朔以實理
門爲中書分省右丞守濟寧丙辰監察御史脫脫穆而言去歲河南之賊窺伺
河北惟河南與山東互相策應爲害尤大爲今之計中書當遴選能將就太不
花答失八都魯三處軍馬内擇其精銳以守河北進可以制河南之侵退
可以攻山東之寇庶幾無虞從之己未以帖里帖木兒老的沙並爲御史大夫
庚申大明兵取江陰州壬申帖里帖木兒糾陝西知行樞密院事也先帖木兒
遂命罷陝西行樞密院令也先帖木兒居于草地癸酉温州路樂清江中龍起
颶風作有火光如毬是月劉福通犯汴梁其軍分三道關先生破頭潘馮長舅

沙劉二王士誠寇晉冀白不信大刀敖李喜喜趨關中毛貴據山東其勢大振
秋七月己卯帖里帖木兒奏續集風憲宏綱庚辰大明兵取徽州路癸未太白
犯鬼宿甲申太陰犯斗宿乙酉命右丞相搠思監領宣政院事平章政事臧卜
知經筵事參知政事李稷同知經筵事參知政事完者帖木兒兼太府卿丁亥
填星犯鬼宿戊子以李稷爲御史中丞中書省臣言山東般陽益都相次而陷
濟南日危宜選將練卒信賞必罰爲保燕趙計以衞京師不報己丑鎭守黃河
義兵萬戶田豐叛陷濟寧路分省右丞實理門遁義兵萬戶孟本周攻之田豐
敗走本周還守濟寧甲午以御史中丞完者帖木兒爲中書右丞河南廉訪使
俺普爲中書參知政事監察御史迭里彌實劉傑言疆域日蹙兵律不嚴陝西
汴梁淮潁山東之寇有窺伺燕趙之志宜俯詢大臣共圖克復之宜預定守備
之策不報是月立四方獻言詳定使司秩正三品歸德府知府林茂萬戶時公
權叛以城降于賊歸德府及曹州皆陷八月癸卯填星犯鬼宿太白犯軒轅癸
丑劉福通兵陷大名路遂自曹濮陷衞輝路答失八都魯之子孛羅帖木兒與

萬戶方脫脫擊之甲子太陰犯五車乙丑以陝西行臺御史中丞伯嘉訥爲陝西行省平章政事淮南行省參知政事余闕爲淮南行省左丞江浙行省參知政事楊完者陞左丞方國珍爲江浙行省參知政事海道運糧萬戶如故丙寅慶陽府鎮原州大雹是月大駕還自上都薊州大水詔知樞密院事紐的該進討山東大明兵取揚州路平江路張士誠俾前江南行臺御史中丞蠻子海牙爲書請降江浙左丞相達識帖睦邇承制令參知政事周伯琦等至平江撫諭之詔以士誠爲太尉士德爲淮南行省平章政事時士德已爲大明兵所擒九月丙子命同知樞密院事壽童以兵討冠州以老的沙爲中書省平章政事兼兀良海牙指揮使甲午澤州陵川縣陷縣尹張輔死之戊戌太不花復大名路幷所屬郡縣辛丑詔中書右丞也先不花御史中丞成遵奉使宣撫彰德大名廣平東昌東平曹濮等處獎厲將帥是月命紐的該加太尉總諸軍守禦東昌時田豐據濟濮率衆來寇擊走之倪文俊謀殺其主徐壽輝不果自漢陽奔黃州壽輝僞將陳友諒襲殺之友諒遂自稱平章閏九月癸卯有飛星如盂靑色

光燭地尾約長尺餘起自王良沒于勾陳監察御史朵兒只等劾奏知樞密院使哈剌八秃兒失陷所守郡縣詔正其罪丙午太陰犯斗宿右丞相搠思監左丞相太平並加開府儀同三司平章政事完者不花兼大司農庚申太陰犯井宿乙丑路州陷丙寅賊攻冀寧察罕帖木兒以兵擊走之冬十月乙亥熒惑犯氐宿戊寅設分詹事院甲申太陰掩昴宿戊戌曹州賊入太行山是月白不信大刀敖李喜喜陷興元遂入鳳翔察罕帖木兒李思齊屢擊破之其黨走入蜀答失八都魯與知樞密院事答里麻失里以軍討曹州賊官軍敗潰答里麻失里死之靜江路山崩地陷大水十一月辛丑山東道宣慰使董摶霄建言請令江淮等處各枝官軍分布連珠營寨于隘口屯駐守禦宜廣屯田以足軍食從之汾州桃杏花壬寅賊侵壺關察罕帖木兒大破之戊午以河南行省平章政事答蘭爲中書平章政事御史中丞李獻爲中書左丞陝西行臺中丞卜顏帖木兒樞密院副使哈剌那海司農少卿崔敬侍御史陳敬伯皆爲參知政事癸亥豫王阿剌忒納失里與陝西行省左丞相朵朵陝西行臺御史中丞伯嘉訥

分道攻討關陝己巳以中書參知政事八都麻失里爲右丞十二月庚午熒惑犯天江辛未山東道廉訪使伯顏不花建言嚴保伍集勇健汰冗官戊寅太白犯歲星甲申太陰犯鬼宿丁亥歲星犯壘壁陣庚寅太白犯壘壁陣癸巳太陰犯心宿丁酉慶元路象山縣鵝鼻山崩己亥流星如金星大尾約長三尺餘起自太陰近東而没化爲青白氣庚子答失八都魯卒于軍中是歲詔天下團結義兵路府州縣正官俱兼防禦事詔淮南行知樞密院事脫脫領兵討淮南詔諭濟寧李秉彝田豐等令其出降敘復元任嘯亂士卒仍給資糧欲還鄉者聽倪文俊陷川蜀諸郡命僞元帥明玉珍守據之趙君用及彭大之子早住同據淮安趙僭稱永義王彭僭稱魯淮王義兵千戶余寶殺其知樞密院事寶童以叛降于毛貴余寶遂據棣州河南大饑

十八年春正月辛丑塡星犯鬼宿乙巳察罕帖木兒李思齊合兵于鳳翔丙午太陰犯昴宿陳友諒陷安慶路守將余闕死之庚戌大明兵取婺源州甲子以不蘭奚知樞密院事乙丑大風起自西北益都土門萬歲碑仆而碎丙寅田豐

陷東平路丁卯不蘭奚與毛貴戰于好石橋敗績走濟南是月詔荅失八都魯子孛羅帖木兒爲河南行省平章政事總領其父元管軍馬詔察罕帖木兒屯陝西李思齊屯鳳翔二月己巳朔議團結西山寨大小十一處以爲保障命中書右丞塔失帖木兒左丞烏古孫良楨等總行提調設萬夫長千夫長百夫長編立牌甲分守要害互相策應毛貴陷清滄州遂據長蘆鎮中書省臣奏以陝西軍旅事劇務殷去京師道遠供費艱難請就陝西印造寶鈔爲便遂分戶部寶鈔庫等官置局印造仍命諸路撥降鈔本畀平準行用庫倒易昏幣布于民間癸酉毛貴陷濟南路守將愛的戰死毛貴立賓興院選用故官以姬宗周等分守諸路又于萊州立三百六十屯田每屯相去三十里造大車百輛以挽運糧儲官民田十止收二分冬則陸運夏則水運乙亥塡星犯鬼宿辛巳詔以太不花爲中書右丞相總兵山東壬午田豐復陷濟寧路甲申輝州陷丙戌紐的該聞田豐逼近東昌棄城走丁亥察罕帖木兒調兵復涇州平涼保鞏昌戊子田豐陷東昌路庚寅王士誠自益都犯懷慶路周全擊敗之辛卯以安童爲中

書參知政事丁酉興元路陷三月己亥朔日色如血加右丞相搠思監太保庚
子毛貴陷般陽路辛丑大同路夜黑氣蔽西方有聲如雷少頃東北方有雲如
火交射中天遍地俱見火空中有兵戈之聲癸卯王士誠陷晉寧路總管杜賽
因不花死之甲辰察罕帖木兒遣賽因赤等復晉寧路己酉劉福通遣兵犯衞
輝孛羅帖木兒擊走之庚戌毛貴陷薊州詔徵四方兵入衞乙卯毛貴犯漷州
至棗林樞密副使達國珍戰死遂略柳林同知樞密院事劉哈剌不花以兵擊
敗之貴走據濟南丙辰大明兵取建德路以周全爲湖廣行省參知政事統奥
魯等軍移鎮嵩州白龍寨冀寧路陷丁巳田豐陷益都路辛酉大同諸縣陷察
罕帖木兒遣關保等往擊之是時賊分二道犯晉冀一出沁州一侵絳州乙丑
以老章爲太子少保夏四月甲申陳友諒陷龍興路省臣道童火你赤棄城遁
壬午田豐陷廣平路大掠退保東昌詔令元帥方脫脫以兵復廣平癸未以諸
處捷音屢至詔頒軍民事宜十一條庚寅以翰林學士承旨鑾子爲嶺北行省
平章政事辛卯太白犯鬼宿甲午陳友諒遣王奉國陷瑞州路是月車駕時巡

上都察罕帖木兒李思齊會宣慰張良弼郎中郭擇善宣慰同知拜帖木兒平章政事定住總帥汪長生奴各以所部兵討李喜喜于鞏昌李喜喜敗入蜀察罕帖木兒駐清湫李思齊駐斜坡張良弼駐秦州郭擇善駐崇信拜帖木兒等駐通渭定住駐臨洮各自除路府州縣官徵納軍需李思齊張良弼又同襲殺拜帖木兒分總其兵五月戊戌朔察罕帖木兒遣董克昌等以兵復冀寧以方國珍爲江浙行省左丞兼海道運糧萬戶詔察罕帖木兒還兵鎮冀寧李思齊殺同僉樞密院事郭擇善庚子賊兵踰太行察罕帖木兒部將關保擊敗之以察罕帖木兒爲陝西行省右丞兼陝西行臺侍御史同知河南行樞密院事劉福通攻汴梁壬寅太白犯填星汴梁守將竹貞棄城遁福通等遂入城乃自安豐迎其僞主居之以爲都陳友諒遣康泰趙琮鄧克明等以兵寇邵武路甲辰命太尉阿吉剌爲甘肅行省左丞相乙巳關保與賊戰于高平大敗之庚戌陳友諒陷吉安路壬子太陰犯斗宿癸丑監察御史七十等糾劾太保中書右丞相太不花乙卯詔削太不花官爵安置蓋州時太不花總兵山東以知行樞密

院悟良哈台代之命悟良哈台節制河北諸軍河南行省平章政事周全節制河南諸軍辛酉陳友諒兵陷撫州路甲子監察御史七十燕赤不花等劾中書參知政事燕只不花是月遼州蝗山東地震天雨白毛察罕帖木兒自以劉尚質爲冀寧路總管六月戊辰朔太不花伏誅察罕帖木兒調虎林赤關保同守潞州拜察罕帖木兒陝西行省平章政事便宜行事庚辰關先生破頭潘等陷遼州虎林赤以兵擊走之關先生等遂陷冀寧路乙酉命左丞相太平督諸軍守禦京城便宜行事是月汾州大疫秋七月丁酉朔周全據懷慶路以叛附于劉福通時察罕帖木兒駐軍洛陽遣伯帖木兒以兵守盌子城周全來戰伯帖木兒爲其所殺周全遂盡驅懷慶民渡河入汴梁丁未太陰犯斗宿不蘭奚以兵復般陽路已而復陷戊申太白晝見癸丑有賊兵犯京城刑部郎中不花守西門夜開門擊退之己未劉福通遣周全引兵攻洛陽守將登城以大義責全全愧謝退兵劉福通殺之丙寅以完卜花脫脫帖木兒爲中書平章政事是月京師大水蝗民大饑八月丁卯朔江浙行省平章政事三旦八遁于福建先是

三旦八討饒州貪財玩寇久而無功遂妄稱遷職福建行省至福建爲廉訪僉事般若帖木兒所劾拘之與化路壬申太陰掩心宿庚辰陳友諒兵陷建昌路辛巳義兵萬戸王信以滕州叛降于毛貴甲申太陰掩昴宿庚寅以老的沙爲御史大夫詔作新風紀九月丁酉朔詔授昔班帖木兒同知河東宣慰司事其妻剌八哈敦雲中郡夫人子觀音奴贈同知大同路事仍旌表其門閭先是昔班帖木兒爲趙王位下同知怯怜口總管府事其妻嘗保育趙王及是部落滅里叛欲殺王昔班帖木兒與妻謀以其子觀音奴服王平日衣冠居王宫夜半夫妻衞趙王微服遁去比賊至遂殺觀音奴趙王得免事聞故旌其忠焉褒封唐贈諫議大夫劉蕡爲文節昌平侯關先生攻保定路不克遂陷完州掠大同與和塞外諸郡中書左丞張冲請立團練安撫勸農使司二道一奉元延安等處一鞏昌等處從之壬寅詔命中書參知政事普顏不花治書侍御史李國鳳經略江南癸卯詔以福建行中書省平章政事慶童爲江南行臺御史大夫丙午賊兵攻大同路壬戌平定州陷乙丑陳友諒陷贛州路江西行省參知政事

全普庵撒里及總管哈海赤死之冬十月丙寅朔詔豫王阿剌忒納失里徙居白海尋遷六盤壬申大明兵取蘭溪州己卯太陰犯昴宿壬午監察御史燕赤不花劾右丞相搠思監罪狀詔收其印綬乙酉監察御史答兒麻失里王彝等復劾之請正其罪帝不聽壬辰大同路陷達魯花赤完者帖木兒棄城遁十一月乙未朔以普化帖木兒爲福建行省平章政事癸卯陳友諒陷汀州路丙午太陰犯昴宿太白犯房宿丁未田豐陷順德路先是樞密院判官劉起祖守順德糧絕劫民財掠牛馬民強壯者令充軍弱者殺而食之至是城陷起祖遂盡驅其民走于廣平辛酉太陰掩心宿十二月乙丑朔日有食之癸酉關先生破頭潘等陷上都焚宮闕留七日轉略往遼陽遂至高麗戊寅太白經天庚辰察罕帖木兒遣樞密院判官瑣住進兵于遼陽癸未太白經天甲申大明兵取婺州路達魯花赤僧住浙東廉訪使楊惠死之戊子太陰犯房宿

十九年春正月甲午朔陳友諒兵陷信州路守臣江東廉訪副使伯顏不花的斤力戰死之大明兵取諸暨州辛丑太陰犯昴宿乙巳以朵兒只班爲中書平

章政事丙午遼陽行省陷懿州路總管呂震死之贈震河南行省左丞追封東平郡公察罕帖木兒遣樞密院判官陳秉直八不沙將兵二萬守冀寧癸丑流星如酒盃大有聲如雷三月辛巳樞密副使朵兒只以賊犯順寧命張立將精銳由紫荆關出討命鴉鶻由北口出迎敵甲申叛將梁炳攻辰州守將和尚擊敗之以和尚爲湖廣行省參知政事賊由飛狐靈丘犯蔚州庚寅御史臺臣言先是召募義兵費用銀鈔一百四十萬錠多近侍權倖冒名關支率爲虛數乞令軍士凡已領官錢者立限出征詔從之已而復止不行是月詔孛羅帖木兒移兵鎮大同以爲京師捍蔽置大都督兵農司仍置分司十道專督屯種以孛羅帖木兒領之所在侵奪民田不勝其擾太不花潰散之兵數萬鈔掠山西察罕帖木兒遣陳秉直分兵駐榆次招撫之其首領悉送河南屯種三月癸巳朔陳友諒遣兵由信州略衢州復遣兵陷襄陽路辛丑京城北兵馬司指揮周哈剌歹與林智和等謀叛事覺伏誅庚戌太陰犯房宿壬戌詔定科舉流寓人名額蒙古色目南人各十五名漢人二十名夏四月癸亥朔汾水暴漲賊陷金復

等州司徒知樞密院事佛家奴調兵平之甲子毛貴爲趙君用所殺帝以天下多故卻天壽節朝賀詔羣臣曰朕方今宜敬天地法祖宗以自修省朕初度之日羣臣毋賀庚午左丞相太平暨文武百官奏曰天壽節朝賀乃臣子報本實合禮典今謙讓不受固陛下盛德然今軍旅征進君臣名分正宜舉行不允壬申皇太子復率羣臣上奏曰朝賀祝壽是祖宗以來舊行典故今不行有乖于禮帝曰今盜賊未息萬姓荼毒正朕恐懼修省敬天之時奈何受賀以自樂乙亥御史大夫帖里帖木兒復奏曰天壽朝賀之禮蓋出臣子之誠伏望陛下曲徇所請若朝賀之後內庭燕集特賜除免亦古者人君減膳之意仍乞宣示中書使內外知聖天子憂勤惕厲至于如此帝曰爲朕缺于修省以致萬姓塗炭今復朝賀燕集是重朕之不德當俟天下安寧行之未晚卿等其無復言卒不聽己丑賊陷寧夏路遂略靈武等處五月壬辰朔以陝西行臺御史大夫完者帖木兒爲陝西行省左丞相便宜行事丙申熒惑犯鬼宿丁酉皇太子奏請巡北邊以撫綏軍民御史臺臣上䟽固留詔從之壬寅察罕帖木兒請今歲八月

鄉試河南舉人及避兵儒士不拘籍貫依河南省元定額數就陝州置貢院應試詔從之丙午太陰犯天江丁未太陰犯斗宿是月察罕帖木兒大發秦晉諸軍討汴梁圍其城山東河東河南關中等處蝗飛蔽天人馬不能行所落溝塹盡平民大饑六月辛巳詔以宣徽使燕古兒爲御史大夫秋七月壬辰朔出搠思監爲遼陽行省左丞相便宜行事丁酉太白犯上將庚子詔以察罕腦兒宣慰司之地屬資正院有司毋得差占察罕腦兒之地在世祖時隸忙哥歹太子四千戶今從皇后奇氏請故以屬之資正院甲辰太白犯右執法戊申命國王囊加歹中書平章政事佛家奴也先不花知樞密院事黑驢等統領探馬赤軍進征遼陽己酉太白犯左執法丙辰趙君用既殺毛貴其黨續繼祖自遼陽入益都殺君用遂與其所部自相讎敵是月霸州及介休縣靈石縣蝗八月辛酉朔倪文俊餘黨陷歸州戊寅察罕帖木兒督諸將閻思孝李克彝虎林赤賽因赤答忽脫因不花呂文完哲賀宗哲孫翥等攻破汴梁城劉福通奉其僞主遁退據安豐己卯蝗自河北飛渡汴梁食田禾一空詔以察罕帖木兒爲河南行

省平章政事兼同知河南行樞密院事陝西行臺御史中丞依前便宜行事仍賜御衣七寶腰帶以旌其功是月大同路蝗襄垣縣螟蝝九月癸巳以中書平章政事帖里帖木兒爲陝西行省左丞相便宜行事乙巳以湖南北浙東西四道廉訪司所治之地皆陷詔任其所便之地置司丙午夜白虹貫天丁未禁軍人不得私殺牛馬甲寅太白犯天江是月大明兵取衢州路詔遣兵部尚書伯顏帖木兒戶部尙書曹履亨以御酒龍衣賜張士誠徵海運糧冬十月庚申朔詔京師十一門皆築甕城造吊橋以方國珍爲江浙行省平章政事壬申太白犯斗宿辛巳流星大如桃十一月癸卯大明兵取處州路戊申陳友諒兵陷杉關十二月戊辰太白犯壘壁陣是月知樞密院事兀良哈台領太不花軍其所部方脫脫與弟方伯帖木兒時保遼州兀良哈台同唐琰高脫因等屯孟州與察罕帖木兒部將八不沙等交兵已而兀良哈台獨引達達軍還京師方脫脫等乃從孛羅帖木兒皇太子憾太平忤己以中書左丞成遵參知政事趙中皆太平所用使監察御史誣成遵趙中以贓罪杖殺之是歲以後因上都宮闕盡

廢大駕不復時巡陳友諒以江州爲都迎僞主徐壽輝居之自稱漢王
二十年春正月己丑朔察罕帖木兒請以鞏縣改立軍州萬戶府招民屯種從
之御史大夫老的沙御史中丞咬住奏今後各處從宜行事官員毋得陰挾私
讎明爲舉索輒將風憲官吏擅自遷除侵擾行事沮壞臺綱從之己亥太陰犯
井宿癸卯大寧路陷壬子以危素爲參知政事乙卯會試舉人知貢舉平章政
事八都麻失里同知貢舉翰林學士承旨李好文禮部尚書許從宗考試官國
子祭酒張翥同考官太常博士傅亨等奏舊例各處鄉試舉人三年一次取三
百名會試取一百名今歲鄉試所取比前數少止有八十八名會試三分內取
一分合取三十名如于三十名外添取五名爲宜從之丙寅五色雲見移時二
月戊午朔左丞相太平罷爲太保守上都三月戊子朔田豐陷保定路彗星見
東方甲午廷試進士三十五人賜買住魏元禮進士及第其餘出身有差乙巳
冀寧路陷壬子以搠思監爲中書右丞相夏四月庚申命大司農司都事樂元
臣招諭田豐至其軍爲豐所害丁卯太陰犯明堂辛未僉行樞密院事張居敬

復與中州癸酉太陰犯東咸五月丁亥朔日有食之雨雹陳友諒殺其僞主徐壽輝於太平路遂稱皇帝國號大漢改元大義已而回駐於江州乙未陳友諒遣羅中顯陷辰州己亥以紲住馬爲中書平章政事壬寅太陰犯建星是月張士誠海運糧十一萬石至京師閏月己未以太尉也帖木兒知經筵事以甘肅行省左丞相阿吉剌爲太尉乙亥流星大如桃六月己丑命孛羅帖木兒部將方脫脫守禦嵐與保德州等處詔今後察罕帖木兒與孛羅帖木兒部將毋得互相越境侵犯所守信地因而讎殺方脫脫不得出嵐與州境界察罕帖木兒亦不得侵其地癸巳太白犯井宿戊戌太陰犯建星是月大明兵取信州路秋七月辛酉命遼陽行省參知政事張居敬討義州賊孛羅帖木兒敗賊王士誠於臺州乙丑太陰犯井宿乙亥詔孛羅帖木兒總領達達漢兒軍馬爲總兵官仍便宜行事八月戊子命孛羅帖木兒守石嶺關以北察罕帖木兒守石嶺關以南辛卯太陰犯天江壬辰加封福建鎮閩王爲護國英仁武烈忠正福德鎮閩尊王乙未永平路陷壬辰塡星犯太微甲辰太陰犯井宿詔諸處所在權攝

官員專務漁獵百姓今後非朝廷允許不得之任庚戌詔江浙行省左丞相達
識帖睦邇加太尉兼知江浙行樞密院事提調行宣政院事便宜行事九月乙
卯朔詔遣參知政事也先不花往諭孛羅帖木兒察罕帖木兒令講和時孛羅
帖木兒調兵自石嶺關直抵冀寧圍其城三日復退屯交城察罕帖木兒調參
政閻奉先引兵與戰已而各于石嶺關南北守禦壬戌賊陷孟州又陷趙州攻
真定路癸未賊復犯上都右丞忙哥帖木兒引兵擊之敗績冬十月甲申朔甘
露降于國子監大成殿前柏木以張良弼爲湖廣行省參知政事討南陽襄樊
詔孛羅帖木兒守冀寧孛羅帖木兒遣保保殷興祖高脫因倍道趨冀寧守者
不納丙戌命迭兒必失爲太尉守衞大斡耳朶思戊子熒惑犯井宿己亥察罕
帖木兒遣陳秉直瑣住等以兵攻孛羅帖木兒之軍于冀寧與孛羅帖木兒部
將脫列伯戰敗之時帝有旨以冀寧畀孛羅帖木兒察罕帖木兒以爲用兵數
年惟藉冀晉以給其軍而致盛強茍奉旨與之則彼得以足其兵食乃託言用
師汴梁尋渡河就屯澤潞拒之調延安軍交戰于東勝州等處再遣八不沙以

兵援之八不沙謂彼軍奉旨而來我何敢抗王命察罕帖木兒怒殺之十一月甲寅朔黃河清凡三日孛羅帖木兒以兵侵汾州察罕帖木兒以兵拒之癸酉賊犯易州十二月丙戌詔太廟影堂祭祀乃子孫報本重事近兵興歲歉品物不能豐備累朝四祭減爲春秋二祭今宜復四祭後竟不行辛卯廣平路陷是歲陽翟王阿魯輝帖木兒擁兵數十萬屯于木兒古徹兀之地將犯京畿使來言曰祖宗以天下付汝汝已失其太半若以國璽付我我當自爲之帝遣報之曰天命有在汝欲爲則爲之命樞密院事禿堅帖木兒等將兵擊之不克軍士皆潰禿堅帖木兒走上都

元史卷四十五

明翰林學士亞中大夫知制誥兼修國史宋　濂等修

本紀第四十六

順帝九

二十一年春正月癸丑朔詔赦天下命中書參知政事七十往諭孛羅帖木兒罷兵還鎮復遣使往諭察罕帖木兒亦令罷兵孛羅帖木兒縱兵掠冀寧等處察罕帖木兒以兵拒之故有是命庚申太陰犯歲星乙丑河南賊犯杞縣察罕帖木兒討平之丁卯李思齊進兵平伏羌縣等處癸酉石州大風拔木六畜俱鳴民所持槍忽生火焰抹之即無搖之即有二月癸未朔塡星退犯太微垣甲申同僉樞密院事迭里帖木兒復永平灤州等處己丑察罕帖木兒駐兵霍州攻孛羅帖木兒壬寅太陰犯天江是月江南行臺侍御史八撒剌不花殺廣東廉訪使完者篤副使李思誠僉事迭麥赤以兵自衛據廣州時八撒剌不花以廉訪使久居廣東專恣自用詔乃以完者篤等爲廉訪司官而除八撒剌不花

侍御史八撒剌不花不受命怒完者篤等代己即誣以罪盡殺之惟廉訪使董
鑰哀請得免三月丙辰太陰犯井宿癸酉察罕帖木兒調兵討永城縣又駐兵
宿州擒賊將梁綿住庚辰熒惑犯鬼宿是月張士誠海運糧一十一萬石至京
師孛羅帖木兒罷兵還遣脫列伯等引兵據延安以謀入陝張良弼出南山義
谷駐藍田受節制於察罕帖木兒良弼又陰結陝西行省平章政事定住聽丞
相帖里帖木兒調遣營於鹿臺夏四月辛巳朔日有食之是月以張良弼爲陝
西行省參知政事察罕帖木兒遣其子副詹事擴廓帖木兒貢糧至京師皇太
子親與定約遂不復疑五月癸丑四川明玉珍陷嘉定等路李思齊遣兵擊敗
之壬戌太陰犯房宿癸酉太白犯軒轅甲戌熒惑犯太白乙亥察罕帖木兒以
兵侵孛羅帖木兒所守之地是月李思齊受李武崔德等降六月乙未熒惑歲
星太白聚于翼宿丙申察罕帖木兒總兵討山東發晉軍下井陘出邯鄲過磁
相懷衛踰白馬津發其軍之在汴梁者繼之水陸並進戊戌太陰犯雲雨甲辰
太白晝見秋七月辛亥察罕帖木兒平東昌己巳忻州西北有赤氣蔽天如血

是月察罕帖木兒進兵復冠州八月乙酉大同路北方夜有赤氣蔽天移時方散庚子以福建行省平章政事普化帖木兒爲江南行臺御史大夫癸卯大明兵取江州路時僞漢陳友諒據江州爲都至是退都武昌是月察罕帖木兒遣其子擴廓帖木兒閻思孝等會關保虎林赤等將兵由東河造浮橋以濟賊以二萬餘衆奪之關保虎林赤且戰且渡拔長清討東平東平僞丞相田豐遣崔世英等出戰大破之乃遣使招諭田豐豐降東平平令豐爲前鋒從大軍東討棣州俞寶降東平王士誠東昌楊誠等皆降魯地悉定進兵濟南劉珪降遂圍益都九月戊午陽翟王阿魯輝帖木兒伏誅阿魯輝帖木兒以宗親見天下盜賊並起遂成閒隙肆爲異圖詔少保知樞密院事老章率諸軍討之老章遂敗其衆尋爲部將同知太常禮儀院事脫驩所擒送闕下詔誅之于是詔加老章太傅和寧王以阿魯輝帖木兒之弟忽都帖木兒襲封陽翟王宗王囊加玉樞虎兒吐華與脫驩悉議加封壬戌四川賊兵陷東川郡縣李思齊調兵擊之壬申命孛羅帖木兒於保定以東河閒以南從便屯種是月命兵部尚書徹徹不

花侍郎韓祺徵海運糧于張士誠大明取建昌饒州二路冬十月癸巳絳州有赤氣見北方如火以察罕帖木兒爲中書平章政事兼知河南山東等處行樞密院事陝西行御史臺中丞察罕帖木兒調參知政事陳秉直劉珪等守禦河南十一月戊申朔溫州樂清縣雷庚戌太陰犯建星癸亥太陰犯井宿戊辰黃河自平陸三門磧下至孟津五百餘里皆清凡七日命祕書少監程徐祀之壬申太陰犯氐宿是月察罕帖木兒李思齊遣兵圍鹿臺攻張良弼詔和解之俾各還信地兵乃解是歲京師大饑屯田成收糧四十萬石賜司農丞胡秉彝上尊金幣以旌其功

二十二年春正月戊申朔太白犯建星甲寅詔李思齊討四川張良弼平襄漢時兩軍不和故有是命乙卯塡星退犯左執法庚申大明取江西龍興諸路時江西諸路皆陳友諒所據丁卯詔以太尉完者帖木兒爲陝西行省左丞相仍命察罕帖木兒屯種于陝西申諭李思齊張良弼等各以兵自效以也先不花爲中書右丞二月丁丑朔盜殺陝西行省右丞塔不歹己卯太白犯壘壁陣乙

酉彗星見于危宿光芒長丈餘色青白丁酉彗星犯離宮西星至二月終光芒
長二丈餘是月知樞密院事禿堅帖木兒奉詔諭李思齊討四川時思齊退保
鳳翔使至思齊進兵益門鎮使還思齊復歸鳳翔三月戊申彗星不見星形惟
有白氣形曲竟天西指掃大角壬子彗星行過太陽前惟有星形無芒在昴宿
至戊午始滅甲寅四川明玉珍陷雲南省治屯金馬山陝西行省參知政事車
力帖木兒等擊敗之擒明玉珍弟明二己未御史大夫老的沙辭職不許是月
命孛羅帖木兒爲中書平章政事位第二加太尉張良弼受節制于孛羅帖木
兒李思齊遣兵攻良弼至于武功良弼以伏兵大破之夏四月丙子朔長星見
其形如練長數十丈在虛危之間後四十餘日乃滅丁亥熒惑離太陽三十九
度不見當出不出己丑詔諸王駙馬御史臺各衙門不許占匿人民不當差役
乙未賊新橋張陷安州孛羅帖木兒來請援兵是月紹興路大疫五月乙巳朔
泉州賽甫丁據福州路福建行省平章政事燕只不花擊敗之餘衆航海還據
泉州福建行省參知政事陳友定復汀州路己未中書參知政事陳祖仁上章

乞罷修上都宮闕辛酉太陰犯建星辛未明玉珍據成都自稱隴蜀王遣僞將楊尚書守重慶分兵寇龍州青州犯興元鞏昌等路是月張士誠海運糧一十三萬石至京師六月辛巳彗星見紫微垣光芒長尺餘東南指西南行戊子彗星光芒掃上宰田豐及王士誠刺殺察罕帖木兒遂走入益都城衆乃推察罕帖木兒之子擴廓帖木兒爲總兵官復圍益都詔贈察罕帖木兒推誠定遠宣忠亮節功臣開府儀同三司上柱國河南行省左丞相追封忠襄王謚獻武食邑沈丘縣令河南山東等處立廟長吏歲時致祭其父司徒阿都温賜良田二百頃其子擴廓帖木兒授光祿大夫中書平章政事兼知河南山東等處行樞密院事同知詹事院事一應軍馬並聽節制仍詔諭其將士曰凡爾將佐久爲察罕帖木兒從事惟恩與義實同骨肉視被逆黨不共戴天當力圖報復以伸大義己亥益都賊兵出戰擴廓帖木兒生擒六百餘人斬首八百餘級秋七月乙卯彗星滅跡丙辰熒惑見西方須臾成白氣如長虵光爛有文橫亘中天移時乃滅是月河決范陽縣漂民居八月己亥擴廓帖木兒言孛羅帖木兒張良

弼據延安掠黃河上下欲東渡以奪晉寧乞賜詔諭癸巳太白犯畢宿九月癸
卯朔劉福通以兵援田豐至火星埠擴廓帖木兒遣關保邀擊大破之甲辰以
山北廉訪司權置于惠州丁未太白犯亢宿己酉太陰犯斗宿丁亥歲星犯軒
轅丙寅熒惑犯鬼宿戊辰以也速爲遼陽行省左丞相依前總兵撫安迤東郡
縣己巳有流星如酒盃色青白光明燭地熒惑犯鬼宿積屍氣冬十月壬申朔
江西行省平章朵列不花移檄討八撒剌不花時朵列不花分省廣州適邵宗
愚陷廣州執八撒剌不花殺之甲戌孛羅帖木兒南侵擴廓帖木兒所守之地
遂據真定路己卯太陰犯牛宿丁亥辰星犯亢宿戊子太陰犯畢宿十一月乙
巳擴廓帖木兒復益都田豐等伏誅自擴廓帖木兒既襲父職身率將士誓必
復讎人心亦思自奮圍城益急賊悉力拒守乃以壯士穴地通道而入遂克之
盡誅其黨取田豐王士誠之心以祭察罕帖木兒庚戌擴廓帖木兒遣關保復
莒州山東悉平庚申詔授擴廓帖木兒太尉銀青榮祿大夫中書平章政事知
樞密院事太子詹事便宜行事襲總其父兵將校士卒論賞有差察罕帖木兒

父阿魯温進封汝陽王察罕帖木兒改贈宣忠興運弘仁効節功臣追封潁川王改諡忠襄癸亥四川賊兵陷青州十二月壬辰太陰犯角宿庚子以中書平章政事佛家奴爲御史大夫是歲樞密副使李士瞻上疏極言時政凡二十條一曰悔己過以詔天下二曰罷造作以快人心三曰御經筵以講聖學四曰延老成以詢治道五曰去姑息以振乾綱六曰開言路以求得失七曰明賞罰以厲百司八曰公選舉以息奔競九曰察近倖以杜奸弊十曰嚴宿衛以備非常十一曰省佛事以節浮費十二曰絶濫賞以足國用十三曰罷各官屯種俾有司經理十四曰減常歲計置爲諸宮用度十五曰招集散亡以實八衛之兵十六曰廣給牛具以備屯田之用十七曰獎勵守令以勸農務本十八曰開誠布公以禮待藩鎮十九曰分遣大將急保山東二十曰依唐廣寧故事分道進取先是薊國公脫火赤上言乞罷三宮造作帝爲減軍匠之半還隸宿衛而造作如故故士瞻疏首及之皇太子常坐清寧殿分布長席列坐西番高麗諸僧皇太子曰李好文先生教我儒書多年尚不省其義今聽佛法一夜即能曉焉于

是頗崇尚佛學帝以譏廢高麗王伯顏帖木兒立塔思帖木兒爲王國人上書言舊王不當廢新王不當立之故初皇后奇氏宗族在高麗恃寵驕横伯顏帖木兒屢戒飭不悛高麗王遂盡殺奇氏族皇后謂太子曰爾年已長何不爲我報讎時高麗王昆弟有留京師者乃議立塔思帖木兒爲王而以奇族子三寶奴爲元子以將作同知崔帖木兒爲丞相以兵萬人送之國至鴨綠江爲高麗兵所敗僅餘十七騎還京師詔加封唐撫州刺史南庭王危全諷爲南庭忠烈靈惠王

二十三年春正月壬寅朔四川明玉珍僭稱皇帝建國號曰大夏紀元曰天統乙巳大寧陷庚戌歲星犯軒轅二月戊戌太白晝見庚子亦如之是月擴廓帖木兒自益都領兵還河南留鎖住以兵守益都以山東州縣立屯田萬戶府三月辛丑朔彗星見東方經月乃滅詔中書平章政事愛不花分省冀寧擴廓帖木兒遣兵據之丙午大赦天下丁未親試進士六十二人賜寶寶楊輗進士及第餘出身有差丙辰太白犯氐宿壬戌大同路夜有赤氣亘天中侵北斗是月

立廣西行中書省以廉訪使也兒吉尼爲平章政事時南方郡縣多陷沒惟也兒吉尼獨保廣西者十五年立膠東行中書省及行樞密院總制東方事以袁宏爲參知政事是春關先生餘黨復自高麗還寇上都孛羅帖木兒擊降之夏四月辛丑熒惑犯歲星孛羅帖木兒李思齊互相交兵庚申歲星犯軒轅是月擴廓帖木兒遣貊高等以兵擊張良弼五月己巳朔張士誠海運糧十三萬石至京師壬午太白晝見甲午亦如之乙未熒惑犯右執法是月瓜哇遣使淡濛加加殿進金表貢方物六月戊戌朔孛羅帖木兒遣方脫脫迎匡福於彰德擴廓帖木兒遣兵追之敗還匡福遂據保定路己亥擴廓帖木兒部將歹驢等駐兵藍田七盤李思齊攻圍興平遂據盩厔孛羅帖木兒時奉詔進討襄漢而歹驢阻道于前思齊踵襲于後乃請催督擴廓帖木兒東出潼關道路既通即便南討戊申孛羅帖木兒遣竹貞等入陝西據其省治時陝西行省右丞答失鐵木兒與行臺有隙且恐陝西爲擴廓帖木兒所據陰結於孛羅帖木兒請竹貞入城劫御史大夫完者帖木兒及監察御史張可遵等印其後屢使召完者帖

木兒貞拘留不遣擴廓帖木兒遣部將貊高與李思齊合兵攻之竹貞出降遂從擴廓帖木兒庚戌星隕于濟南龍山入地五尺甲寅詔授江南下第及後期舉人爲路府州儒學教授乙卯太白犯井宿丁巳絳州有白虹二道衝斗牛間庚申平陽路有白氣三道一貫北極一貫北斗一貫天漢至夜分乃滅壬戌太白晝見夜犯井宿秋七月戊辰朔京師大雹傷禾稼丁丑以馬良爲中書參知政事乙酉太白晝見有星墜于慶元路西北聲如雷光芒數十丈久之乃滅八月丁酉朔倭人寇蓬州守將劉暹擊敗之自十八年以來倭人連寇瀕海郡縣至是海隅遂安辛丑擴廓帖木兒遣兵侵孛羅帖木兒所守之境壬寅太白犯軒轅乙巳太陰犯建星丁未太白犯軒轅己酉太白晝見丙辰太陰犯畢宿沂州有赤氣亙天中有白色如蛇形徐徐西行至夜分乃滅戊午孛羅帖木兒言擴廓帖木兒踵襲父惡有不臣之罪乞賜處置己未太白晝見辛酉太白犯歲星乙丑太白犯右執法是月大明兵與僞漢兵大戰于鄱陽湖陳友諒敗績而死其子理自立仍據武昌爲都改元德壽大明兵遂進圍武昌九月丁卯朔遣

瓜哇使淡濛加加殿還國詔賜其國主三珠金虎符及織金紋幣辛未太白犯
左執法乙亥歲星犯右執法丁丑辰星犯填星丁亥太白犯填星辰星犯亢宿
是月張士誠自稱吳王來請命不報遣戸部侍郎博羅帖木兒等徵海運于張
士誠士誠不與冬十月丙申朔青齊一方赤氣千里癸卯太白犯氐宿甲辰湖
廣僞姚平章張知院陰遣人言於擴廓帖木兒設計擒殺僞漢主陳理及僞夏
主明玉珍不果己酉監察御史米只兒海牙劾奏太傅太平罪狀詔安置太平
于陝西之西仍拘收宣命并御賜等物戊午太白犯房宿是月擴廓帖木兒遣
僉樞密院事任亮復安陸府孛羅帖木兒遣兵攻冀寧至石嶺關擴廓帖木兒
大破走之擒其將烏馬兒殷興祖孛羅帖木兒軍由是不振十一月壬申御史
臺臣言故右丞相脫脫有大臣之體向在中書政務脩舉深懼滿盈自求引退
加封鄭王固辭不受再秉鈞軸克濟艱危統軍進征平徐州收六合大功垂成
浮言搆難奉詔謝兵就貶以没已蒙錄用其子還所籍田宅更乞憫其勳舊還
其所授宣命從之癸未太陰犯軒轅歲星犯左執法是歲御史大夫老的沙與

知樞密院事禿堅帖木兒得罪于皇太子皆奔大同孛羅帖木兒匿之營中

二十四年春正月戊寅太白犯軒轅庚辰保德州民家產豬一頭兩脚二月壬子歲星犯左執法癸丑太陰犯西咸池是月大明滅僞漢其所據湖南北江西諸郡皆降于大明三月乙亥監察御史王朵列禿崔卜顏帖木兒等諫皇太子勿親征辛卯詔以孛羅帖木兒匿老的沙謀爲悖逆解其兵權削其官爵俾道路開通許還四川田里孛羅帖木兒拒命不受夏四月甲午朔命擴廓帖木兒討孛羅帖木兒乙未太陰犯西咸池孛羅帖木兒悉知詔令調遣之事非出帝意皆右丞相搠思監所爲遂令禿堅帖木兒舉兵向闕壬寅禿堅帖木兒兵入居庸關癸卯知樞密院事也速詹事不蘭奚迎戰于皇后店不蘭奚力戰也速不援而退不蘭奚幾爲所獲脫身東走甲辰皇太子率侍衞兵出光熙門東走古北口趨興松乙巳禿堅帖木兒兵至清河列營時都城無備城中大震令百官吏卒分守京城使達達國師至其軍問故以必得搠思監及宦官朴不花爲對詔慰解之不聽丁未詔屏搠思監于嶺北竄朴不花于甘肅執而與之復孛

羅帖木兒前官仍總兵以也速為左丞相庚戌禿堅帖木兒陳兵自健德門入覲帝于延春閣慟哭請罪帝就宴賚之加孛羅帖木兒太保依前守禦大同禿堅帖木兒為中書平章政事辛亥禿堅帖木兒軍還皇太子至路兒嶺詔追及之還宮癸丑太白犯井宿甲子黃河清戊辰擴廓帖木兒奉命討孛羅帖木兒屯兵冀寧其東道以白鎖住領兵三萬守禦京師中道以貊高竹貞領兵四萬西道以關保領兵五萬合擊之關保等兵逼大同孛羅帖木兒留兵守大同而自率兵與禿堅帖木兒老的沙復大舉向闕甲戌太白犯鬼宿乙亥又犯積屍氣歲星犯左執法六月癸卯三星晝見白氣橫突其中甲辰河南府有大星夜見南方光如晝丁未大星隕照夜如晝及旦黑氣晦暗如夜甲寅白鎖住以兵至京師請皇太子西行丁巳太白犯右執法是月保德州黃龍見井中秋七月癸亥太白與歲星合于翼宿甲子歲星犯左執法丙戌孛羅帖木兒前鋒軍入居庸關皇太子親率軍禦于清河也速軍于昌平軍士皆無鬭志皇太子馳還都城白鎖住引兵入平則門丁亥白鎖住扈從皇太子出順承門由雄霸河間

取道往冀寧戊子孛羅帖木兒駐兵健德門外與禿堅帖木兒老的沙入見帝于宣文閣訴其非罪皆泣帝亦泣乃賜宴孛羅帖木兒欲追襲皇太子老的沙止之庚寅詔以孛羅帖木兒爲中書左丞相老的沙爲中書平章政事禿堅帖木兒爲御史大夫其部屬布列省臺百司以也速知樞密院事詔諭孛羅帖木兒擴廓帖木兒俱朕股肱視同心膂自今各棄宿忿弼成大勳是月大明兵取廬州路八月壬辰朔日有食之乙未熒惑犯鬼宿壬寅詔以孛羅帖木兒爲中書右丞相監修國史節制天下軍馬乙巳皇太子至冀寧乙卯張士誠自以其弟士信代達識帖睦邇爲浙江行省左丞相是月孛羅帖木兒請誅狎臣禿魯帖木兒波迪哇兒禡罷三宮不急造作沙汰宦官減省錢糧禁止西番僧人好事九月辛酉朔宦官思龍宜潛送宮女伯忽都出自順承門以達于皇太子乙丑太白晝見癸酉夜天西北有紅光至東而散甲申太陰犯軒轅是月大明兵取中興及歸峽潭衡等路冬十月丙午太陰犯畢宿己酉太陰犯井宿己未詔皇太子還京師命也速老的沙分道總兵十二月乙卯太陰犯太白

二十五年春正月癸亥封李思齊爲許國公丙寅太白晝見戊辰亦如之己巳
大明兵取寶慶路守將唐隆道遁走僞漢守將熊天瑞以贛州及韶州南雄降
于大明甲戌太白犯建星壬午監察御史孛羅帖木兒賈彬等辯明哈麻雪雪
之罪二月辛丑汴梁路見日傍有一月一星丙午太陰犯填星戊午皇太子在
冀寧命甘肅行省平章政事朵兒只班以岐王阿剌乞兒軍馬會平章政事臧
卜李思齊各以兵守寧夏三月庚申皇太子下令于擴廓帖木兒軍中曰孛羅
帖木兒襲據京師余既受命總督天下諸軍恭行顯罰少保中書平章政事擴
廓帖木兒躬勒將士分道進兵諸王駙馬及陝西平章政事李思齊等各統軍
馬尚其奮義戮力剋期恢復丙寅孛羅帖木兒幽置皇后奇氏于諸色總管府
丁卯命老的沙別帖木兒並爲御史大夫戊辰太白犯壘壁陣夏四月庚寅孛
羅帖木兒至諸色總管府見皇后奇氏令還宮取印章作書遺皇太子遣內侍
官完者禿持往冀寧復出皇后幽之乙巳關保等兵進圍大同壬子熒惑犯靈
臺乙卯關保入大同五月辛酉熒惑犯太微垣甲子京師天雨氂長尺許或言

于帝曰龍絲也命拾而祀之乙亥大明兵破安陸府守將任亮迎戰被執己卯大明兵破襄陽路是月侯卜延答失奉威順王自雲南經蜀轉戰而出至成州欲之京師李思齊俾屯田于成州六月戊子以黎安道爲中書參知政事辛丑湖廣行省左丞周文貴復寶慶路乙巳皇后奇氏自幽所還宮乙卯以太尉火你赤爲御史大夫是月皇太子加李思齊銀青榮祿大夫邠國公中書平章政事皇太子詹事兼四川行樞密院事虎符招討使分中書四部秋七月丁丑塡星歲星熒惑聚于角亢太陰犯畢宿己卯太陰犯畢宿乙酉孛羅帖木兒伏誅禿堅帖木兒老的沙皆遁走丙戌遣使函孛羅帖木兒首往冀寧召皇太子還京師大赦天下黎安道方脫脫雷一聲皆伏誅是月京師大水河決小流口達于清河八月丁亥朔京城門至是不開者三日竹貞貊高軍至城外命軍士緣城而上碎平則門鍵悉以軍入占民居奪民財乙未太陰犯建星己亥太白犯壘壁陣癸卯詔命皇太子分調將帥戡定未復郡邑卽還京師行事之際承制用人並准正授丁未皇后弘吉剌氏崩壬子以洪寶寶帖古思不花捏烈禿並

爲中書平章政事九月擴廓帖木兒扈從皇太子至京師丁丑太陰犯井宿壬午詔以伯撒里爲太師中書右丞相監修國史擴廓帖木兒爲太尉中書左丞相錄軍國重事同監修國史知樞密院事兼太子詹事是月以方國珍爲淮南行省左丞相分省慶元冬十月辛卯熒惑犯天江壬寅以哈剌章爲知樞密院事丁未益王渾都帖木兒樞密副使觀音奴擒老的沙誅之禿堅帖木兒以餘兵往八兒思之地命嶺北行省左丞相山僧及知樞密院事魏賽因不花同討之戊申以資政院使禿魯爲御史大夫己酉熒惑犯斗宿太陰犯右執法庚戌太陰犯太微垣閏月庚申以賓國公五十八爲知樞密院事詔張良弼俞寶孔興等悉聽調於擴廓帖木兒戊辰太白辰星熒惑聚于斗宿太陰犯畢宿辛未詔封擴廓帖木兒河南王代皇太子親征總制關陝晉冀山東等處并迤南一應軍馬諸王各愛馬應該總兵統兵領兵等官凡軍民一切機務錢糧名爵黜陟予奪悉聽便宜行事壬申太白犯辰星辛巳以脫脫木兒爲中書右丞達識帖睦爾爲參知政事己丑太白犯熒惑太陰犯壘壁陣丙申太陰犯畢宿癸卯

太陰犯太微垣是月大明兵取泰州時泰州通州高郵淮安徐州宿州泗州濠州安豐諸郡皆張士誠所據十二月乙卯詔立次皇后奇氏爲皇后改奇氏爲肅良合氏詔天下仍封奇氏父以上三世皆爲王爵癸亥太陰犯畢宿以帖林沙爲中書參知政事庚子歲星掩房宿辛未太陰犯右執法是月禿堅帖木兒伏誅

元史卷四十六

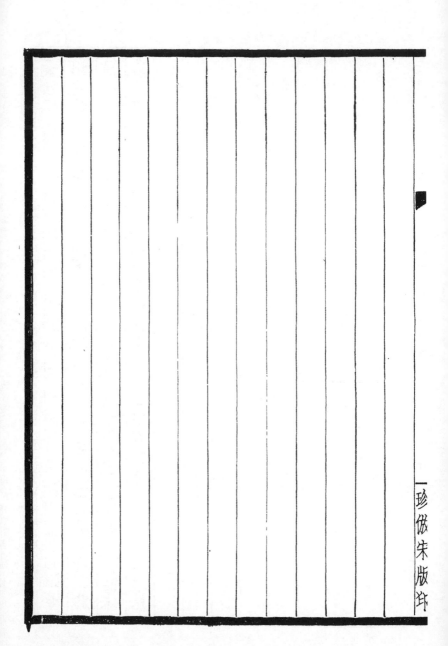

元史卷四十七

明翰林學士亞中大夫知制誥兼修國史宋　濂等修

本紀第四十七

順帝十

二十六年春正月己酉以崇政院使孛羅沙爲御史大夫壬子以完者木知樞密院事是月以沙藍答里爲中書左丞相命燕南河南山東陝西河東等處舉人會試者增其額數進士及第以下遞升官一級二月癸丑朔立河淮水軍元帥府於孟津縣甲戌詔天下以比者逆臣孛羅帖木兒禿堅帖木兒老的沙等干紀亂倫內外之民經值軍馬致使困乏與免一切雜泛差徭是月擴廓帖木兒還河南分立省部以自隨尋居懷慶又居彰德調度各處軍馬陝西張良弼拒命三月癸未朔羆洛陽嵩縣宣慰司丁亥白虹五道亘天其第三道貫日又有氣橫貫東南良久始滅甲午擴廓帖木兒遣關保虎林赤以兵西攻張良弼于鹿臺李思齊脫烈伯孔興等兵皆與良弼合以蠻子脫脫木兒知樞密院事

乙未廷試進士七十二人賜赫德溥化張棟進士及第餘出身有差監察御史玉倫普建言八事一曰用賢二曰申嚴宿衛三曰保全臣子四曰八衛屯田五曰禁止奏請六曰培養人才七曰罪人不孥八曰重惜名爵帝嘉納之是月大明兵取高郵府夏四月辛酉詔立皇太子妃瓦只剌孫答里氏是月大明兵取淮安路徐州宿州濠州泗州潁州安豐路五月壬午朔洛陽瑞麥生一莖四穗甲辰以脫脫不花爲御史大夫六月壬子朔汾州介休縣地震平遙縣大雨雹紹興路山陰縣臥龍山裂己未命知樞密院事買閭以兵守直沽命河間鹽運使拜住曹履亨撫諭沿海竈戶俾出丁夫從買閭征討丙寅詔英宗時謀爲不軌之臣其子孫或成丁者可安置舊地幼者隨母居草地終身不得入京城及不得授官止許於本愛馬應役皇后肅良合氏生日百官進箋皇后諭沙藍答里等曰自世祖以來正宮皇后壽日不曾進箋近年雖行不合典故却之秋七月辛巳朔日有食之徐溝縣地震介休縣大水石州大星如斗自西南而落甲申以李思齊爲太尉甲午太白經天丙申擴廓帖木兒遣朱珍盧旺屯兵河中

遣關保虎林赤合兵渡河會竹貞商暠且約李思齊以攻張良弼良弼遣子弟質于思齊與良弼拒守關保等不利思齊請詔和解之丙午太白經天八月戊寅以李國鳳爲中書左丞陳友定爲福建行省平章政事九月甲申李思齊兵下鹽井獲川賊余繼隆誅之禮部侍郎滿尙賓吏部侍郎掩篤剌哈自鳳翔還京師先是尙賓等持詔諭思齊開通川蜀道路思齊方兵爭不奉詔尙賓等留鳳翔一年至是始還丙戌以方國珍爲江浙行省左丞相弟國瑛國珉姪明善並爲江浙行省平章政事己亥以中書平章政事失列門爲御史大夫辛丑孛星見東北方冬十月甲子擴廓帖木兒遣其弟脫因帖木兒及貊高完哲等駐兵濟南以控制山東十一月甲申大明兵取湖州路丙申大明兵取杭州路及紹興路辛丑大明兵取嘉興路時湖州杭州紹興嘉興松江平江諸路及無錫州皆張士誠所據十二月庚午蒲城洛水和順崖崩

二十七年春正月乙未絳州夜聞天鼓鳴將旦復鳴其聲如空中戰鬭者庚子大明兵取松江府癸卯大明兵取沅州路是月李思齊張良弼脫列伯自會于

含元殿基推李思齊爲盟主同拒擴廓帖木兒二月庚申以買住爲雲國公七十爲中書平章政事月魯不花爲御史大夫乙丑以詹事月魯帖木兒爲御史大夫三月丁丑朔萊州大風有大鳥至其翅如席擴廓帖木兒遣兵屯滕州以禦王信庚子京師大風自西北起飛砂揚礫白日昏暗夏五月丙子朔白氣二道亘天以去歲水潦霜災嚴酒禁戊寅以空名宣勅遣福建行省命平章政事曲出陳友定同驗有功者給之辛巳大同隕霜殺麥癸未福建行宣政院以廢寺錢糧由海道送京師乙酉以完者帖木兒爲中書右丞相辭以老病不許辛卯以知樞密院事失列門爲嶺北行省左丞相提調分通政院己亥以俺普爲中書平章政事辛丑擴廓帖木兒定擬其所屬官員二千六百一十人從之是月山東地震雨白氂李思齊遣張良弼部將郭謙等守黃連寨擴廓帖木兒部將關保虎林赤商暠竹貞引兵拔其寨郭謙走會貊高等爲變關保虎林赤夜遁李思齊遂解而西六月丙午朔日有食之晝晦丁巳皇太子寢殿後新甃井中有龍出光燄爍人宮人震懾仆地又長慶寺有龍纏繞槐樹飛去樹皮皆剝

丁卯沂州山崩是月知樞密院事壽安奉空名宣勑與侯伯顏達世令其以兵援擴廓帖木兒時李思齊據長安與商暠拒戰侯伯顏達世進兵攻李思齊秦州守將蕭公達降思齊思齊知關保等兵退遣蔡琳等破其營侯伯顏達世奔潰秋七月甲申命也速提調武備寺丁酉絳州星隕光耀如晝是月李思齊遣許國佐薛穆飛會張良弼脫列伯兵屯于華陰時命禿魯爲陝西行省左丞相思齊不悅遣其部將鄭應祥守陝西而自還鳳翔龍見於臨朐龍山大石起立八月丙午詔命皇太子總天下兵馬其略曰元良重任職在撫軍稽古徵今卓有成憲曩者障塞決河本以拯民昏墊豈期妖盜橫造訛言簧鼓愚頑塗炭郡邑殆遍海內茲逾一紀故察罕帖木兒仗義興師獻功敵愾汎掃汴洛克平青齊爲國捐軀深可哀悼其子擴廓帖木兒克繼先志用成駿功愛猷識理達臘計安宗社累請出師朕以國本至重詎宜輕出遂授擴廓帖木兒總戎重寄畀以王爵俾代其行李思齊張良弼等各懷異見搆兵不已以至盜賊愈熾深遺朕憂況全齊密邇輦轂儻失早計恐生異圖詢諸衆謀僉謂皇太子聰明仁孝

文武兼資聿遵舊典爰命以中書令樞密使悉總天下兵馬諸王駙馬各道總兵將吏一應軍機政務生殺予奪事無輕重如出朕裁其擴廓帖木兒總領本部軍馬自潼關以東肅清江淮李思齊總統本部軍馬自鳳翔以西與侯伯顏達世進取川蜀以少保禿魯爲陝西行中書省左丞相本省駐劄總本部及張良弼孔興脫列伯各枝軍馬進取襄樊王信本部軍馬固守信地別聽調遣詔書到日汝等悉宜洗心滌慮同濟時艱庚戌貊高殺衛輝守禦官余仁輔彰德守禦官范國英引軍至清化聞懷慶有備遂還彰德上疏言人臣以尊君爲本以盡忠爲心以愛民爲務今總兵官擴廓帖木兒歲與官軍讎殺臣等乃朝廷培養之人素知忠義焉能俛首聽命乞降明詔別選重臣以總大兵詔以擴廓帖木兒不遵君命宜黜其兵權就令貊高討之辛亥帖木兒不花進封淮王賜金印設王傅等官壬子爲皇太子立大撫軍院秩從一品知院四員同知二員副使同僉各一員經歷都事各二員管勾一員癸丑封太師伯撒里永平王甲寅以右丞相完者帖木兒翰林承旨答爾麻平章政事完者帖木兒並知大撫

軍院事丙辰完者帖木兒言大撫軍院專掌軍機今後迤北軍務仍舊制樞密院管其餘內外諸王駙馬各處總兵統兵行省行院宣慰司一應軍情不許隔越徑行移大撫軍院詹事院同知李國鳳同知大撫軍院事參政完者帖木兒爲副使左司員外郎咬住樞密參議王弘遠爲經歷庚申完者帖木兒言諸軍將士有能用命効力建立奇功者請所賞宣勑依常制外加以忠義功臣之號從之辛酉以完者帖木兒仍前少師知樞密院事也速仍前太保中書右丞相帖里帖木兒以太尉添設中書左丞相丙寅立行樞密院于阿難答察罕腦兒命陝西行省左丞相禿魯仍前少保兼知行樞密院事壬辰命帖里帖木兒仍前太尉左丞相爲知大撫軍院事中書右丞陳敬伯爲中書平章政事九月甲戌朔義士戴晉生上皇太子書言治亂之由命右丞相也速以兵往山東命參知政事法都忽剌分戶部官一同供給丁亥以兵起迤南百姓供給繁重其真定河南陝西山東冀寧等處除軍人自耕自食外與免民間今年田租之半其餘雜泛一切住罷辛巳大明兵取平江路執張士誠乙酉大明兵取通州丁亥

大明兵取無錫州己丑詔也速以中書右丞相分省山東沙藍答里以中書左丞相分省大同丙申太師汪家奴追封兗王諡忠靖己亥命帖里帖木兒提調端本堂及領經筵事辛丑大明兵取台州路時台州溫州慶元三路皆方國珍所據冬十月甲辰朔貊高以兵入山西定孟州忻州下潞州遂攻真定詔也速自河間以兵會貊高取真定已而不克命也速還河間貊高還彰德乙巳皇太子奏以淮南行省平章政事王信爲山東行省平章政事兼知行樞密院事立中書分省于真定路丙午加司徒淮南行省平章政事王宣爲沂國公丁未享于太廟壬子詔擴廓帖木兒落太傅中書左丞相幷諸兼領職事仍前河南王錫以汝州爲其食邑其弟脫因帖木兒以集賢學士同擴廓帖木兒於河南府居其帳前諸軍命瑣住虎林赤一同統之其河南諸軍命中書平章政事內史李克彝統之關保本部諸軍仍舊統之山東諸軍命太保中書右丞相也速統之山西諸軍命少保中書左丞相沙藍答里統之河北諸軍命知樞密院事貊高統之赦天下甲寅以火里赤爲中書平章政事乙丑命集賢大學士丁好禮

爲中書添設平章政事丙寅平章內史關保封許國公己巳大明兵取温州十一月壬午大明兵取沂州守臣王信遁其父宣被執癸未大明兵取慶元路丙戌以平章政事月魯帖木兒知樞密院事完者帖木兒平章政事伯顏帖木兒帖林沙並知撫軍院事戊子大明兵取嶧州乙未以知樞密院事貊高爲中書平章政事命太尉中書左丞相帖里帖木兒爲撫軍院使丁酉命帖里帖木兒同監修國史命關保分省于晉寧辛丑大明兵取益都路平章政事保保降宣慰使普顏不花總管胡濬知院張俊皆死之十二月癸卯朔日有食之丁未大明兵取般陽路戊申大明兵取濟寧路陳秉直遁己酉大明兵取萊州遂取濟南及東平路丁巳大明兵入杉關取邵武路時邵武建寧延平福州興化泉漳汀潮諸路皆陳友定所據庚申以楊誠陳秉直並爲國公中書平章政事甲子命右丞相也速太尉知院脫火赤中書平章政事忽林台平章政事貊高知樞密院事小章典堅帖木兒江文清驢兒等會楊誠陳秉直伯顏不花俞勝各部諸軍同守禦山東又命關保往援山東丙寅以莊家爲中書參知政事庚午大

明兵由海道取福州守臣平章政事曲出遁行宣政院使朵兒死之是月方國
珍歸於大明詔命陝西行省左丞相禿魯總統張良弼脫列伯孔興各枝軍馬
以李思齊爲副總統禦關中撫安軍民脫列伯孔興等出潼關及取順便山路
渡黃河合勢東行共勤王事思齊等皆不奉命是歲詔分潼關以西屬李思齊
以東屬擴廓帖木兒各罷兵還鎮于是關保退屯潞州商暠留屯潼關
二十八年春正月壬申朔皇太子命關保固守晉寧總統諸軍如擴廓帖木兒
拒命當以大義相裁就便擒擊以中書平章政事不顏帖木兒爲御史大夫辛
巳詔諭擴廓帖木兒曰比者也速上奏卿以書陳情深自悔悟及省來意良用
惻然朕視卿猶子卿何惑於憸言不體朕心隳其先業卿今能自悔固朕所望
卿其思昔委任肅清江淮之意卽將冀寧真定諸軍就行統制渡河直擣徐沂
以康靖齊魯則職任之隆當悉還汝衛輝彰德順德皆爲王城卿無以貊高爲
名縱軍侵暴其晉寧諸軍已命關保總制策應戡定山東將帥各宜悉心庚寅
彗星見于昴畢之間是月大明兵取建寧延平二路陳友定被執二月壬寅朔

詔削擴廓帖木兒爵邑命禿魯李思齊等討之詔曰擴廓帖木兒本非察罕帖木兒之宗俾嗣職任冀承遺烈畀以相位陟以師垣崇以王爵授以兵柄顧乃憑籍寵靈遂肆跋扈搆兵關陝專事吞併貊高倡明大義首發姦謀關保弗信邪言乃心王室陳其罪惡請正邦典今禿魯李思齊其率兵東下共行天討癸卯武庫災癸丑大明兵取東昌路守將申榮王輔元死之丙辰擴廓帖木兒自澤州退守晉寧關保守澤潞二州與貊高軍合己未大明兵取寶慶路甲子汀州路總管陳谷珍以城降于大明丙寅大明兵取棣州是月大明兵至河南李思齊張良弼等解兵西還詔命知樞密院事脫火赤平章政事魏賽因不花進兵攻晉寧李思齊次渭南張良弼次櫟陽興化泉州漳州潮州四路皆降于大明二月庚寅彗星見于西北壬辰翰林學士承旨王時太常院使陳祖仁上章乞撫諭擴廓帖木兒以兵勤王赴難是月有星流于東北衆小星隨之其聲大震大明兵取河南李思齊張良弼會兵駐潼關火焚良弼營思齊移軍葫蘆灘調其所部張德欽穆薛飛守潼關大明兵入潼關攻李思齊營思齊棄輜重奔

于鳳翔是月大明兵取永州路又取惠州路夏四月辛丑朔大明兵取英德州
丙午隕霜殺菽戊申大明兵取廣州路又取嵩陜汝等州五月庚午朔大明兵
取道州李克彝棄河南城奔陜西推李思齊爲總兵駐兵岐山是月李思齊部
將忽林赤脫脫張意據盩厔商暠據武功李克彝據岐山任從政據隴州六月
庚子朔徐溝縣地震癸丑大明兵取全州郴州梧州藤州潯州貴象鬱林等郡
甲寅雷雨中有火自天墜焚大聖壽萬安寺壬戌臨州保德州地震五日不止
大明兵取靜江路是月廣西諸郡縣皆附于大明秋七月癸酉京城紅氣滿空
如火照人自旦至辰方息乙亥京城黑氣起百步內不見人從寅至巳方息貊
高關保以兵攻晉寧是月李思齊會李克彝商暠張意脫列伯等於鳳翔海南
海北諸郡縣皆降于大明閏月己亥朔擴廓帖木兒與貊高關保戰敗之擒關
保貊高遣其斷事官以聞詔關保貊高間諜搆兵可依軍法處治關保貊高皆
被殺辛丑大明兵取衛輝路癸卯大明兵取彰德路乙巳左江右江諸路皆降
于大明丁未大明兵取廣平路丁巳詔罷大撫軍院誅知大撫軍院事伯顏帖

木兒等詔復命擴廓帖木兒仍前河南王太傅中書左丞相統領見部軍馬由中道直抵彰德衞輝太保中書右丞相也速統率大軍經由東道水陸並進少保陝西行省左丞相禿魯統率關陝諸軍東出潼關攻取河洛太尉平章政事李思齊統率軍馬南出七盤金商克復汴洛四道進兵犄角勦捕毋分彼此秦國公平章知院俺普平章瑣住等軍東西布列乘機掃殄太尉遼陽左丞相也先不花郡王知院厚孫等軍捍禦海口藩屏畿輔皇太子愛猷識理達臘悉總天下兵馬裁決庶務具如前詔壬戌白虹貫日癸亥罷內府河役甲子擴廓帖木兒自晉寧退守冀寧大明兵至通州知樞密院事卜顏帖木兒力戰被擒死之左丞相失列門傳旨令太常禮儀院使阿魯渾等奉太廟列室神主與皇太子同北行阿魯渾等卽至太廟與署令王嗣宗太祝哈剌不花襲護神主畢仍留室內乙丑白虹貫日罷內府興造詔淮王帖木兒不花監國慶童爲中書左丞相同守京城丙寅帝御清寧殿集三宮后妃皇太子皇太子妃同議避兵北行失列門及知樞密院事黑廝宦者趙伯顏不花等諫以爲不可行不聽伯顏

不花慟哭諫曰天下者世祖之天下陛下當以死守奈何棄之臣等願率軍民及諸怯薛歹出城拒戰願陛下固守京城卒不聽至夜半開健德門北奔八月庚申大明兵入京城國亡後一年帝駐于應昌府又一年四月丙戌帝因痢疾殂于應昌壽五十一在位二十六年太尉完者院使觀音奴奉梓宮北葬五月癸卯大明兵襲應昌府皇孫買的里八剌及后妃幷寶玉皆被獲皇太子愛猷識理達臘從十數騎遁大明皇帝以帝知順天命退避而去特加其號曰順帝而封買的里八剌為崇禮侯

元史卷四十七

明翰林學士亞中大夫知制誥兼修國史宋　濂等修

天文志第一

天文一

司天之說尚矣易曰天垂象見吉凶聖人象之又曰觀乎天文以察時變自古有國家者未有不致謹於斯者也是故堯命羲和曆象日月星辰舜在璿璣玉衡以齊七政天文於是有測驗之器焉然古之爲其法者三家曰周髀曰宣夜曰渾天周髀宣夜先絕而渾天之學至秦亦無傳漢洛下閎始得其術作渾儀以測天厥後歷世遞相沿襲其有得有失則由乎其人智術之淺深未易遽數也宋自靖康之亂儀象之器盡歸于金元興定鼎於燕其初襲用金舊而規環不協難復施用於是太史郭守敬者出其所創簡儀仰儀及諸儀表皆臻於精妙卓見絕識蓋有古人所未及者其說以謂昔人以管窺天宿度餘分約爲太半少未得其的乃用二線推測於餘分纖微皆有可考而又當時四海測景之

所凡二十有七東極高麗西至滇池南踰朱崖北盡鐵勒是亦古人之所未及爲者也自是八十年閒司天之官遵而用之靡有差忒而凡日月薄食五緯淩犯彗孛飛流暈珥虹霓精祲雲氣等事其係於天文占候者具有簡冊存焉若昔司馬遷作天官書班固范曄作天文志其於星辰名號分野次舍推步候驗之際詳矣及晉隋二志實唐李淳風撰於夫二十八宿之躔度二曜五緯之次舍時日災祥之應分野休咎之別號極詳備後有作者無以尚之矣是以歐陽修志唐書天文先述法象之具次紀日月食五星淩犯及星變之異而凡前史所已載者皆略不復道而近代史官志宋天文者則首載儀象諸篇志天文文者則唯錄日月五星之變誠以璣衡之制載於書日星風雨霜雹雷霆之災異載於春秋愼而書之非史氏之法當然固所以求合於聖人之經者也今故據其事例作元天文志

簡儀

簡儀之制四方爲趺縱一丈八尺三分去一以爲廣趺面上廣六寸下廣八寸

厚如上廣中布橫輄三縱輄三南二北抵南輄北一南抵中輄趺面四周爲水
渠深一寸廣加五分四隅爲礎出趺面內外各二寸繞礎爲渠深廣皆一寸與
四周渠相灌通又爲礎於卯酉位廣加四維長加廣三之二水渠亦如之北極
雲架柱二徑四寸長一丈二尺八寸下爲鼇雲植於乾艮二隅礎上左右內向
其勢斜准赤道合貫上規規環徑二尺四寸廣一寸五分厚倍之中爲距相交
爲斜十字廣厚如規中心爲竅上廣五分方一寸有半下二寸五分方一寸以
受北極樞軸自雲架柱斜上去趺面七尺二寸爲橫輄自輄心上至竅心六尺
八寸又爲龍柱二植於卯酉礎中分之北皆飾以龍下爲山形北向斜植以柱
北架南極雲架柱二植於卯酉礎中分之南廣厚形制一如北架斜向坤巽二
隅相交爲十字其上與百刻環邊齊在辰巳未申之間南傾之勢準赤道各長
一丈一尺五寸自趺面斜上三尺八寸爲橫輄以承百刻環下邊又爲龍柱二
植於坤巽二隅礎上北向斜柱其端形制一如北柱四游雙環徑六尺廣二寸
厚一寸中間相離一寸相連於子午卯酉當子午爲圓竅以受南北極樞軸兩

面皆列周天度分起南極抵北極餘分附于北極去南北樞竅兩旁四寸各爲
直距廣厚如環距中心各爲橫關東西與兩距相連廣厚亦如之關中心相連
厚三寸爲竅方八分以受窺衡樞軸窺衡長五尺九寸四分廣厚皆如環中腰
爲圓竅徑五分以受樞軸衡兩端爲圭首以取中縮去圭首五分各爲側立橫
耳高二寸二分廣如衡面厚三分中爲圓竅徑六分其中心上下一線界之以
知度分百刻環徑六尺四寸面廣二寸周布十二時百刻每刻作三十六分厚
二寸自半已上廣三寸又爲十字距皆所以承赤道環也百刻環內廣面臥施
圓軸四使赤道環旋轉無澁滯之患其環陷入南極架一寸仍釘之赤道環徑
廣厚皆如四游環面細刻列舍周天度分中爲十字距廣三寸中空一寸厚一
寸當心爲竅竅徑一寸以受南極樞軸界衡二各長五尺九寸四分廣三寸衡
首斜刻五分刻度分以對環面中腰爲竅重置赤道環南極樞軸其上衡兩端
自長竅外邊至衡首底厚倍之取二衡運轉皆着環面而無低昂之失且易得
度分也二極樞軸皆以鋼鐵爲之長六寸半爲本半爲軸本之分寸一如上規

距心適取能容軸徑一寸北極軸中心爲孔孔底橫穿通兩旁中出一線曲其本出橫孔兩旁結之孔中線留三分亦結之上下各穿一線貫界衡兩端中心爲孔下洞衡底順衡中心爲渠以受線直入內界長竅中至衡中腰復爲孔自衡底上出結之定極環廣半寸厚倍之皆勢穹窿中徑六度度約一寸許極星去不動處三度僅容轉周中爲斜十字距廣厚如環連於上規環距中心爲孔徑五釐下至北極軸心六寸五分又置銅板連於南極雲架之十字方二寸厚五分北面刻其中心存一釐以爲厚中爲圜孔徑一分孔心下至南極軸心亦六寸五分又爲環二其一陰緯環面刻方位取趺面縱橫輄北十字爲中心臥置之其一曰立運環面刻度分施於北極雲架柱下當臥環中心上屬架之橫輄下抵趺輄之十字上下各施樞軸令可旋轉中爲置距當心爲竅以施窺衡令可俯仰用窺日月星辰出地度分右四游環東西運轉南北低昂凡七政列舍中外官去極度分皆測之赤道環旋轉與列舍距星相當卽轉界衡使兩線相對凡日月五星中外官入宿度分皆測之百刻環轉界衡令兩線與日相對

其下直時刻則晝刻也夜則以星定之比舊儀測日月五星出沒而無陽經陰緯雲柱之映其渾象之制圜如彈丸徑六尺縱橫各畫周天度分赤道居中去二極各周天四之一黃道出入赤道內外各二十四度弱月行白道出入不常用竹篾均分天度考驗黃道所交隨時遷徙先用簡儀測致入宿去極度數按於其上校驗出入黃赤二道遠近疎密了然易辨仍參以算數爲準其象置於方匱之上南北極出入匱面各四十度太強半見半隱機運輪牙隱於匱中

仰儀

仰儀之制以銅爲之形若釜置於甎臺內畫周天度脣列十二辰位蓋俯視驗天者也其銘辭云不可體形莫天大也無競維人仰釜載也六尺爲深廣自倍也兼深廣倍絜釜兌也環鑿爲沼準以溉也辨方正位曰子卦也衡縮度中平斜再也斜起南極平釜鐓也小大必周入地畫也始周浸斷浸極外也極入地深四十太也北九十一赤道齗也列刻五十六時配也衡竿加卦巽坤內也以負縮竿本午對也首旋璣板竅納芥也上下懸直與鐓會也視日透光何度在

也暘谷朝賓夕餞昧也寒暑發斂驗進退也薄蝕起自鑒生殺也以避赫曦奪目害也南北之偏亦可概也極淺十五林邑界也黃道夏高人所載也夏永冬短猶少差也深五十奇鐵勒塞也黃道浸平冬晝晦也夏則不沒永短最也安渾宣夜昕穹蓋也六天之書言殊話也一儀一揆孰善悖也以指爲告無煩喙也闇資以明疑者沛也智者是之膠者怪也古今巧曆不億輩也非讓不爲思不逮也將窺天朕造化愛也其有俊明昭聖代也泰山礪乎河如帶也黃金不磨悠久賴也鬼神禁訶勿銘壞也

大明殿燈漏

燈漏之制高丈有七尺架以金爲之其曲梁之上中設雲珠左日右月雲珠之下復懸一珠梁之兩端飾以龍首張吻轉目可以審平水之緩急中梁之上有戲珠龍二隨珠俛仰又可察準水之均調凡此皆非徒設也燈毬雜以金寶爲之內分四層上環布四神旋當日月參辰之所在左轉日一週次爲龍虎鳥龜之象各居其方依刻跳躍鐃鳴以應於內又次週分百刻上列十二神各執時

牌至其時四門通報又一人當門內常以手指其刻數下四隅鐘鼓鉦鐃各一人一刻鳴鐘二刻鼓三鉦四鐃初正皆如是其機發隱於櫃中以水激之

正方案

正方案方四尺厚一寸四周去邊五分爲水渠先定中心畫爲十字外抵水渠去心一寸畫爲圓規自外寸規之凡十九規外規內三分畫爲重規徧布周天度中爲圓徑二寸高亦如之中心洞底植臬高一尺五寸南至則減五寸北至則倍之凡欲正四方置案平地注水于渠眡平乃植臬於中自臬景西入外規即識以墨影少移輒識之每規皆然至東出外規而止凡出入一規之交皆度以線屈其半以爲中即所識與臬相當且其景最短則南北正矣復徧閱每規之識以審定南北南北既正則東西從而正然二至前後日軌東西行南北差少即外規出入之景以爲東西允得其正當二分前後日軌東西行南北差多朝夕有不同者外規出入之景或未可憑必取近內規景爲定仍校以累日則愈真又測用之法先測定所在北極出地度即自案地平以上度如其數下對

南極入地度以墨斜經中心界之又橫截中心斜界爲十字卽天腹赤道斜勢

也乃以案側立懸繩取正凡置儀象皆以此爲準

圭表

圭表以石爲之長一百二十八尺廣四尺五寸厚一尺四寸座高二尺六寸南

北兩端爲池圓徑一尺五寸深二寸自表北一尺與表梁中心上下相直外一

百二十尺中心廣四寸兩旁各一寸畫爲尺寸分以達北端兩旁相去一寸爲

水渠深廣各一寸與南北兩池相灌通以取平表長五十尺廣二尺四寸厚減

廣之半植於圭之南端圭石座中入地及座中一丈四尺上高三十六尺其端

兩旁爲二龍半身附表上擎橫梁自梁心至表顚四尺下屬圭面共爲四十尺

梁長六尺徑三寸上爲水渠以取平兩端及中腰各爲橫竅徑二分橫貫以鐵

長五寸繫線合於中懸錘取正且防傾墊按表短則分寸短促尺寸之下所謂

分秒太半少之數未易分別表長則分寸稍長所不便者景虛而淡難得實影

前人欲就虛景之中考求眞實或設望筩或置小表或以木爲規皆取端日光

下徹表面今以銅爲表高三十六尺端挾以二龍舉一橫梁下至圭面共四十尺是爲八尺之表五圭表刻爲尺寸舊一寸今申而爲五釐毫差易分別

景符

景符之制以銅葉博二寸加長博之二中穿一竅若針芥然以方闆爲趺一端設爲機軸令可開闔榰其一端使其勢斜倚北高南下往來遷就於虛梁之中竅達日光僅如米許隱然見橫梁於其中舊法一表端測晷所得者日體上邊之景今以橫梁取之實得中景不容有毫末之差至元十六年己卯夏至晷景四月十九日乙未景一丈二尺三寸六分九釐五毫至元十六年己卯冬至晷景十月二十四日戊戌景七丈六尺七寸四分

闚几

闚几之制長六尺廣二尺高倍之下爲趺廣三寸厚二寸上闌廣四寸厚如趺以板爲面厚及寸四隅爲足撐以斜木務取正方面中開明竅長四尺廣二寸近竅兩旁一寸分畫爲尺內三寸刻爲細分下應圭面几面上至梁心二十六

尺取以爲準闚限各各長二尺四寸廣二寸脊厚五分兩刃斜稍取其於几面相符著限兩端厚廣各存二寸銜入几間俟星月正中從几下仰望視表梁南北以爲識折取分寸中數用爲直景又於遠方同日闚測取景數以推星高下也

西域儀象

世祖至元四年扎馬魯丁造西域儀象○咱秃哈剌吉漢言混天儀也其制以銅爲之平設單環刻周天度畫十二辰位以準地面側立雙環而結於平環之子午半入地下以分天度內第二雙環亦刻周天度而參差相交以結于側雙環去地平三十六度以爲南北極可以旋轉以象天運爲日行之道內第三第四環皆結於第二環又去南北極二十四度亦可以運轉凡可運三環各對綴銅方釘皆有竅以代衡簫之仰窺焉○咱秃朔八台漢言測驗周天星曜之器也外周圓牆而東面啓門中有小臺立銅表高七尺五寸上設機軸懸銅尺長五尺五寸復如窺測之簫二其長如之下置橫尺刻度數其上以準掛尺下本

開圖之遠近可以左右轉而周窺可以高低舉而徧測〇魯哈麻亦渺凹只漢言春秋分晷影堂爲屋二間脊開東西橫罅以斜通日晷中有臺隨晷影南高北下上仰置銅半環刻天度一百八十以準地上之半天斜倚銳首銅尺長六尺闊一寸六分上結半環之中下加半環之上可以往來窺運側望漏屋晷影驗度數以定春秋二分〇魯哈麻亦木思塔餘漢言冬夏至晷影堂也爲屋五間屋下爲坎深二丈二尺脊開南北一罅以直通日晷隨罅立壁附壁懸銅尺長一丈六寸壁仰畫天度半規其尺亦可往來規運直望漏屋晷影以定冬夏二至〇苦來亦撒麻漢言渾天圖也其制以銅爲丸斜刻日道交環度數于其腹刻二十八宿形於其上外平置銅單環刻周天度數列于十二辰位以準地而側立單環二一結于平環之子午以銅丁象南北極一結于平環之卯酉皆刻天度卽渾天儀而不可運轉窺測者也〇苦來亦阿兒子漢言地理志也其制以木爲圓毬七分爲水其色綠三分爲土地其色白畫江河湖海脈絡貫串於其中畫作小方井以計幅圓之廣袤道里之遠近〇兀速都兒剌不定漢言

晝夜時刻之器也其制以銅如圓鏡而可掛面刻十二辰位晝夜時刻上加銅條綴其中可以圓轉銅條兩端各屈其首爲二竅以對望晝則視日影夜則窺星辰以定時刻以測休咎背嵌鏡片三面刻其圖凡七以辨東西南北日影長短之不同星辰向背之有異故各異其圖以盡天地之變焉

四海測驗

南海北極出地一十五度夏至景在表南長一尺一寸六分晝五十四刻夜四十六刻

衡嶽北極出地二十五度夏至日在表端無景晝五十六刻夜四十四刻

嶽臺北極出地三十五度夏至晷景長一尺四寸八分晝六十刻夜四十刻

和林北極出地四十五度夏至晷景長三尺二寸四分晝六十四刻夜三十六刻

鐵勒北極出地五十五度夏至晷景長五尺一分晝七十刻夜三十刻

北海北極出地六十五度夏至晷景長六尺七寸八分晝八十二刻夜一十八刻

刻
大都北極出地四十度太強夏至晷景長一丈二尺三寸六分晝六十二刻夜
三十二刻
上都北極出地四十三度少　北京北極出地四十二度強
益都北極出地三十七度少　登州北極出地三十八度少
高麗北極出地三十八度少　西京北極出地四十度少
太原北極出地三十八度少　安西府北極出地三十四度半強
興元北極出地三十三度半強　成都北極出地三十一度半強
西涼州北極出地四十度強　東平北極出地三十五度太
大名北極出地三十六度　南京北極出地三十四度太強
河南府陽城北極出地三十四度太弱　揚州北極出地三十三度
鄂州北極出地三十一度半　吉州北極出地二十六度半
雷州北極出地二十度太　瓊州北極出地一十九度太

日薄食暈珥及日變

世祖中統二年三月壬戌朔日有食之○三年十一月辛丑日有背氣重暈三珥○至元二年正月辛未朔日有食之○四年五月丁亥朔日有食之○五年十月戊寅朔日有食之○七年三月庚子朔日有食之○八年八月壬辰朔日有食之○九年八月丙戌朔日有食之○十二年六月庚子朔日有食之○十四年十月丙辰日有食之○十九年六月己丑朔日有食之七月戊午朔日有食之○二十四年七月癸丑日暈連環白虹貫之十月戊午朔日有食之○二十六年三月庚辰朔日有食之○二十七年八月辛未朔日有食之○二十九年正月甲午朔日有食之有物漸侵入日中不能既日體如金環然左右有珥上有抱氣○三十一年六月庚辰朔日食

成宗大德三年八月己酉朔日食○四年二月丁未朔日食○六年六月癸亥朔日食○七年閏五月戊午朔日食○八年五月癸未朔日食

武宗至大二年正月丁亥白虹貫日八月甲寅白虹貫日○四年正月壬辰日

赤如赭
仁宗皇慶元年六月乙丑朔日有食之○延祐元年三月己亥白暈亘天連環
貫日○二年四月戊寅朔日有食之五月甲戌日赤如赭乙亥亦如之九月甲
寅日赤如赭戊午亦如之○三年五月戊申日赤如赭○五年二月癸巳朔日
有食之○六年二月丁亥朔日有食之○七年正月辛巳朔日有食之三月乙
未日有暈若連環然
英宗至治元年三月己丑交暈如連環貫日六月癸卯朔日有食之○二年十
一月甲午朔日有食之
泰定帝泰定四年二尸辛卯白虹貫日九月丙申朔日食
文宗天曆二年七月丙辰朔日有食之○至順元年九月癸巳白虹貫日○二
年正月己酉白虹貫日八月甲辰朔日有食之十一月壬申朔日有食之○三
年五月丁酉白虹並日出長竟天
順帝○元統元年三月癸巳日赤如赭閏三月丙申癸丑甲寅皆如之○二年

四月戊午朔日有食之○至元元年十二月戊午日赤如赭閏十二月丁亥戊子己丑皆如之○二年二月壬辰日赤如赭乙未丙申亦如之三月庚申壬戌癸卯四月丁丑皆如之八月甲戌朔日有食之十二月甲戌日赤如赭○三年正月丁巳日有交暈左右珥上有白虹貫之二月壬申朔日有食之八月癸未日有交暈左右珥上有白虹貫之十月癸酉日赤如赭○四年閏八月戊戌日赤如赭己亥壬寅亦如之九月庚寅皆如之○五年正月丙寅日有交暈左右珥上有白虹貫之二月辛亥日赤如赭三月庚申辛酉四月丁未皆如之○至正元年三月壬申日赤如赭○三年四月丙申朔日有食之○四年九月丁亥朔日有食之○十年十一月壬子朔日有食之○十三年九月乙丑朔日有食之○十四年三月癸亥朔日有食之○十五年二月丙子日赤如赭○十七年七月己丑日有交暈連環貫之○十八年六月戊辰朔日有食之十二月乙丑朔日有食之○二十一年四月辛巳朔日有食之○二十五年三月壬戌日有暈內赤外青白虹如連環貫之○二十六年二月丁卯日有暈左珥上有背氣

一道七月辛巳朔日有食之〇二十七年十二月癸卯朔日有食之

月五星淩犯及星變上

憲宗六年六月太白晝見

世祖中統元年五月乙未熒惑入南斗留五十餘日〇二年二月丁酉太陰掩昴六月戊戌太陰犯角八月丙午太白犯歲星十一月庚午太陰犯昴十二月辛卯熒惑犯房壬寅熒惑犯鉤鈐〇三年十一月乙酉太白犯鉤鈐〇至元元年二月丁卯太陰犯南斗四月辛亥太陰犯軒轅御女星五月丙戌太陰犯房己亥太陰犯昴七月甲戌彗星出輿鬼昏見西北貫上台掃紫微文昌及北斗旦見東北凡四十餘日十二月甲子太陰犯房〇二年六月丙子太陰犯心宿大星〇四年八月庚申填星犯天鐏距星壬戌太白犯軒轅大星甲子歲星犯軒轅大星十一月乙巳填星犯天鐏距星〇五年正月甲午太陰犯井二月戊子太陰犯天關己丑太陰犯井〇六年十月庚子太陰犯辰星〇七年正月己酉太陰犯畢九月丁巳太陰犯井十月庚午太白犯右執法十一月壬寅熒惑

犯太微西垣上將〇八年正月辛未太陰犯畢三月丁亥熒惑犯太微西垣上將九月丙子太陰犯畢〇九年五月乙酉太白犯畢距星九月戊寅太陰犯御女十月戊戌熒惑犯填星十一月丁卯太陰犯畢〇十年三月癸酉客星青白如粉絮起畢度五車北復自文昌貫斗杓歷梗河至左攝提凡二十一日〇十一年二月甲寅太陰犯井宿十月壬辰歲星犯壘壁陣〇十二年七月癸酉太白犯井辛卯太陰犯畢九月己巳太白犯少民己卯太白犯太微西垣上將十月癸丑太陰犯畢十一月丙戌太陰犯軒轅大星十二月戊戌填星犯亢戊申太陰犯畢〇十三年九月辛亥太白犯南斗甲寅太白入南斗十二月乙卯太陰犯填星辛酉熒惑掩鈎鈐〇十四年二月癸亥彗出東北長四尺餘〇十五年二月丁丑熒惑犯天街三月丁亥太陰犯太白戊子太陰犯熒惑十一月辛亥太白熒惑填星聚于房〇十六年四月癸卯填星犯鍵閉七月丙寅填星犯鍵閉八月庚辰太陰犯房宿距星庚子歲星犯軒轅大星十月丙申太陰犯太微西垣上將十一月癸丑太陰犯熒惑〇十七年四月庚子歲星犯軒轅大星

七月戊申太陰掩房宿距星己酉太陰犯南斗八月丙子太陰犯心宿東星甲子太陰犯右執法幷犯歲星〇十八年七月癸卯太陰犯房宿距星閏八月癸巳朔熒惑犯司怪南第二星庚戌太陰犯昴九月甲申太陰犯軒轅大星十一月甲戌太陰犯五車次南星丁丑太陰犯鬼丁亥太陰掩心十二月丙午太陰犯軒轅大星〇二十年正月己巳太陰犯軒轅御女庚辰太陰犯南斗犯距星二月庚寅太陰掩昴庚子太白犯昴壬寅太白犯昴乙巳太陰犯心三月己未歲星犯鍵閉庚申太陰犯井壬戌太陰犯鬼乙巳歲星犯房癸酉歲星掩房四月己亥太陰犯房壬寅太陰犯南斗五月丙寅太陰掩心七月丙辰太白犯井癸亥太陰犯南斗乙丑太白犯井庚子熒惑犯司怪八月丙午太白犯軒轅丁未歲星犯鈎鈐九月壬子太白犯軒轅少女戊午太陰犯斗己巳太白犯右執法壬申太陰掩井癸酉熒惑犯鬼甲戌太陰犯鬼熒惑犯積尸氣太白犯左執法十月丙申太陰犯昴十一月戊寅太白歲星相犯十二月甲辰太陰掩熒惑

〇二十一年閏五月戊寅朔填星犯斗七月甲申太白犯熒惑九月癸巳太白

犯南斗第四星乙未太陰犯井十月己酉太陰犯軫十一月丙戌太陰犯昴己亥太陰掩輿鬼庚子太陰犯心〇二十二年二月辛亥太陰犯東井癸丑太陰犯鬼壬戌太陰犯心八月癸丑太陰入東井十二月己亥歲星犯填星〇二十三年正月壬午太陰犯軒轅太民乙酉太陰犯氐二月丙午太陰犯井三月己巳太陰犯婁五月己巳熒惑犯太微西垣上將庚辰歲星犯壘壁陣乙酉熒惑犯太微右執法六月丙申朔太白犯御女八月乙卯太白犯軒轅右角星九月甲申太陰犯天關十月甲午朔太白犯右執法戊戌太陰犯建星辛亥太陰犯東井甲寅太白犯進賢十一月戊辰太白犯亢己卯太陰犯東井辛巳歲星犯壘壁陣十二月戊戌太白犯東咸丁未太陰犯東井丁巳太陰犯氐〇二十四年正月甲戌太陰犯東井乙酉太陰犯房二月庚子太陰犯天關辛丑太陰犯東井閏二月癸亥太陰犯辰星甲申太陰犯牽牛三月丙申太陰犯東井四月癸酉太陰犯氐甲戌太陰犯房七月戊戌太陰犯南斗辛丑太陰犯牽牛壬寅熒惑犯輿鬼積尸氣甲辰熒惑犯輿鬼壬子太陰犯司怪八月癸亥太白犯亢

丙子塡星南犯壘壁陣己卯太陰犯天關辛巳太陰犯東井甲申太白犯房九月丁酉熒惑犯長垣庚子太白犯天江乙巳太陰犯畢辛亥熒惑犯太微西垣上將壬子太白犯南斗十月壬戌太陰犯牽牛大星乙酉熒惑犯左執法十一月壬辰太白犯壘壁陣太陰暈太白塡星丙申熒惑犯太微東垣上將庚子太白晝見丙辰熒惑犯進賢十二月丙寅太陰犯畢太白晝見〇二十五年正月乙巳太陰犯角戊申太陰犯房三月丁亥熒惑犯太微東垣上相戊子太陰犯畢己亥太陰掩角四月戊午太陰犯井五月戊申太白犯畢六月甲戌太白犯井丁丑太陰犯歲星七月己亥熒惑犯氐庚子太白犯鬼乙巳太陰掩畢八月丙辰熒惑犯房乙未太白犯軒轅大星九月癸未朔熒惑犯天江庚子太陰犯畢癸卯熒惑犯南斗十二月辛酉太陰犯畢甲子太陰犯井甲戌太陰犯亢熒惑犯壘壁陣〇二十六年正月辛丑太陰犯氐三月甲午太陰犯亢五月壬辰太白犯鬼七月戊子太白經天四十五日辛卯太陰犯牛乙未太陰犯歲星八月辛未歲星晝見九月戊寅歲星犯井乙未太陰犯畢辛丑熒惑犯太微西垣

上將十月癸丑太陰犯牛宿距星甲寅熒惑犯右執法閏十月丁亥辰星犯房己丑太陰犯畢熒惑犯進賢太陰犯井十一月丁巳熒惑犯亢戊辰太陰犯亢○二十七年正月庚戌太白犯牛癸丑太陰犯井丁卯熒惑犯房壬申熒惑犯鍵閉二月戊寅太陰犯畢庚寅太陰犯亢三月壬子熒惑犯鉤鈐四月丙子太陰犯井壬辰熒惑守氐十餘日五月乙丑太陰犯填星六月己丑熒惑犯房七月辛酉熒惑犯天江九月癸卯歲星犯鬼十月辛巳太白犯斗十一月戊申太陰掩填星辛酉太陰掩左執法十二月辛卯太陰犯亢○二十八年正月壬寅太白熒惑填星聚奎二月癸未太陰犯左執法甲申太白犯昴三月丁未太陰犯御女己酉太陰犯右執法庚戌太陰犯太微東垣上相乙卯太白犯五車四月乙未歲星犯輿鬼積尸氣五月壬寅太陰犯少民甲寅太陰犯牛六月辛卯太陰犯畢七月己亥太白犯井八月丙寅太白犯輿鬼丙子太陰犯牽牛癸未歲星犯軒轅大星戊子太白犯軒轅大星幷犯歲星癸巳太陰掩熒惑九月丙辰熒惑犯左執法戊午太白犯熒惑辛酉歲星犯少民十月丙戌太陰犯軒轅

太星犴御女己丑太陰犯太微東垣上相十一月甲辰太陰犯房丙午熒惑犯亢丁未太陰犯畢庚申熒惑犯氐十二月庚辰太陰犯御女癸未太陰犯東垣上相己丑熒惑犯房庚寅熒惑犯鉤鈐○二十九年正月戊申太陰犯歲星及軒轅左角二月己巳太陰犯畢四月丙子太陰犯氐六月己丑太白犯歲星閏六月戊申熒惑犯狗國七月辛未太陰犯牛八月丁酉辰星犯右執法己亥太白犯房乙巳歲星犯右執法九月壬戌熒惑犯壘壁陣辛巳太白犯南斗十月乙巳太陰犯井丁未太陰犯鬼乙卯太陰犯氐十一月壬戌太陰犯壘壁陣己卯太陰犯太微東垣上將十二月庚子太陰犯井甲辰太陰犯太微西垣上將○三十年正月丙寅太陰犯畢丁丑太陰犯氐庚辰歲星犯左執法二月壬辰太陰犯畢乙巳熒惑犯天街庚戌太陰犯牛癸丑太白犯壘壁陣三月辛未太陰犯氐四月癸丑太白犯填星六月己丑歲星犯左執法丙申太陰犯斗七月甲子太陰犯建星辛丑太陰犯鬼八月甲午辰星犯太微西垣上將甲辰太陰犯畢戊申太陰犯鬼九月丁卯太陰犯畢十月庚寅彗星入紫微垣抵斗魁光

芒尺許凡一月乃滅丙申熒惑犯亢己亥太陰犯天關辛丑太陰犯井十一月乙丑太陰犯畢丁卯太陰犯井庚子太陰犯鬼丙子熒惑犯鉤鈐戊寅歲星犯亢十二月乙未太陰犯井〇三十一年四月戊申太白晝見又犯鬼五月庚戌朔太白犯輿鬼六月丙午太陰犯井八月庚辰太白晝見戊戌太陰犯畢太白犯軒轅九月丁巳太白經天丙寅太陰掩填星辛未太陰犯軒轅乙亥太白犯右執法太陰犯平道十月壬午太白犯左執法癸巳太陰掩填星乙未太陰犯井十一月己酉太陰犯亢庚申太陰犯畢癸酉太白犯房十二月癸未歲星犯房丁亥歲星犯鉤鈐壬辰太陰犯鬼庚子太陰犯房又犯歲星

成宗元貞元年正月乙卯太陰犯填星又犯畢癸酉歲星犯東咸二月癸未熒惑犯太陰壬辰太陰犯平道癸卯太陰犯歲星三月庚戌太陰犯填星壬戌太陰犯房四月庚寅太陰犯東咸閏四月癸丑歲星犯房甲寅太陰犯平道乙卯太陰犯亢丁巳太陰掩房五月丁亥太陰犯南斗七月丁丑太陰犯亢甲申歲星犯房八月乙酉太陰犯牛壬子太陰犯壘壁陣九月甲午太陰犯軒轅戊戌

太陰犯平道十月辛酉辰星犯房壬戌辰星犯鍵閉戊辰太白晝見太陰犯房十一月甲戌太白經天及犯壘壁陣乙酉太陰犯井丁亥太陰犯鬼十二月丙辰太陰犯軒轅甲子太陰犯天江〇二年正月壬午太陰犯輿鬼丙戌太白晝見丁亥太陰犯平道庚寅太陰犯鉤鈐二月丁未太陰犯井三月乙酉太陰犯鉤鈐五月丁丑太陰犯平道六月乙巳太白犯天關丁巳太白犯填星癸亥太陰犯井七月壬午填星犯井太白犯輿鬼八月庚子太陰犯亢太白犯軒轅癸卯太陰犯天江乙卯太陰犯天街太白犯上將九月戊辰太白犯左執法壬申太陰掩南斗丁丑太陰犯壘壁陣己丑太陰犯軒轅十一月丁丑太陰犯月星又犯天街庚辰太陰犯井丁亥太陰犯上相戊子太陰犯平道壬辰太陰犯天江十二月丁未太陰犯井乙卯太陰犯進賢〇大德元年三月戊辰熒惑犯井癸酉太陰掩軒轅大星五月癸酉太白犯鬼積尸氣乙亥太陰犯房六月乙未太白晝見七月庚午太陰犯房八月丁巳祆星出奎九月辛酉朔祆星復犯奎十月戊午太白經天十一月戊子太白經天十二月甲辰太白經天又犯東咸

丙午太陰犯軒轅甲寅太陰犯心閏十二月癸酉太白犯建星丙子太白犯建星〇二年二月辛酉歲星熒惑太白聚危熒惑犯歲星辛未太陰犯左執法丙子太陰犯心五月戊戌太陰犯心六月壬戌太陰犯角七月癸巳太陰犯心八月壬戌太陰犯箕九月辛丑太陰犯五車南星癸卯太陰犯五諸侯己酉太陰犯左執法十月壬戌太白犯牽牛戊寅太陰犯角宿距星十一月己亥太陰犯輿鬼辛丑辰星犯牽牛壬寅太陰犯右執法十二月戊午太白經天己未填星犯輿鬼乙丑太白犯歲星太陰犯熒惑庚午填星入輿鬼太陰犯上將甲戌彗出子孫星下己卯太陰犯南斗〇三年正月丙戌太陰犯太白丁酉太陰犯西垣上將戊戌太陰犯右執法乙巳太白經天三月乙巳熒惑犯五諸侯戊戌熒惑犯輿鬼四月己未太陰犯上將丙寅填星犯輿鬼太陽犯心五月丙申太陰犯南斗己亥太白犯畢六月庚申太陰掩房丁卯熒惑犯右執法壬申歲星晝見七月己卯朔太白犯井丁未太陰犯輿鬼八月丁巳太陰犯箕戊辰太白犯軒轅大星己巳太陰犯五車星九月壬辰流星色赤尾長尺餘其光燭地起自

河鼓沒於牽牛之西有聲如雷乙未太陰犯昴宿距星丁酉太白犯左執法十月丙子太陰犯房十一月乙酉太白犯房○四年二月戊午太陰犯軒轅五月甲午太陰犯壘壁陣辛丑太白犯輿鬼太陰犯昴六月丁巳太白犯填星七月辛卯熒惑犯井八月癸丑太陰犯井甲子辰星犯靈臺上星閏八月庚辰熒惑犯輿鬼九月戊午太白犯斗壬戌太陰犯輿鬼甲子太白犯斗十二月庚寅熒惑犯軒轅癸巳太陰犯房宿距星○五年正月己酉太陰犯五車壬子太陰犯輿鬼積尸氣辛酉太陰犯心二月己卯太陰犯輿鬼三月戊申太陰犯御女丁卯熒惑犯填星己巳熒惑填星相舍四月壬申太陰犯東井五月癸丑太陰犯南斗乙卯熒惑犯右執法丁卯太白犯井六月甲申歲星犯司怪己酉太白犯輿鬼歲星犯井甲午太白犯輿鬼七月丙午歲星犯井辛亥太陰犯壘壁陣庚申辰星犯太白八月壬辰太陰犯軒轅御女乙未填星犯太微上將九月乙丑自八月庚辰彗出井二十四度四十分如南河大星色白長五尺直西北後經文昌斗魁南掃太陽又掃北斗天機紫微垣三公貫索星長丈餘至天市垣巴

蜀之東梁楚之南宋星上長盈尺凡四十六日而滅十月癸未太陰犯東井辛
卯夜有流星大如杯色赤尾長丈餘光燭地自北起近東徐徐而行分爲二星
前大後小相離尺餘沒於危宿十一月己亥歲星犯東井戊申太陰犯昴十二
月甲戌歲星犯司怪辛卯太陰犯南斗○六年正月壬戌填星犯太微西垣上
將二月庚午太陰犯昴三月壬寅太陰犯輿鬼癸卯歲星犯井甲寅太陰犯鉤
鈐四月乙丑朔太白犯東井戊寅太陰犯心庚寅太白犯輿鬼六月癸亥朔填
星犯太微西垣上將乙亥太陰犯斗七月癸巳朔熒惑填星辰星聚井庚子太
陰犯心戊午太陰犯熒惑八月乙丑熒惑犯歲星己巳熒惑犯輿鬼辛巳太陰
犯昴壬午太白犯軒轅九月丙午熒惑犯軒轅癸丑太陰犯輿鬼丁巳太白犯
右執法十月壬午熒惑犯太微西垣上將十一月辛亥填星犯左執法乙未辰
星犯房癸卯太陰犯昴己酉太陰犯軒轅十二月庚申朔熒惑犯填星乙丑歲
星犯輿鬼乙未太陰犯輿鬼庚辰熒惑犯太微東垣上相癸未太陰犯房○七
年正月戊戌太陰犯昴甲辰太陰犯軒轅二月戊寅太陰犯心四月癸亥太陰

犯東井丙寅太陰犯軒轅乙亥歲星犯輿鬼太陰犯南斗甲申熒惑犯太微垣
右執法丁亥歲星犯輿鬼五月壬辰辰星犯東井閏五月戊辰太陰犯心七月
戊寅歲星犯軒轅己卯太陰犯井乙酉熒惑犯房八月癸巳太白犯氐甲午熒
惑犯東咸太陰犯牽牛乙巳亢星犯軒轅辛亥熒惑犯天江九月丙寅太白晝
見辛未熒惑犯南斗甲戌太陰犯東井乙亥太白犯南斗壬午辰星犯氐十月
丁亥太白經天辛丑太陰犯東井十一月己未太白經天丙寅填星犯進賢戊
辰太陰犯東井己卯太陰犯東咸十二月丙戌太白經天夜熒惑犯壘壁陣丙
申太陰犯東井辛丑太陰犯明堂丁未太陰犯天江〇八年三月乙丑自去歲
十二月庚戌彗星見約盈尺指東南色白測在室十一度漸長尺餘復指西北
掃騰蛇入紫微垣至是滅凡七十四日〇九年正月丁巳太陰犯天關甲子太
陰犯明堂己巳太陰犯東咸三月甲寅熒惑犯氐戊午歲星犯左執法四月庚
辰太陰犯井壬辰太白犯井五月癸亥歲星掩左執法七月丙午熒惑犯氐甲
寅太白經天丁卯熒惑犯房八月辛巳太陰犯東井乙未熒惑犯天江九月丁

巳熒惑犯斗十月丙戌太白經天十一月庚戌歲星太白填星聚於亢癸丑歲星犯亢丙寅歲星晝見十二月壬申太白經天丙子太陰犯西咸庚寅熒惑犯壘壁陣己亥辰星犯建星○十年正月丁巳太白犯建星閏正月癸酉太白犯牽牛己丑太白犯壘壁陣二月戊午太陰犯氐三月戊寅歲星犯亢四月辛酉填星犯亢六月癸丑太陰犯羅堰上星己未歲星犯亢七月庚辰太陰犯牽牛八月壬寅歲星犯氐熒惑犯太微垣上將九月己巳熒惑犯太微垣右執法壬午熒惑犯太微垣左執法十月甲辰太白犯斗辛亥太陰犯畢甲寅太陰犯井十一月辛未歲星犯房壬申太陰犯虛甲戌熒惑犯亢戊子熒惑犯氐辛卯太陰犯熒惑十二月壬寅太白晝見乙巳歲星犯東咸戊午太陰犯氐○十一年六月丙午太陰犯南斗杓星己巳太陰犯亢七月壬午熒惑犯南斗九月癸酉太白犯右執法己卯太白犯左執法十月乙巳太白犯亢己酉熒惑犯壘壁陣甲寅太陰犯明堂己未太陰犯太白十一月丁卯太白犯房丙子太陰犯東井乙酉太陰犯亢辛卯辰星犯歲星十二月丁巳填星犯鍵閉

武宗至大元年正月辛未太陰犯井甲申太陰犯填星二月丁未太陰犯亢甲寅太陰犯牛距星三月乙丑太陰犯井五月癸丑太白犯輿鬼七月庚申流星起自勾陳南至於大角傍尾跡約三尺化爲白氣聚於七公南行圓若車輪微有銳經貫索滅壬申太白犯左執法八月壬子太陰犯軒轅太民九月壬申填星犯房丙子太陰犯井癸未太陰犯熒惑十月辛丑太白犯南斗十一月庚申太白晝見癸亥熒惑犯亢己巳太陰掩畢甲戌熒惑犯氐乙亥辰星犯填星閏十一月壬寅熒惑犯房丁未太陰犯亢十二月甲子太陰犯畢丙子太陰犯氐戊寅太白掩建星○二年二月己巳太陰犯亢辛未太陰犯氐庚辰太陰犯太白三月戊戌太陰犯氐己亥熒惑犯歲星丙午熒惑犯壘壁陣五月辛卯太陰犯亢六月乙卯太白犯井癸酉辰星犯輿鬼乙亥太陰掩畢八月乙亥太陰犯軒轅丁丑太陰犯右執法九月丙午太陰犯進賢十月壬申太陰犯左執法十一月己亥太陰犯右執法庚子太陰犯上相辛丑熒惑犯外屏十二月庚申太陰犯參癸亥辰星犯歲星辛未太白犯壘壁陣○三年正月壬辰太陰犯軒轅

御女甲午太陰犯右執法丙申太陰犯平道二月辛亥熒惑犯月星庚申熒惑
犯天街太陰犯軒轅少民壬戌太陰犯左執法甲戌太白犯月星三月甲申太
陰犯井庚寅太陰犯氐丙申太陰犯南斗丁未太白犯井甲寅太陰犯軒轅御
女戊辰太白晝見五月乙酉太陰犯平道癸巳熒惑犯輿鬼六月乙卯太陰犯
氐七月戊寅太陰犯右執法己卯太陰犯上相八月甲子太白犯軒轅太民乙
丑太陰掩畢大星辛巳太陰犯建星辛卯太陰犯天廪十月甲辰朔太白經天
丙午太白犯左執法癸丑熒惑犯亢十一月甲戌朔太白犯亢丁亥太陰犯畢
十二月甲辰朔太陰犯羅堰庚申太陰犯軒轅大星辛酉太白犯填星丙寅太
白犯氐○四年二月甲子太陰犯填星三月丙戌太陰犯太微上將四月甲寅
太陰犯亢熒惑犯壘壁陣癸未太陰犯氐五月乙未太陰犯太微東垣上相庚
戌太陰犯氐七月癸巳太陰犯畢丁酉太陰犯鬼宿距星閏七月丙寅太陰犯
軒轅九月乙卯太陰犯畢十月丙申太白犯壘壁陣十一月甲寅太陰犯輿鬼
十二月庚辰太白經天癸未亦如之甲申太陰犯太微西垣上將壬辰太白經

仁宗皇慶元年正月癸丑太陰犯太微東垣上相二月壬午太陰犯亢三月丁酉朔熒惑犯東井壬寅太陰犯東井四月丙子太白晝見壬午熒惑犯輿鬼癸未熒惑犯積尸氣庚寅太白經天六月己巳太陰犯天關七月戊午太陰犯東井八月戊辰太白犯軒轅辛未太陰犯填星壬午辰星犯右執法乙酉太白犯右執法丁亥辰星犯左執法九月丁巳太白犯亢十月丁亥太陰犯平道戊子太陰犯亢十一月己亥太陰掩壘壁陣十二月甲申熒惑填星辰星聚井戊子太陰犯熒惑○二年正月戊申太陰犯三公三月庚子熒惑犯壘壁陣丁未彗出東井七月己丑朔歲星犯東井辛卯太白晝見乙未丙辰皆如之丁巳太白經天八月戊午朔太白晝見壬戌歲星犯東井壬午太陰犯輿鬼○延祐元年二月癸酉熒惑犯東井三月壬辰太陰掩熒惑閏三月辛酉太陰犯輿鬼丙寅太陰犯太微東垣五月戊午辰星犯輿鬼六月乙未熒惑犯右執法十月庚戌辰星犯東咸十二月甲子太陰犯輿鬼癸卯太陰犯房甲辰太陰犯天江○二

年正月乙卯歲星犯輿鬼己未太白晝見癸亥太陰犯軒轅丁卯太陰犯進賢
二月戊子太白晝見癸巳太白經天丙午亦如之三月丙辰太陰色赤如赭四
月庚子太陰犯壘壁陣五月辛酉太陰犯天江庚午太白晝見六月甲申太白
晝見是夜太陰犯平道癸卯太白犯東井丙申辰星犯輿鬼九月己酉太陰犯
房辛酉太白犯左執法十月丙子朔客星見太微垣十一月丙午客星變爲彗
犯紫微垣歷軫至壁十五宿明年二月庚寅乃滅○三年九月癸丑太白晝見
丙寅太白經天十月甲申太白犯斗○四年三月乙酉太陰犯箕六月乙巳太
陰犯心八月丙申熒惑犯輿鬼壬子太陰犯昴九月庚午太陰犯斗○六年正
月戊寅太陰犯心二月己亥太陰犯靈臺三月己巳太陰犯明堂癸酉太陰犯
日星甲戌太陰犯心五月辛酉太陰犯靈臺丁卯太陰犯房丙子太陰犯壘壁
陣六月己亥歲星犯東咸七月壬戌太陰犯心丙子太白犯太微垣右執法八
月乙酉熒惑犯輿鬼閏八月丙辰辰星犯太微垣右執法丁巳太陰犯心癸亥
熒惑犯軒轅甲子太陰犯壘壁陣乙亥太白犯東咸十月癸亥熒惑犯太微垣

左執法乙丑太陰犯昴戊辰太陰犯東井庚午太白晝見辛未太陰犯軒轅辛
卯熒惑犯進賢庚子太陰犯明堂十二月丙寅太陰犯軒轅○七年正月乙未
太陰犯明堂上星癸卯太陰犯斗宿東星二月辛酉太陰犯軒轅御女壬戌太
陰犯靈臺丁卯太陰犯日星庚午太陰犯斗宿距星三月戊子太陰犯酒旗上
星熒惑犯進賢庚寅太陰犯明堂上星四月甲寅太白犯塡星壬戌太陰犯房
宿距星五月庚寅太陰犯心宿東星癸巳太陰犯狗宿東星丙申太白犯畢宿
距星六月庚申太陰犯斗宿東星癸亥太陰犯壘壁陣西二星丁卯太白犯井
宿東扇第三星辛未太陰犯昴宿七月丁亥太陰犯斗宿東二星戊戌熒惑犯
房宿上星己亥太陰犯昴宿距星八月丙辰太白犯靈臺上星乙丑熒惑犯天
江丁卯太白犯太微垣右執法壬申太陰犯軒轅御女九月乙酉太陰犯壘壁
陣西二星丙戌熒惑犯斗宿癸巳太陰犯昴宿東星己亥太白犯亢星十月庚
戌太陰犯熒惑于斗癸亥太陰犯井宿十一月癸卯熒惑犯壘壁陣乙卯太陰
掩昴宿戊午太陰犯井宿東星庚申太陰犯鬼宿

英宗至治元年正月乙未太陰掩房宿距星甲辰辰星犯外屏西第一星辰星太白熒惑填星聚於奎宿二月壬子太白熒惑填星聚於奎宿辛酉太白犯熒惑癸亥太陰犯心宿大星又犯心宿東星三月丁丑太陰掩昴宿四月戊午太陰犯心宿大星庚辰太陰犯斗宿東第三星五月戊寅太白犯鬼宿積尸氣太陰犯軒轅右角庚辰太陰犯明堂中星六月己未太陰犯虛梁東第二星辛酉太白經天七月癸未太陰犯昴宿八月丁未太陰犯心宿前星己酉太陰犯斗宿西第二星壬子熒惑犯軒轅大星九月乙亥熒惑犯靈臺東北星壬午熒惑犯太微西垣上將丁酉熒惑犯太微垣右執法十月甲辰太白經天戊申熒惑犯太微垣左執法十一月辛未熒惑犯進賢丙子太陰犯虛梁東第一星戊寅辰星犯房宿上星丙戌太陰犯井宿東扇北第二星己丑太陰犯酒旗西星又犯軒轅右角辛卯太陰犯明堂中星己亥太白犯西咸南第一星十二月甲辰熒惑犯亢宿南第一星庚戌太陰犯昴宿東第一星辛酉熒惑入氐宿○二年正月丁丑太陰犯昴宿距星庚辰太白犯建星西第二星辛巳太白犯建星西

第三星辛卯太陰犯心宿大星甲午熒惑犯房宿上星丁酉太白犯牛宿南第一星二月己亥朔熒惑犯鍵閉星丙午熒惑犯罰星南一星戊申太陰犯井宿東扇北第二星庚戌熒惑犯東咸北第二星辛亥太陰犯酒旗西第一星及軒轅右角星壬子太白犯壘壁陣西方第二星癸丑太陰犯明堂中星己未太陰犯天江南第一星壬戌太白犯壘壁陣第六星五月丙子熒惑退犯東咸南第一星六月壬申熒惑犯心宿距星七月己亥熒惑犯天江南第一星戊午太陰犯井宿鉞星九月己未太陰犯明堂中星十月庚辰太陰犯井宿距星辛巳太陰犯井宿東扇北第二星及第三星己丑熒惑犯壘壁陣西第六星十一月甲辰太白犯壘壁陣第一星乙巳熒惑犯壘壁陣西第八星戊申太陰掩井宿東扇北第二星己未太陰犯東咸南第一星庚申太陰犯天江上第二星辛酉熒惑犯歲星十二月乙丑太白歲星熒惑聚于室太白犯壘壁陣西第八星乙亥太陰掩井宿距星戊寅太白犯歲星己丑熒惑犯外屏西第三星太陰犯建星西第二星〇三年正月壬寅太陰犯鉞星又犯井宿距星癸卯太陰犯井宿東

扇南第二星二月癸亥朔熒惑太白填星聚於胃宿癸酉太白犯昴宿辛巳太陰犯東咸南第一星第二星五月戊戌太白經天癸卯太陰犯房宿第二星庚戌太白犯畢宿右股第三星六月癸未填星犯畢宿距星九月辛卯填星退犯畢十月己巳太白犯亢丙子太白犯氐十一月己丑朔熒惑犯亢庚寅太白犯鉤鈐乙未太白犯東咸壬寅熒惑犯氐十二月己巳辰星犯壘壁陣辛未熒惑犯房辛巳熒惑犯東咸

泰定帝泰定元年五月丙午太白犯鬼宿丁未太白又犯鬼宿積尸氣十月丙寅太白犯斗宿距星己巳太白入斗宿魁太陰犯填星庚午太白犯斗壬午熒惑犯壘壁陣十二月庚午熒惑犯外屏乙亥太白經天〇二年正月丙戌辰星犯天鷄壬寅太白犯建星二月庚寅熒惑歲星填星聚于畢宿六月丙戌填星犯井宿鉞星丙午填星犯井宿八月癸巳歲星犯天罇十月壬辰熒惑犯氐宿癸巳填星退犯井宿十一月戊午填星退犯井宿鉞星十二月乙酉熒惑犯天江辰星犯建星甲午太白犯壘壁陣〇三年正月辛酉太白犯外屏三月丙午

塡星犯井宿鉞星戊辰熒惑犯壘壁陣塡星犯井宿庚午塡星太白歲星聚于
井四月戊戌太白犯鬼宿壬寅熒惑犯壘壁陣七月戊辰太白經天至于十二
月九月壬戌太白犯太微垣右執法十月辛巳太白犯進賢○四年正月己酉
太白犯斗宿三月丁卯熒惑犯井宿九月壬子太白犯房宿閏九月己巳太白
經天至十二月十月乙巳晝有流星戊午辰星犯東咸十一月癸酉太白犯壘
壁陣熒惑犯天江十二月己未歲星退犯太微西垣上將○致和元年二月壬
戌太白晝見五月庚辰流星如缶大光明燭地七月丙戌太白犯軒轅大星
文宗天曆元年九月庚辰太白犯亢宿○二年正月甲子太白犯壘壁陣二月
己酉熒惑犯井宿五月庚申太白犯鬼宿積尸氣六月丁未太白晝見七月癸
亥太白經天十一月癸酉太陰犯塡星○至順元年七月庚午歲星犯氐宿八
月戊辰太白犯氐宿九月己丑熒惑犯鬼宿甲午熒惑犯鬼宿十一月甲申熒
惑退犯鬼宿丙戌太白犯壘壁陣○二年二月壬子太白晝見三月丙子朔熒
惑犯鬼宿己卯熒惑犯鬼宿積尸氣五月丁丑熒惑犯軒轅左角甲午太白犯

畢宿庚子太陰犯太白辛丑太白經天六月丁未太白晝見丁卯太陰犯畢太
白犯井八月乙卯太白犯軒轅大星庚申太白犯軒轅左角九月丙子太白犯
填星十一月壬申朔太白犯鈎鈐○三年五月癸酉熒惑犯東井

元史卷四十八

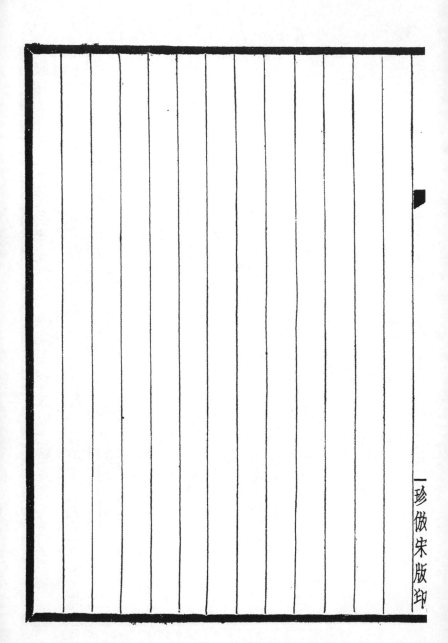

元史卷四十九

明翰林學士亞中大夫知制誥兼修國史宋　濂等修

志第二

天文二

月五星淩犯及星變下

順帝〇元統元年正月癸酉太白晝見二月戊戌亦如之己亥填星退犯太微東垣上相丙辰太陰犯天江下星三月戊寅太陰犯太微東垣上相五月丁酉熒惑犯太微垣右執法六月丁丑太陰犯壘壁陣西第二星七月己亥太陰犯房宿北第二星九月甲午太陰犯東咸西第一星填星犯進賢乙未太陰犯天江下星丁巳太陰犯填星己未太陰犯氐宿距星十月甲子太陰入犯斗宿魁東北星十一月甲午太陰犯壘壁陣西方第二星辛亥太陰犯太微東垣上相壬子太陰犯填星癸丑太陰犯亢宿南第一星癸酉太陰犯鬼宿東北星乙亥太白犯壘壁陣西第八星太陰犯軒轅夫人星己卯太陰犯進賢癸未太陰犯

東咸西第二星○二年正月壬寅太陰犯軒轅夫人星庚戌太陰犯房宿北第二星二月癸酉太陰犯太微東垣上相丁亥太白經天三月辛丑太陰犯進賢又犯填星四月丁丑太白經天戊寅太白晝見辛巳壬午皆如之壬午夜太白犯鬼宿積尸氣七月己亥太白經天甲辰亦如之丙午復如之己酉太白晝見夜流星如酒盃大色赤尾跡約長五尺餘光明燭地起自天津之側沒于離宮之南庚戌太白經天壬子熒惑入犯鬼宿積尸氣癸丑太白經天甲寅亦如之八月丙辰朔太白經天丁巳戊午己未亦如之癸亥丙寅戊辰辛未壬申癸酉甲戌丁丑己卯皆如之己卯夜太白犯軒轅御女星庚辰太白經天壬午亦如之九月庚寅太白經天壬辰太陰入南斗魁癸巳太陰犯狗宿東星太白犯靈臺中星甲午太白經天乙未亦如之己亥壬寅皆如之乙巳太白犯太微垣右執法壬子太白犯太微垣左執法十月癸亥熒惑犯太微西垣上將太白犯進賢乙亥太陰犯軒轅夫人星太白犯填星十一月乙未填星犯亢宿距星庚戌熒惑犯太微東垣上相○仍改至元元年二月甲戌熒惑逆行入太微垣四月

壬戌太陰犯太微垣左執法五月癸卯太陰犯壘壁陣東方第四星六月壬戌
太陰犯心宿大星七月乙未太陰犯壘壁陣西方第二星八月辛亥熒惑犯氐
宿東南星九月丁亥太陰入魁犯斗宿東南星庚寅太陰犯壘壁陣西方第二
星十月甲寅熒惑犯斗宿西第二星庚申太陰犯壘壁陣東方東第二星甲子
太陰犯昴宿西第二星丁卯太白犯斗宿魁第三星戊辰太白晝見十一月甲
申太白經天丙戌亦如之己丑辰星犯房宿上星及鉤鈐星丙申太陰犯鬼宿
東北星己亥太陰犯太微西垣上將庚子太陰犯太微垣左執法十二月壬子
太陰犯壘壁陣西方第二星辛酉太白犯壘壁陣東方第六星甲子太白經天
乙丑太陰犯軒轅夫人星丙寅太白經天丁卯亦如之太陰犯太微垣右執法
庚午太白經天壬申亦如之癸酉歲星晝見乙亥太白歲星皆晝見戊寅太白
經天歲星晝見閏十二月乙酉熒惑犯壘壁陣西第八星庚子太陰犯心宿太
星壬寅太陰犯箕宿距星癸卯太陰犯斗宿魁東南星○二年正月壬戌太陰
犯太微垣右執法甲子太陰犯角宿距星丁卯太陰犯房宿距星二月辛巳太

陰犯昴宿距星甲申太白經天己丑太陰犯太微西垣右執法三月壬戌太陰犯心宿距星甲子太陰犯箕宿距星乙丑太陰犯斗宿東南星四月丙戌太陰犯角宿距星五月庚戌太陰犯靈臺西第一星五月丙辰太白晝見丁巳亦如之六月戊子太白犯井宿東扇北第二星七月己酉太白犯鬼宿東南星乙卯太白犯熒惑八月乙卯太陰犯心宿東第一星辛巳太陰犯箕宿東北星九月庚戌熒惑犯太微西垣上將十月丙子熒惑犯太微垣左執法丁亥太陰犯昴宿己亥熒惑犯進賢十一月己酉太陰犯壘壁陣西第八星己未太陰犯鬼宿積尸氣丁卯太陰犯房宿距星○三年三月辛亥太陰犯靈臺上星四月辛卯太陰犯壘壁陣西方第五星庚子太白晝見五月壬寅太白犯鬼宿東北星乙巳太陰犯軒轅左角戊申太白晝見壬子太陰犯心宿後星戊午太白晝見己未太陰犯壘壁陣西方第六星辛酉太白晝見丁卯彗星見於東北如天船星大色白約長尺餘彗指西南測在昴五度六月庚午太白經天辛未亦如之甲戌復如之乙亥太白犯靈臺上星己卯太白經天夜太白犯太微西垣上將壬

午太白晝見太陰犯斗宿魁尖星丁亥太白犯太微垣右執法己丑太白晝見庚寅亦如之七月癸卯太白經天乙巳亦如之丙午復如之庚戌太白晝見甲寅太白經天辛酉太白晝見壬戌太白經天癸亥甲子皆如之八月庚午彗星不見其星自五月丁卯始見戊辰往西南行日益漸速至六月辛未芒彗愈長約二尺餘丁丑掃上丞己卯光芒愈甚約長三尺餘入圜衞壬午掃華蓋杠星乙酉掃鉤陳大星及天皇大帝丙戌貫四輔經樞心甲午出圜衞丁酉出紫微垣戊戌犯貫索掃天紀七月庚子掃河間癸卯經鄭晉入天市垣丙午掃列肆己酉太陰光感微辨芒彗出天市垣掃梁星至辛酉光芒微小瞻在房宿鍵閉之上罰星中星正西難測日漸南行至是凡見六十有三日自昴至房凡歷一十五宿而滅甲戌太陰犯心宿後星九月己亥熒惑犯斗宿西第二星甲辰太陰犯斗宿魁第二星丁未太陰犯壘壁陣西第一星己酉太陰犯壘壁陣西第八星辛酉太陰犯軒轅大星十月庚午太白晝見丙子太陰犯壘壁陣西方第七星壬午太陰犯昴宿上行星丁亥太白晝見太陰犯鬼宿積尸氣庚寅太白

晝見辛卯亦如之丙申復如之十一月丁酉太白經天戊戌太白犯亢宿距星
己亥太白經天壬寅太陰犯熒惑癸卯太陰犯壘壁陣西第六星丁未填星犯
鍵閉辛亥太陰犯五車東南星甲寅太陰犯鬼宿西北星丙辰太陰犯軒轅左
角丁巳太白經天太陰犯太微垣三公東南星戊午太白經天癸亥亦如之甲
子乙丑皆如之十二月己巳歲星退犯天罇東北星填星犯罰星南第一星甲
戌熒惑犯壘壁陣東第五星太白犯東咸上星〇四年正月癸卯太白犯建星
西第二星甲辰太白犯建星西第三星丙午太陰犯五車東南星辛亥太陰犯
軒轅左角己未填星犯東咸上星庚申太陰入斗魁太白犯牛宿二月戊寅太
陰犯軒轅大星己卯太陰犯靈臺中星三月戊申填星退犯東咸上星六月辛
巳填星退犯鍵閉星閏八月己亥填星犯罰星南第一星太陰犯斗宿南第二
星庚戌太陰犯昴宿南第二星乙卯太陰犯鬼宿東南星九月丙寅太陰犯斗
宿距星戊辰太白犯東咸上第二星癸酉奔星如酒盃大色白起自右旗之下
西南行沒於近濁甲申太陰犯軒轅御女乙酉太陰犯靈臺南第一星庚寅太

白犯斗宿北第二星十月辛亥太陰犯酒旗上星十一月辛未熒惑犯氐宿距星丁丑太陰犯鬼宿東南星戊寅太白犯壘壁陣西第六星十二月庚子熒惑犯房宿上星癸卯太白經天己酉庚戌辛亥皆如之壬子熒惑犯東咸上第二星乙卯太白犯外屏西第二星太陰犯斗宿距星丙辰太白經天〇五年正月庚午太陰犯井宿東扇上星乙亥熒惑犯天江上星二月甲午太陰犯昴宿上西第一星壬寅太陰犯靈臺下星四月壬寅太陰犯日星及犯房宿距星五月庚午太陰犯心宿後星壬申太陰犯斗宿西第四星丙子太白犯畢宿右股西第三星六月甲辰熒惑退入南斗魁內七月辛酉熒惑犯南斗魁尖星壬戌亦如之甲子復如之太陰犯房宿距星甲戌太白經天乙亥丙子亦如之戊寅乙酉丙戌皆如之八月戊子太白經天己丑庚寅辛卯皆如之甲午太陰犯斗宿西第四星丁酉太白犯軒轅大星戊戌太白經天己亥亦如之壬寅甲辰皆如之乙巳太陰犯昴宿上行西第三星九月戊午太白經天己未亦如之十月己亥熒惑犯壘壁陣西方第六星十一月丁巳熒惑犯壘壁陣東方第五星十二

月甲午太陰犯昴宿距星癸卯熒惑犯外屏西第三星○六年正月丁卯太陰犯鬼宿距星乙亥太陰犯房宿距星二月己丑太陰犯昴宿丙申太陰犯太微西垣上將癸卯太陰犯心宿太星丁未太陰犯羅堰南第一星戊申熒惑犯月星己酉彗星如房星大色白狀如粉絮尾跡約長五寸餘彗指西南測在房七度漸往西北行太陰犯虛梁南第二星三月癸亥太陰犯軒轅右角庚午太陰犯房宿距星壬申太陰犯南斗杓第二星丙子太陰犯虛梁南第一星戊寅太白犯月星辛巳是夜彗星不見自二月己酉至三月庚辰凡見三十二日四月乙巳太陰犯雲雨西北星五月丁卯太陰犯斗宿西第二星辛未太陰犯虛梁西第二星六月癸卯太白晝見己酉亦如之辛亥復如之辛亥夜太白犯歲星又太白歲星皆犯右執法七月甲寅太白晝見丁巳亦如之庚申太陰犯心宿距星又犯心中央大星壬戌太白晝見癸亥亦如之甲子太陰犯羅堰乙丑太白晝見丙寅亦如之癸酉復如之九月辛酉太陰犯虛梁北第一星丁卯太陰犯昴宿距星熒惑犯歲星甲戌太陰犯軒轅右角十月丁酉太白入南斗魁己

亥太白犯斗宿中央東星十一月乙卯太陰犯虛梁西第一星戊午熒惑犯氐宿距星丙寅辰星犯東咸上第一星戊寅辰星犯天江北第一星十二月癸未太陰犯虛梁北第一星乙酉太陰犯土公東星丁亥熒惑犯鉤鈐南星乙未熒惑犯東咸北第二星戊戌太陰犯明堂星○至正元年正月甲寅熒惑犯天江上星庚申太陰犯井宿東扇北第二星辛未太陰犯心宿距星癸酉太陰犯斗宿北第二星甲戌太白晝見乙亥丙子丁丑皆如之二月己卯太白晝見庚辰亦如之丙戌復如之癸巳太陰犯明堂東南星三月癸酉太陰犯雲雨西北星六月庚午太陰犯井宿距星七月乙酉太陰犯填星庚寅太陰犯雲雨西北星九月庚辰太陰犯建星南第二星壬辰太陰犯鉞星又犯井宿距星十月己卯歲星犯氐宿距星丁巳太陰犯月星十一月己亥太陰犯東咸南第一星庚子太陰犯天江北第二星十二月丁巳太白犯壘壁陣東方第五星○二年正月戊子太陰犯明堂北第二星甲午熒惑犯月星三月戊子太陰犯房宿北第二星四月庚申太陰犯羅堰上星五月甲申太白經天七月乙未太陰掩太白丁

酉太白晝見八月丙午太白晝見九月丁丑太陰犯羅堰北第一星戊子太陰
犯井宿東扇南第一星十月癸卯太陰犯建星北第三星甲寅太陰犯天關十
一月辛卯歲星熒惑太白聚於尾宿〇三年二月甲辰太陰犯井宿西扇北第
二星填星犯牛宿南第一星熒惑犯羅堰南第一星乙卯太陰犯氐宿東南星
三月壬午太陰犯氐宿東南星七月庚辰太白犯右執法〇四年十二月壬戌
太陰犯外屏西第二星〇七年七月丙辰太陰犯壘壁陣東第四星十一月庚
戌太陰犯天廩西北星〇八年二月庚辰太陰犯軒轅左角癸未太陰犯平道
東星三月丙辰太陰犯建星西第一星八月丙子太陰犯壘壁陣西方第五星
九月己未太陰犯靈臺東北星〇九年正月庚戌太白犯建星東第三星辛亥
太陰犯平道西星二月甲申太陰犯建星西第二星三月己亥太白犯壘壁陣
東方第六星七月丙午太陰犯壘壁陣東方南第一星癸丑太陰犯天關九月
丙戌熒惑犯靈臺上星十一月戊辰太陰犯畢宿左股北第三星庚辰太白犯
壘壁陣西方第二星十二月戊戌太白犯壘壁陣東方第五星〇十年正月壬

申太陰犯熒惑二月辛丑太陰犯平道東星甲辰太陰犯鍵閉三月己卯熒惑犯太微西垣上將四月丙午太白犯鬼宿西北星七月辛酉太陰犯房宿北第一星辛未太白晝見壬申丁丑壬午皆如之八月癸未朔太白晝見丁酉亦如之九月癸丑朔太白晝見壬戌熒惑犯天江南第二星十月癸巳歲星犯軒轅大星丙申太陰犯昴宿右股東第二星十一月戊辰太陰犯鬼宿東北星十二月乙未太陰犯鬼宿西北星〇十一年正月丙戌辰星犯牛宿西南星二月庚寅太陰犯鬼宿東北星乙未太陰犯太微東垣上相丁酉太陰犯亢宿距星三月丁卯太陰犯東咸第二星戊辰太陰犯天江西第一星七月己未太陰犯斗宿東第三星壬戌太白犯右執法甲子太陰犯壘壁陣東方第一星己巳太白犯太微垣左執法熒惑入犯鬼宿積尸氣八月乙酉太陰犯天江南第二星九月乙卯辰星犯太微垣左執法丁巳太白犯房宿第二星戊辰太陰犯鬼宿東北星十月戊寅熒惑犯太微西垣上將辛巳太陰犯斗宿距星乙酉太白犯斗宿西第一星己丑太白晝見熒惑犯歲星辛卯太白犯斗宿西第四星癸巳歲

星犯右執法丙午熒惑犯太微垣左執法十一月辛亥孛星見於奎宿癸丑孛星見於婁宿甲寅孛星見於胃宿乙卯亦如之丙辰孛星見於昴宿丁巳太陰犯填星孛星微見於畢宿丁卯太白晝見庚午歲星晝見十二月丙子太白晝見丁丑太白經天庚辰亦如之夜太白犯壘壁陣西第六星甲申太陰犯填星丙戌太白經天夜太白犯壘壁陣西第七星辛卯太白經天壬辰亦如之甲午復如之丁酉太白晝見太陰犯熒惑庚子太白經天辰星犯天江西第二星辛丑太白經天壬寅太白晝見○十二年正月乙丑太陰犯熒惑己巳歲星犯右執法二月庚寅太陰犯太微東垣上相癸巳太陰犯氐宿距星三月戊午太陰犯進賢壬戌太陰犯東咸西第一星戊辰太白晝見五月癸酉太白犯填星六月辛亥太白犯井宿東第二星七月丁酉辰星犯靈臺北第二星八月丁卯太白犯歲星九月壬辰太陰犯軒轅南第三星十月戊午太陰犯鬼宿東北星甲子太陰犯歲星乙丑太陰犯亢宿南第一星十一月庚寅太陰犯太微東垣上相○十三年正月乙酉太陰犯太微東垣上相戊戌熒惑太白辰星聚於奎宿

二月己酉太陰犯軒轅南第三星庚戌太白犯熒惑壬子太陰犯太微東垣上
相四月辛丑太白犯井宿東扇北第一星辛亥太陰犯房宿北第二星五月乙
亥太陰犯歲星七月戊辰太白晝見九月庚寅太陰犯熒惑壬辰太白經天熒
惑犯左執法十月庚子太白經天甲辰歲星犯氐宿距星癸亥太白犯亢宿距
星十一月壬申太陰犯壘壁陣東方第四星十二月丁酉太白犯東咸北第一
星庚子熒惑入氐宿丁巳太陰犯心宿距星○十四年正月乙丑熒惑犯歲星
丁卯太白犯建星西第二星癸酉熒惑犯房宿北第一星二月戊午太白犯壘
壁陣西第八星六月甲辰太陰入斗宿南第一星七月乙丑太陰犯角宿距星
壬午太陰犯昴宿距星十月壬子太陰犯太微垣右執法十一月丙子太陰犯
鬼宿東北星十二月己亥太陰掩昴宿○十五年正月戊辰太陰犯五車東南
星辛未太陰犯鬼宿東北星閏正月丁未太陰犯心宿後星丙辰太白經天三
月庚寅太陰犯五車東南星五月丙申太陰犯房宿距星癸丑太白經天六月
癸亥太白經天八月戊寅太白晝見九月乙丑太白晝見夜太白入犯太微垣

左執法庚寅太白晝見十月己未太陰犯壘壁陣西方第二星癸酉太陰犯軒轅大星十一月乙酉熒惑犯氐宿距星庚寅塡星退犯井宿東扇北第二星己亥太陰犯鬼宿東北星十二月癸丑熒惑犯房宿北第一星○十六年正月己丑太陰犯昴宿西第一星四月癸亥熒惑犯壘壁陣西方第四星五月壬辰太白犯鬼宿西北星癸巳太白犯鬼宿積尸氣甲午太陰入犯斗宿南第二星丁酉太陰犯壘壁陣西方第一星八月丁卯太陰犯昴宿西北星甲戌彗星見於正東如軒轅左角大色青白彗指西南約長尺餘測在張宿十七度一十分至十月戊午滅跡西北行四十餘日十一月丁亥流星如酒盃大色青白尾跡約長五尺餘光明燭地起自西北東南行沒於近濁有聲如雷壬辰太陰犯井宿東扇上星○十七年二月癸丑太陰犯五車東南星三月甲申太陰入犯鬼宿積尸氣又犯東南星壬辰歲星犯壘壁陣西南第六星七月癸未太白入犯鬼宿積尸氣甲申太陰入犯斗宿距星丁亥塡星入犯鬼宿距星八月癸卯塡星犯鬼宿東南星太白犯軒轅大星己酉歲星犯壘壁陣西方第六星甲子太陰

犯五車尖星閏九月癸卯飛星如酒盂大色青白光明燭地尾跡約長尺餘起自王良沒於勾陳之下丙午太陰犯斗宿南第三星庚申太陰犯井宿東扇北第一星十月乙亥熒惑犯氐宿距星甲申太陰掩昴宿十二月庚午朔熒惑犯天江北第一星戊寅太白犯歲星庚辰太白犯壘壁陣東方第五星甲申太陰犯鬼宿距星丁亥歲星犯壘壁陣東方第五星癸巳太陰犯心宿後星己亥申時流星如金星大尾跡約長三尺餘起自太陰近東往南行沒後化為青白氣

○十八年正月辛丑塡星退入犯鬼宿積尸氣丙午太陰犯昴宿二月乙亥塡星入守鬼宿積尸氣三月丁卯太白在井宿失行於北生芒角熒惑犯壘壁陣東方第六星四月辛卯太白入犯鬼宿積尸氣五月壬寅太白犯塡星壬子太陰犯斗宿東第三星七月丁未太陰犯斗宿南第三星戊申太白晝見八月壬申太陰掩心宿大星甲申太陰掩昴宿距星十月己卯太陰犯昴宿距星十一月丙午太陰犯昴宿距星太白犯房宿上第一星辛酉太陰掩心宿大星十二月戊寅太白生黑芒環繞太白乍東乍西乍動乍靜癸未太白生黑芒忽明忽

暗乍東乍西戊子太陰犯房宿南第二星〇十九年正月辛丑太陰犯昴宿東第一星癸丑流星如酒盂大色赤尾跡約長五尺餘起自南河沒於騰蛇其星將沒迸散隨落處有聲如雷三月庚戌太陰犯房宿距星五月丙申熒惑入犯鬼宿積尸氣丙午太陰犯天江南第一星丁未太陰犯斗宿北第二星七月丁酉太白犯上將甲辰太白犯右執法己酉太白犯左執法九月甲寅太白入犯天江南第一星十月壬申太白入犯斗宿南第三星辛巳流星如桃大色黃潤後離一尺又一小星相隨色赤尾跡通約長三尺餘起自危宿之東緩緩東行沒於畢宿之西十二月戊辰太白犯壘壁陣西方第七星〇二十年正月己亥太陰犯井宿東扇北第二星丙辰熒惑犯牛宿東角星四月丁卯太陰犯明堂中星癸酉太陰犯東咸西第一星五月癸卯太陰犯建星西第二星閏五月乙亥流星如桃大色赤尾跡約長丈餘起自房宿之側緩緩西行沒於近濁六月癸巳太白犯井宿東扇北第二星戊戌太陰犯建星西第三星七月丁丑太陰犯井宿距星八月辛卯太陰犯天江北第二星壬寅填星犯太微西垣上將甲

辰太陰犯井宿鉞星十月戊子熒惑犯井宿東扇北第一星〇二十一年正月
庚申太陰犯歲星二月癸未填星退犯太微西垣上將壬寅太陰犯天江北第
一星三月丙辰太陰犯井宿西扇第二星庚辰熒惑入犯鬼宿西北星五月壬
戌太陰犯房宿北第二星癸酉太白犯軒轅左角甲戌熒惑犯太白六月乙未
熒惑歲星太白聚于翼宿戊戌太陰犯雲雨上二星甲辰太白晝見七月丙辰
太陰犯氐宿東南星十月甲申太陰犯牛宿距星十一月庚戌太陰犯建星西
第四星癸亥太陰犯井宿東扇北第四星壬申太陰犯氐宿東南星〇二十二
年正月戊申朔太白犯建星西第二星乙卯填星退犯左執法二月己卯太白
犯壘壁陣西方第二星乙酉彗星見光芒約長尺餘色青白測在危七度二十
分丁酉彗星犯離宮西星至二月終光芒約長二丈餘三月戊申彗星不見星
形惟有白氣形曲竟天西指掃大角壬子彗星行過太陽前惟有星形無芒如
酒盃大昏濛色白測在昴宿六度至戊午始滅跡焉四月丁亥熒惑離太陽三
十九度不見當出不出五月辛酉太陰犯建星西第四星六月辛巳彗星見於

紫微垣測在牛二度九十分色白光芒約長尺餘東南指西南行戊子彗星光芒掃上宰七月乙卯彗星滅跡八月癸巳太陰犯畢宿右股第二星九月丁未太白犯亢宿南第一星己酉太陰犯斗宿北第一星癸亥歲星犯軒轅太星丙寅熒惑犯鬼宿西北星己巳流星如酒盃大色青白光明燭地熒惑入犯鬼宿積尸氣十月己卯太陰犯牛宿距星丁亥辰星犯亢宿南第一星戊子太陰犯畢宿距星十二月壬辰太陰犯角宿距星〇二十三年正月庚戌歲星退犯軒轅大星二月戊戌太白晝見庚子亦如之三月丙辰太陰犯氐宿距星四月辛丑熒惑犯歲星庚申歲星犯軒轅大星五月壬午太白晝見甲午亦如之乙未熒惑犯右執法六月乙卯太白犯井宿西扇北第二星壬戌太白晝見夜太白入犯井宿東扇南第二星七月乙酉太白晝見丙戌辛卯皆如之八月壬寅太白入犯軒轅大星乙巳太陰犯建星東第二星丁未太白犯軒轅左角己酉太白晝見壬子亦如之丙辰太陰犯畢宿右股北第二星己未太白晝見辛酉太白犯歲星乙丑太白入犯右執法九月辛未太白入犯左執法乙亥歲星入犯

右執法丁丑辰星犯填星丁亥太白犯填星辰星犯亢宿南第一星十月癸卯太白犯氐宿距星戊午太白犯房宿北第一星十一月癸未太陰犯軒轅右角歲星犯太微垣左執法○二十四年正月癸酉太陰犯畢宿大星戊寅太陰犯軒轅右角二月壬子歲星自去年九月九日東行入右掖門犯右執法出端門留守三十餘日犯左執法今逆行入端門西出右掖門又犯右執法太陰犯西咸南第一星四月丁未太陰犯西咸南第一星癸丑太白入犯井宿東扇北第一星五月甲戌太白犯鬼宿西北星乙亥又犯積尸氣歲星入犯右執法六月丁巳太白犯右執法七月癸亥太白與歲星相合於翼宿二星相去八寸餘甲子歲星犯左執法八月丁未熒惑入犯鬼宿積尸氣九月乙丑太白晝見甲申太陰犯軒轅右角戊子熒惑入犯軒轅大星十月丙午太陰犯畢宿大星己酉太陰犯井宿東扇南第一星丙辰太白犯斗宿西第二星十二月乙卯太陰犯太白○二十五年正月丁卯太白晝見戊辰亦如之太陰犯畢宿右股東第四星甲戌太白犯建星西第四星二月丙午太陰犯填星三月戊辰太白犯壘壁

陣東方第五星四月壬子熒惑犯靈臺東北星五月辛酉熒惑犯太微西垣上將流星如酒盃大色青白光明燭地起自房宿之側緩緩西行沒於太微垣右執法之下七月丁丑填星歲星熒惑聚於角亢己卯太陰犯畢宿左股北第二星八月乙未太陰犯建星東第三星己亥太陰犯壘壁陣東方第六星九月丁丑太陰犯井宿東扇南第一星十月辛卯熒惑犯天江東第二星己酉熒惑犯斗宿杓星西第二星太陰犯右執法庚戌太陰犯太微東垣上相閏十月戊辰太白辰星熒惑聚於斗宿太陰犯畢宿右股北第四星又犯左股北第三星壬申太白犯辰星十一月己丑太白犯熒惑太陰犯壘壁陣東方第五星丙申太陰犯畢宿大星癸卯太陰犯太微西垣上將十二月丙辰太陰犯太白癸亥太陰犯畢宿右股第二星庚午歲星掩房宿北第一星辛未太陰犯太微垣右執法星二十六年正月戊戌太陰犯太微西垣上將辛丑太陰犯亢宿距星二月戊午太陰犯畢宿大星丁丑歲星退行犯房宿北第一星歲星守鉤鈐三月甲午太陰犯左執法四月己未太陰犯軒轅大星乙丑太陰犯西咸西第一星丙

子太白入犯鬼宿積尸氣六月癸酉流星如酒盃大色青白尾跡約長尺餘起
白心宿之側東南行光明燭地沒於近濁七月丁酉熒惑犯鬼宿積尸氣甲辰
太白晝見丙午丁未戊申皆如之八月辛亥太白晝見己未太陰掩牛宿南三
星庚午歲星犯鉤鈐乙亥太陰掩軒轅大星九月壬辰太白犯太微垣右執法
庚子孛星見於紫微垣北斗權星之側色如粉絮約斗大往東南行過犯天棓
星辛丑孛星測在尾十八度五十分壬寅孛星測在女二度五十分癸卯孛星
測在女九度九十分甲辰孛星測在虛初度八十分太陰犯太微西垣上將乙
巳孛星出紫微垣北斗權星玉衡之間在於軫宿東南行過犯天棓經漸臺輦
道去虛宿壘壁陣西方星始消滅焉丙午熒惑犯太微西垣上將十一月乙酉
太白犯填星丁亥太白犯房宿北第一星戊子熒惑犯太微東垣上相太白犯
鍵閉己丑流星如酒盃大分爲三星緊相隨前星色青明後二星色赤尾跡約
長二丈餘起自東北緩緩往西南行沒於近濁庚寅太陰犯畢宿右股北第四
星丙申太白歲星辰星聚於尾宿庚子太陰犯太微東垣上相辛丑填星犯房

宿北第一星甲辰太白犯歲星十二月戊午太陰犯畢宿大星庚申太陰犯井
宿西扇北第二星乙丑太陰犯軒轅左角丙寅太陰犯太微西垣上將辛未太
陰犯西咸西第一星甲戌太陰犯建星西第三星○二十七年正月癸巳太陰
犯太微西垣上將二月乙卯太陰犯井宿西扇北第二星三月辛巳填星退犯
鍵閉星四月丙寅太陰犯壘壁陣西方第四星六月乙卯太陰犯氐宿東北星
辛未太陰犯井宿西扇北第二星七月壬辰熒惑犯氐宿東南星丙申太陰犯
畢宿大星己亥太陰犯井宿東扇南第二星八月庚戌熒惑犯房宿北第二星
癸丑太陰犯建星西第二星九月丁丑歲星犯房宿北第一星熒惑犯天江南
第二星乙酉太陰犯壘壁陣東方第六星辛卯填星犯鍵閉太陰犯畢大星癸
巳太陰犯井宿西扇北第二星丁酉熒惑犯斗宿西第二星十月戊午太陰犯
畢宿右股西第二星辛酉太陰犯井宿東扇南第三星癸亥太陰犯鬼宿西南
星丁卯歲星太白熒惑聚於斗宿十一月戊寅太白晝見庚辰太陰犯壘壁陣
東方南東第一星餘見本紀

元史卷四十九

元史卷五十

明翰林學士亞中大夫知制誥兼修國史宋　濂等修

志第三上

五行一

人與天地參爲三極災祥之興各以類至天之五運地之五材其用不窮其初一陰陽耳陰陽一太極耳而人之生也全付畀有之具爲五性著爲五事又著爲五德脩之則吉不脩則凶吉則致福焉不吉則致極焉徵之於天吉則休徵之所應也不吉則咎徵之所應也天地之氣無感不應天地之氣應亦無物不感而況天子建中和之極身爲神人之主而心範圍天地之妙其精神常與造化相流通若桴鼓然故軒轅氏治五氣高陽氏建五官夏后氏脩六府自身而推之於國莫不有政焉其後箕子因之以衍九疇其言天人之際備矣漢儒不明其大要如夏侯勝劉向父子競以災異言之班固以來采爲五行志又不攷求向之論著本於伏生生之大傳言六沴作見若是共禦五福乃降若不共禦

六極其下禹乃共辟厥德爰用五事建用王極後世君不建極臣不加省顧乃執其類而求之惑矣否則判而二焉如宋儒王安石之論亦過也天人感應之機豈易言哉故無變而無不脩省者上也因變而克自脩省者次之災變既形脩之而莫知所以脩省之而莫知所以省又次之其下者災變並至敗亡隨之訖莫脩省者刑戮之民是已歷放往古存亡之故不越是數者元起朔漠方太祖西征角端見于東印度爲人語云汝主宜早還意者天告之以止殺也憲宗討八赤蠻于寬田吉思海會大風吹海水盡涸濟師大捷憲宗以爲天導我也以此見五方不殊性其於畏天有不待教而能者世祖兼有天下方地既廣郡邑災變蓋不絕書而妖孽禍眚非有司言狀則亦不得具見昔孔子作春秋所紀災異多矣然不著其事應聖人之知猶天也故不妄意天欲人深自謹焉乃本洪範倣春秋之意攷次當時之災祥作五行志

五行一曰水潤下水之性也失其性爲沴時則霧水暴出百川逆溢壞鄉邑溺人民及凡霜雹之變是爲水不潤下其徵恒寒其色黑是爲黑眚黑祥至元元

年真定順天河間順德大名東平濟南等郡大水四年五月應州大水五年八
月亳州大水六年十二月獻莫清滄四州及豐州渾源縣大水九年九月南陽
懷孟衞輝順天等郡洺磁泰安通灤等州淫雨河水並溢圮田廬害稼十三年
十二月濟寧及高麗瀋州水十四年六月濟寧路雨水平地丈餘損稼曹州定
陶武清二縣濮州堂邑縣雨水沒禾稼十二月冠州永年縣水十六年十二月
保定等路水十七年正月磁州永平縣水八月大都北京懷孟保定東平濟寧
等路水十八年二月遼陽懿州蓋州水十一月保定清苑縣水二十年六月大
原懷孟河南等路沁河水涌溢壞民田一千六百七十餘頃衞輝路清河溢損
稼南陽府唐鄧裕嵩四州河水溢損稼十月涿州巨馬河溢二十一年六月保
定河間濱棣大水二十二年秋南京彰德大名河間順德濟南等路河水壞田
三千餘頃高郵慶元大水傷人民七百九十五戶壞廬舍三千九十區二十三
年六月安西路華州華陰縣大雨潼谷水涌平地三丈餘杭州平江二路屬縣
水壞民田一萬七千二百頃大都涿漷檀順薊五州汴梁歸德七縣水二十四

年六月霸州益津縣雨水九月東京諠靜威遠婆娑等處水二十五年七月膠州大水民采橡爲食十二月太原汴梁二路河溢害稼二十六年二月紹興大水六月平灤路水壞田稼一千一百頃二十七年正月甘州無爲路大水五月江陰州大水六月河溢大康縣沒民田三十一萬九千畝八月沁水溢廣州清遠縣大水十一月河決祥符義唐灣太康通許二縣陳潁二州大被其患二十八年二月常德路水八月浙東婺州水九月平灤保定河間三路大水二十九年五月龍興路南昌新建進賢三縣水六月鎮江常州平江嘉興湖州松江紹興等路府水揚州寧國太平三郡大水岳州華容縣水三十年五月深州靜安縣大水十月平灤路水三十一年八月趙州寧晉縣水十月遼陽路水元貞元年五月建康溧陽州太平當塗縣鎮江金壇丹徒等縣常州無錫州平江長洲縣湖州烏程縣鄱陽餘干州常德沅江澧州安鄉等縣水六月泰安州奉符曹州濟陰兗州磁陽等縣水歷城縣大清河水溢壞民居七月遼東和州大都武衛屯田水九月廬州平江二郡大水二年五月太原平晉縣獻州交河樂壽二

縣莫州任丘莫亭等縣湖南醴陵州水六月大都路益津保定大興三縣水損
田稼七千餘頃真定古城獲鹿稿城等縣保定葛城歸信新安東鹿等縣汝寧
潁州濟寧沛縣揚廬岳澧四郡建康太平鎮江常州紹興五郡水八月棣州曹
州水九月河決河南杞封丘祥符寧陵襄邑五縣十月河決開封縣十二月江
陵潛江縣沔陽玉沙縣淮安海寧朐山鹽城等縣水大德元年三月歸德徐州
邳州宿遷睢寧鹿邑三縣河南許州臨潁郾城等縣睢州襄邑太康扶溝陳留
開封杞等縣河水大溢漂沒田廬五月河決汴梁發民夫三萬五千塞之漳水
溢害稼龍興南康澧州南雄饒州五郡水六月和州歷陽縣江水溢漂廬舍一
萬八千五百區七月郴州耒陽縣衡州酃縣大水溺死三百餘人七月温州平
陽瑞安二州水溺死六千八百餘人十一月常德武陵縣大水二年六月河決
蒲口凡九十六所泛溢汴梁歸德二郡大名東昌平灤等路水三年八月河間
郡水四年五月保定真定二郡通薊二州水六月歸德睢州大水五年五月宣
德保定河間屬州水寧海州水六月濟寧般陽益都東平濟南襄陽平江七郡

水七月江水暴風大溢高四五丈連崇明通泰真州定江之地漂沒廬舍被災
者三萬四千五百餘戶遼陽大寧路水八月平灤郡雨灤河溢順德路水六年
四月上都大水五月濟南路大水歸德府徐州邳州睢寧縣雨五十日沂武二
河合流水大溢東安州渾河溢壞民田一千八十餘頃六月廣平路大水七年
五月濟南河間等路水六月遼陽大寧平灤昌國瀋陽開元六郡雨水壞田廬
男女死者百十有九人脩武河陽新野蘭陽等縣趙河湍河白河七里河沁河
潦河皆溢台州風水大作寧海臨海二縣死者五百五十人八年五月太原陽
武縣衞輝獲嘉縣汴梁祥符縣河溢大名滑州濬州雨水壞民田六百八十餘
頃八月潮陽颶風海溢漂民廬舍九年六月汴梁武陽縣思齊口河決東昌博
平堂邑二縣雨水潼川郪縣雨綿江中江溢水決入城龍興撫州臨川三郡水
七月沔陽玉沙縣江溢嶧州水揚州泰興縣淮安山陽縣水八月歸德府寧陵
陳留通許扶溝太康杞縣河溢大名元城縣大水十年五月雄州鄚州水平江
嘉興二郡水害稼六月保定滿城清苑二縣雨水大名益都定興等路大水七

月平江路大風海溢吳江州大水十一年六月靖海容城東鹿隆平新城等縣水七月冀寧文水縣汾水溢十一月盧龍灤河遷安昌黎撫寧等縣水至大元年七月濟寧路雨水平地丈餘暴決入城漂廬舍死者十有八人真定路淫雨大水入南門下注槀城死者百七十人彰德衛輝二郡水損稻田五千三百七十頃二年七月河決歸德府又決汴梁封丘縣三年六月淯川鄄城汶上三縣水峽州大雨水溢死者萬餘人七月循州惠州大水漂廬舍二百九十區四年六月大都三河縣潞縣河東祁縣懷仁縣永平豐盈屯雨水害稼七月東平濟寧般陽保定等路大水江陵松滋縣桂陽臨武縣水皇慶元年五月歸德睢陽縣河溢六月大寧水達達路水宋瓦江溢民避居亦母兒乞嶺八月松江府大風海水溢二年五月辰州沅陵縣水六月涿州范陽縣東安州宛平縣固安州霸州益津永清永安等縣雨水壞田稼七千六百九十餘頃河決陳亳睢三州開封陳留等縣八月崇明嘉定二州大風海溢延祐元年五月常德路武陵縣雨水壞廬舍溺死者五百人六月涿州范陽房山二縣渾河溢壞民田四百九

十餘頃七月沅陵盧溪二縣水八月肇慶武昌建康杭州建德南康江州臨江
袁州建昌贛州安豐撫州等路水二年六月河決鄭州壞汜水縣治七月京師
大雨鄭州昌平香河寶坻等縣水全州永州江水溢害稼三年四月潁州泰和
縣河溢七月婺源州雨水溺死者五千三百餘人四年正月解州鹽池水五年
四月盧州合肥縣大雨水六年六月河間路漳河水溢壞民田二千七百餘頃
益都般陽濟南東昌東平濟寧等路曹濮泰安高唐等州大雨水害稼遼陽廣
寧瀋陽永平開元等路水大名路屬縣水壞民田一萬八千頃汴梁歸德汝寧
彰德真定保定衛輝南陽等郡大雨水七年四月安豐盧州淮水溢損禾麥一
萬頃城父縣水五月江陵縣水六月棣州德州大雨水壞田四千六百餘頃七
月上蔡汝陽西平等縣水八月霸州文安文成二縣滹沱河溢害稼汾州平遙
縣水是歲河決汴梁原武縣至治元年六月霸州大水渾河溢被災者三萬餘
戶七月薊州平谷漁陽二縣順州邢臺沙河二縣大名魏縣永平石城縣大水
彰德臨漳縣漳水溢大都固安州真定元氏縣東安寶坻縣淮安清河山陽等

縣水東平東昌二路高唐曹濮等州雨水害稼乞里吉思部江水溢八月安陸府雨七日江水大溢被災者三千五百戶雷州海康遂溪二縣海水溢壞民田四千頃九月京山長壽二縣漢水溢十月遼陽肇慶等郡水二年五月儀封縣河溢二月濮州大水閏五月睢陽縣亳社屯大水六月奉元郿縣邠州新平上蔡二縣水八月廬州六安舒城二縣水十一月平江路大水損民田四萬九千六百頃三年五月東安州水壞民田一千五百餘頃真定武邑縣水害稼六月大都永清縣雨水損田四百頃七月漷州雨水害稼九月漳州建昌南康等郡水泰定元年五月漷州固安州水隴西縣大雨水漂死者五百餘家龍慶路雨水傷稼六月益都濟南般陽東昌東平濟寧等郡三十有二縣曹濮高唐德州等處十縣淫雨水深丈餘漂沒田廬大同渾源河溢陝汾順晉恩深六州雨水害稼真定滹沱河溢漂民廬舍陝西大雨渭水及黑水河溢損民廬舍渠州江水溢七月真定河間保定廣平等郡三十有七縣大雨水五十餘日害稼大都路固安州清河溢順德路任縣沙澧洺水溢奉元朝邑縣曹州楚丘縣開州濮

陽縣河溢九月延安路洛水溢奉元長安縣大雨灃水溢濮州館陶縣水十二月杭州鹽官州海水大溢壞隄塹侵城郭有司以石囤木櫃捍之不止二年正月大都寶坻縣肇慶高要縣雨水鞏昌路水閏正月雄州歸信縣大水二月甘州路大雨水漂沒行帳孳畜三月咸平府清寇二河合流失故道隳堤堰四月涿州房山范陽二縣水岷洮文階四州雨水五月檀州大水平地深丈有五尺高郵興化江陵公安二縣水河溢汴梁被災者十有五縣六月冀寧路汾河溢潼江府綿江中江水溢入城深丈餘衛輝汲縣歸德宿州雨水濟寧路虞城碭山單父豐沛五縣水七月睢州河決八月霸州涿州永清香河二縣大水傷稼九千五十餘頃九月開元路三河溢沒民田壞廬舍十月寧夏鳴沙州大雨水三年正月恩州水二月歸德府河決六月大同縣大水汝寧光州水七月河決鄭州漂沒陽武等縣民一萬六千五百餘家東安檀順漷四州雨渾河決溫榆水溢傷稼延安路膚施縣水漂民居九十餘戶八月鹽官州大風海溢捍海隄崩廣三十餘里袤二十里徙居民千二百五十家以避之真定蠡州奉元蒲城

縣無爲州歷陽含山等縣水九月平遙縣汾水溢十一月崇明州三沙鎮海溢
漂民居五百家十二月遼陽大水大寧路瑞州大水壞民田五千五百頃廬舍
八百九十所溺死者百五十人四年正月鹽官州潮水大溢捍海隄崩二千餘
步四月復崩十九里發丁夫二萬餘人以木柵竹落磚石塞之不止六月大都
東安固安通順薊檀灤七州永清良鄉等縣雨水七月上都雲州大雨北山黑
水河溢雲安縣水八月汴梁扶溝蘭陽二縣河溢漂民居一千九百餘家濟寧
虞城縣河溢傷稼十二月夏邑縣河溢汴梁中牟開封陳留三縣歸德邳宿二
州雨水致和元年三月鹽官州海隄崩遣使禱祀造浮圖二百十六用西僧法
壓之河決碭山虞城二縣四月鹽官州海溢益發軍民塞之置石囤二十九里
六月南寧開元永平等路水河間林邑縣雨水益都濟南般陽濟寧東平等郡
三十縣濮德泰安等州九縣雨水害稼七月廣西兩江諸州水天曆元年八月
杭州嘉興平江湖州建德鎮江池州太平廣德九郡水沒民田萬四千餘頃二
年六月大都東安通薊霸四州河間靖海縣雨水害稼永平昌國諸屯水至順

元年六月河決大名路長垣東明二縣沒民田五百八十餘頃曹州高唐州水
七月海潮溢漂沒河間運司鹽二萬六千七百引閏七月平江嘉興湖州松江
三路一州大水壞民田三萬六千六百餘頃被災者四十萬五千五百餘戶杭
州常州慶元紹興鎮江寧國等路望江銅陵長林寶應興化等縣水沒民田一
萬三千五百餘頃大都保定大寧益都屬州縣水二年四月潞州潞城縣大雨
水五月河閒莫亭縣寧夏河渠縣紹慶彭水縣及德安屯田水六月彰德屬縣
漳水決十月吳江州大風太湖水溢漂民居一千九百七十餘家十二月深州
晉州水三年三月奉元朝邑縣洛水溢五月汴梁河水溢江都泰興雲夢應城
等縣水六月汾州大水
至元十四年九月湖州長興縣金沙泉自唐宋以來用以造茶其泉不常有今
濴然涌出溉田可數百頃有司以聞錫名瑞應泉十五年十二月河水清自孟
津東柏谷至汜水縣蓼子谷上下八十餘里澄瑩見底數月始如故元貞元年
閏四月蘭州上下三百餘里河清三日

中統二年五月西京隕霜殺禾三年五月宣德咸寧等路隕霜八月河間平灤等路隕霜害稼四年四月武州隕霜殺麥禾至元二年八月太原隕霜七年四月檀州隕霜八年七月鞏昌會蘭等州霜殺稼十七年四月益都隕霜二十一年三月山東隕霜殺桑蠶盡死被災者三萬餘家二十七年七月大同平陽太原隕霜殺禾二十九年三月濟南般陽等郡及恩州屬縣霜殺桑元貞二年八月金復州隕霜殺禾大德五年三月湯陰縣霜殺麥五月商州霜殺麥六年八月大同太原霜殺禾七年四月霜殺麥八年三月濟陽灤城二縣霜殺桑八月隕霜殺稼九年三月河間益都般陽三郡屬縣隕霜殺桑清莫滄獻四州霜殺桑一百四十一萬七千餘本壞蠶一萬二千七百餘箔十年七月大同渾源縣霜殺禾八月綏德州米脂縣霜殺禾二百八十頃至大元年八月大同隕霜殺禾皇慶二年三月濟寧霜殺桑延祐元年三月東平般陽等郡泰安曹濮等州大雨雪三日隕霜殺桑閏三月濟寧汴梁等路及隴州開州青城渭源諸縣霜殺桑無蠶七月冀寧隕霜殺稼四年夏六盤山隕霜殺稼五百餘頃五年五月

雄州歸信縣隕霜六年三月奉元路同州隕霜七年八月益津縣雨黑霜至治
三年七月冀寧曲陽縣大同路大同縣興和路咸寧縣隕霜八月袁州宜春縣
隕霜害稼泰定二年三月雲需府大雪民饑天曆三年二月京師大霜晝雺至
順元年閏七月奉元西和州寧夏應理州鳴沙州鞏昌靜寧邠會等州鳳翔麟
遊大同山陰晉寧潞城隰川等縣隕霜殺稼
中統二年四月雨雹大如彈丸三年五月順天平陽真定河南等郡雨雹四年
七月燕京昌平縣景州蓚縣開平路興松雲三州雨雹害稼至元二年八月彰
德大名南京河南濟南太原等郡雨雹四年三月夏津縣大雨雹五年六月中
山大雨雹六年七月西京大同縣雨雹七年五月河內縣大雨雹十五年閏十
一月海州贛榆縣雨雹傷稼十九年八月雨雹大如鷄卵二十年四月河南風
雷雨雹害稼五月安西路風雷雨雹八月真定元氏縣大風雹禾盡損二十二
年七月冠州雨雹二十四年九月大定金源高州武平興中等處雨雹二十五
年三月靈壁虹縣雨雹如鷄卵害麥十二月靈壽陽曲天成等縣雨雹二十六

年夏平陽大同保定等郡大雨雹二十七年四月靈壽縣大風雹六月棣州厭次濟陽二縣大風雹傷禾黍菽麥桑棗二十九年閏六月遼陽瀋州廣寧開元等路雨雹三十一年四月卽墨縣雨雹八月德州德安縣大風雨雹元貞元年五月鞏昌金州會州西和州雨雹大無麥禾七月隆興路雨雹元貞二年五月河中猗氏縣雨雹六月隆興咸寧縣順德邢臺縣太原交河離石壽陽等縣雨雹八月懷孟武陟縣雨雹大德元年六月太原崞州雨雹害稼二年二月檀州雨雹八月彰德安陽縣雨雹四年三月宣州涇縣台州臨海縣風雹八年五月大寧路建州蔚州靈仙縣雨雹太原大同隆興屬縣陽曲天成懷安白登風雹害稼八月管州嵐州交城陽曲懷仁等縣雨雹九年六月晉寧冀寧宣德隆興大同等郡大雨雹害稼十年四月鄭州管城縣風雹大如鷄卵積厚五寸五月大雨雹七月宣德縣雨雹十一年五月建州雨雹至大元年四月般陽新城縣濟南厭次縣益都高苑縣風雹五月管城縣大雹深一尺無麥禾八月大寧縣雨雹害稼斃畜牧二年三月濟陰定陶等縣雨雹六月崞州源州金城縣雨雹

延安神禾縣大雹一百餘里擊死人畜三年四月靈壽平陰等縣雨雹四年四月南陽雨雹閏七月宣寧路雨雹皇慶元年四月大名濬州彰德安陽縣河南孟津縣雨雹六月開元路風雹害稼二年七月冀寧平定州雨雹景州阜城縣風雹八月大同懷仁縣雨雹延祐元年五月膚施縣大風雹損稼幷傷人畜六月宣平仁壽白登等縣雨雹二年五月大同宣德等郡雷雹害稼三年五月薊州雹深一尺五年四月鳳翔府雹傷麥禾六年六月大同縣雨雹大如鷄卵七月鞏昌隴西縣雹害稼七年八月大同路雷風雨雹至治元年六月武州雨雹害稼永平路大雹深一尺害稼七月真定順德等郡雨雹二年四月涇州涇川縣雨雹六月思州大風雨雹三年五月大風雨雹拔柳林行宮大木泰定元年五月冀寧陽曲縣雨雹傷稼思州龍泉平雨雹傷麥六月順元太平軍定西州雨雹七月龍慶路雨雹大如鷄卵平地深三尺餘八月大同白登縣雨雹二年四月奉元白水縣雨雹五月洮州路可當縣臨洮府狄邑縣雨雹六月興州鄜州靜寧州及成紀通渭白水膚施安塞等縣雨雹七月檀州雨雹三年六月鞏

昌路大雨雹中山府安喜縣乾州永壽縣雨雹七月房山寶坻玉田永平等縣大風雹折木傷稼八月龍慶路雨雹一尺大風損稼四年七月彰德湯陰縣冀寧定襄縣大同武應二州雨雹害稼致和元年四月濬州涇州大雹傷麥禾五月冀寧陽曲縣威州井陘縣雨雹六月涇川湯陰等縣大雨雹大寧永平屬縣雨雹天曆二年七月大寧惠州雨雹八月冀寧陽曲縣大雹如鷄卵害稼三年七月順州東安州及平棘肥鄉曲陽行唐等縣風雹害稼開元路雨雹至順二年十二月冀寧清源縣雨雹三年五月甘州雨雹乙巳天鼓鳴于西北

中統二年九月河南民王四妻靳氏一產三男唐志云物反常爲妖陰氣盛則母道壯也至元元年八月武城縣王氏妻崔一產三男十年八月甲寅鳳翔寶鷄縣劉鐵牛妻一產三男二十年二月高州張丑妻李氏一產四子三男一女四月固安州王得林妻張氏懷孕五月生一男四手四足圓頭三耳一耳附腦後生而即死具狀有司上之二十八年九月襄陽南障縣民李氏妻王一產三子大德元年五月遂寧州軍戶任福妻一產三男十一月遼陽打鴈孛蘭奚戶

那懷妻和里迷一產四男四年寶應縣民孫奕妻朱氏一產三男十年正月江
州湖口縣趙丙妻甘氏一產四男泰定元年十月乙卯秦州成紀縣趙思直妻
張氏一產三子致和元年三月壬辰太平當塗縣楊太妻吳氏一產三子
五行二曰火炎上火之性也失其性爲沴董仲舒云陽失節則火災出於是而
爁炎妄起災宗廟燒宮館雖興師衆弗能救也是爲火不炎上其徵恆燠其色
赤是爲赤眚赤祥定宗三年戊申野草自焚牛馬十死八九民不聊生至元十
一年十二月淮西正陽火廬舍鎧仗悉燬十八年二月揚州火元貞二年杭州
火燔七百七十家大德八年五月杭州火燔四百家九年三月宜黃縣火十年
武昌路火延祐元年二月真州楊子縣火三年八月重慶路火郡舍十焚八九
六年四月揚州火燔官民廬舍一萬三千三百餘區至治二年四月揚州真州
火十二月杭州火三年五月奉元路行宮正殿火上都利用監庫火九月揚州
江都縣火燔四百七十餘家泰定元年五月江西袁州火燔五百餘家三年六
月龍興路寧州高市火燔五百餘家七月龍興奉新州辰州辰溪縣火八月杭

州火燔四百七十餘家四年八月龍興路火十二月杭州火燔六百七十家天曆二年三月四川紹慶彭水縣火四月重慶路火延二百四十餘家七月武昌路江夏縣火延四百家十二月江夏縣火燔四百餘家三年二月河內諸縣火

皇慶元年冬無雪詔禱嶽瀆延祐元年大都檀薊等州冬無雪至春草木枯焦

至元二年八月丙寅濟南鄒平縣進芝一本八年八月癸酉益都濟州進芝二本十五年四月濟南歷城縣進芝十九年六月芝生眉州青城縣景德寺二十三年四月丁未江東宣慰司進芝一本十月清寧進芝一本二十六年三月癸未東流縣獻芝四月池州貴池縣民王逸進紫芝十二本六月汲縣民朱良進紫芝二十八年三月芝生鈞州翟陽縣二十九年六月芝生賀州大德五年十二月與元西鄉縣進芝一本色如珊瑚六年正月濟南鄒平縣進芝一本五枝五葉色皆赤至大四年八月芝生國學大成殿延祐二年三月芝生大成殿五年七月芝生大成殿

元統二年正月辛未御帳殿受朝賀是夜東北有赤氣照人大如席

五行三曰木曲直木之性也失其性爲沴故生不暢茂爲變異者有之是爲木不曲直其徵恆雨其色青是爲青眚青祥大德七年十一月辛酉木冰至順二年十一月丁巳雨木冰十二月癸亥雨木冰元貞元年太平路蕪湖縣進榆木有文曰天下太平年至治三年五月庚子柳林行宮大木風拔三千七百株至元十七年二月真定七郡桑有蟲食之二十九年五月滄州濰州中山元氏無棣等縣桑蟲食葉蠶不成元貞元年四月真定中山靈壽二縣桑有蟲食之大德五年四月彰德廣平真定順德大名等郡蟲食桑至大元年五月大名廣平真定三郡蟲食桑致和元年六月河南德安屯蠖食桑天曆二年三月滄州高唐州及南皮鹽山武城等縣桑蟲食之如枯株至順二年二月冠州蟲食桑四萬株晉冀深蠡等州及鄆城延津二縣蟲夜食桑晝匿土中人莫捕之五月曹州禹城保定博野東昌封丘等縣蟲食桑皆旣

至元九年六月丁亥京師大雨二十四年九月太原河間河南等路霖雨害稼二十五年七月保定郡霸漷二州淫雨害稼八月嘉祥魚臺金鄉三縣淫雨九

月莫獻二州淫雨保定路淫雨二十六年六月濟寧東平汴梁濟南順德真定平灤棣州霖雨害稼二十八年八月大名清河南樂諸縣霖雨爲災九月河閒郡淫雨至大四年七月河閒順德大名彰德廣平等路德濮恩通等州及河東祈縣霖雨害稼皇慶元年隆興路新建縣雨害稼延祐四年四月遼陽蓋州雨水害稼六年七月霸州文成縣雨害稼三千餘頃至治元年江州贛州淫雨二年閏五月安豐路雨傷稼三年五月大名魏縣淫雨保定定興縣濟南無棣厭次縣濟寧碭山縣河閒齊東縣霖雨害稼泰定元年七月真定廣平廬州十一郡雨傷稼元年八月汴梁考城儀封濟南沾化利津等縣霖雨損禾稼

五行四曰金從革金之性也失其性爲沴時則冶鑄不成變異者有之是爲金不從革金石同類故古者以類附見其徵恆暘其色白是爲白眚白祥至元十三年霧靈山伐木官劉氏言檀州大峪錐山出鐵鑛有司覆視之尋立四冶大德元年雲州聚陽山等冶言鑛石煽煉銅貨不出詔減其課額二年六月撫州崇仁縣辛陂村有星隕于地爲綠色員石邑人張椿以狀聞泰定四年八月天

全道山崩飛石擊人中者輒死庶徵之恆暘劉向以爲春秋大旱也京房易傳曰欲得不用茲謂張厥災荒荒旱也中統三年五月濱棣二州旱四年八月真定郡及洺磁等州旱至元元年二月東平太原平陽旱分命西僧禱雨五年十二月京兆大旱八年四月蔚州靈仙廣靈二縣旱九年六月高麗旱十三年十二月平陽路旱十六年七月趙州旱十八年二月廣寧北京大定州旱二十三年五月汴梁旱京畿旱二十四年春平陽旱二麥枯死二十五年東平路須城等六縣安西路商耀乾華等十六州旱二十六年絳州大旱元貞元年六月環州葭州及咸寧伏羌通渭等縣旱七月河間肅寧樂壽二縣旱泗州賀州旱二年八月大名開州懷孟武陟縣河間肅寧縣旱九月莫州獻州旱十月化州旱十二月遼東開元二路旱大德元年六月汴梁南陽大旱民鬻子女九月鎮江丹陽金壇二縣旱十二月平陽曲沃縣旱二年五月衛輝順德平灤等路旱三年五月荊湖諸郡及桂陽寶慶興國三路旱十月揚廬隨黃等州旱四年平棘白馬二縣旱五年六月汴梁南陽衛輝大名等路旱九月江陵旱八年六月鳳

翔扶風岐山寶鷄三縣旱九年七月晉州饒陽縣漢陽漢川縣旱八月象州融
州柳州屬縣旱十年五月京畿旱安西春夏大旱二麥枯死至大三年夏廣平
亢旱皇慶元年六月濱棣德三州及蒲臺陽信等縣旱二年九月京畿大旱延
祐二年春檀薊濠三州旱夏鞏昌蘭州旱四年四月德安府旱五年七月真定
河間廣平中山大旱七年六月黃蘄二郡及荆門軍旱至治元年六月大同路
旱二年十一月岷州旱三年夏順德真定冀寧大旱泰定元年六月景清滄莫
等州臨汾涇川靈臺壽春六合等縣旱九月建昌郡旱二年五月潭州茶陵州
興國永興縣旱七月隨州息州旱三年夏燕南河南州縣十有四亢陽不雨七
月關中旱四年二月奉元醴泉順德唐山邠州淳化等縣旱六月潞霍綏德三
州旱八月藤州旱致和元年二月廣平彰德等郡旱天曆元年八月陝西大旱
人相食二年夏真定河間大名廣平等四州四十一縣旱峽州二縣旱八月浙
西湖州江東池州饒州旱十二月冀寧路旱至順元年七月肇州興州東勝州
及榆次滏陽等十三縣旱二年霍隰石三州阜城平地二縣旱

恆暘則有介蟲之孽釋者謂小蟲有甲飛揚之類陽氣所生也於春秋爲螽今謂之蝗按劉歆云貪虐取民則螽與魚同占劉向以爲介蟲之孽當屬言不從今倣之中統三年五月真定順天邢州蝗四年六月燕京河間益都真定東平蝗八月濱棣等州蝗至元二年七月益都大蝗十二月西京北京順德徐宿邳等州郡蝗五年六月東平等郡蝗七年七月南京河南諸路大蝗八年六月上都中都大名河間益州順天懷孟彰德濟南真定衞輝平陽歸德順德等路淄萊洛磁等州蝗十六年四月大都十六路蝗十七年五月忻州及漣海邳宿等州蝗十九年四月別十八里部東三百餘里蝗害麥二十五年七月真定汴梁蝗八月趙晉冀三州蝗二十七年四月河北十七郡蝗二十九年六月東昌濟南般陽歸德等郡蝗三十一年六月東安州蝗元貞元年六月汴梁陳留太康考城等縣睢許等州蝗二年六月濟寧任城魚臺縣東平須城汶上縣開州長垣靖豐縣德州齊河縣滑州大和州內黃縣蝗八月平陽大名歸德真定等郡蝗大德元年六月歸德邳州徐州蝗二年四月燕南山東兩淮江浙蘄南屬縣

百五十處蝗三年五月淮安屬縣蝗有鶖食之十月隴陝蝗五年六月順德路淇州蝗七月廣平真定等路蝗八月河南淮南睢陳唐和等州新野汝陽江都興化等縣蝗六年四月真定大名河間等路蝗七月大都涿順固安三州及濠州鍾離鎮江丹徒二縣蝗七年五月益都濟南等路蝗六年大寧路蝗八年四月益都臨朐德州齊河縣蝗八年六月益津縣蝗九年六月通泰靖海武清等州縣蝗八月涿州良鄉河間南皮泗州天長等縣及東安海鹽等州蝗十年四月大都真定河間保定河南等郡蝗六月龍興南康等郡蝗至大元年五月晉寧路蝗六月保定真定二郡蝗八月淮東蝗二年四月益都東平東昌順德廣平大名汴梁衞輝等郡蝗六月檀霸曹濮高唐泰安等州良鄉舒城歷陽合肥大安江寧句容溧水上元等縣蝗七月濟南濟寧般陽河中解絳耀同華等州蝗八月真定保定河間懷孟等郡蝗二年四月寧津堂邑茌平陽穀平原齊河禹城七縣蝗七月磁州威州饒陽元氏平棘滏陽元城無棣等縣蝗皇慶元年彰德安陽縣蝗延祐七年六月益都路蝗至治元年五月霸州蝗六月濮輝汴

梁等處蝗七月江都泰興古城通許臨淮盱眙清池等縣蝗十二月寧海州蝗二年汴梁祥符縣蝗有羣鶖食蝗既而復吐積如丘垤三年五月保定路歸信縣蝗泰定元年六月大都順德東昌衛輝保定益都濟寧彰德真定般陽廣平大名河間東平等郡蝗二年五月彰德路蝗六月德濮曹景等州歷城章丘淄川柳城茌平等縣蝗九月濟南歸德等郡蝗三年六月東平須城縣興國永興縣蝗七月大名順德廣平等路趙州曲陽滿城慶都修武等縣蝗淮安高郵二郡睢泗雄霸等州蝗八月永平汴梁懷慶等郡蝗四年五月洛陽縣有蝗五畝羣烏盡食之越數日蝗又集又食之七月籍田蝗八月冠州恩州蝗十二月保定濟南衛輝濟寧廬州五路南陽河南二府蝗博興臨淄膠西等縣蝗致和元年四月大都薊州永平路石城縣蝗鳳翔岐山縣蝗無麥苗五月潁州及汲縣蝗六月武功縣蝗天曆二年四月大寧興中州懷慶孟州廬州無爲州蝗六月益都莒密二州蝗七月真定汴梁永平淮安廬州大寧遼陽等郡屬縣蝗三年五月廣平大名般陽濟寧東平汴梁南陽河南等郡輝德濮開高唐五州蝗至

順元年六月漷薊固安博興等州蝗七月解州華州及河內靈寶延津等二十二縣蝗二年三月陝州諸路蝗六月孟州濟源縣蝗七月河南閿鄉陝縣奉元蒲城白水等縣蝗

至元十五年四月濟南無棣縣獲白雉以獻元貞三年正月海州牟平縣獲白鹿于聖水山以獻至元二十四年七月癸丑日暈連環白虹貫之至大元年七月流星起勾陳化爲白氣員如車輪至貫索始滅皇慶元年六月丁卯天雨毛延祐元年二月己亥白暈亘天連環貫日至順三年五月丁酉白虹並日出其長竟天

五行五曰土土中央生萬物者也而莫重於稼穡土氣不養則稼穡不成金木水火沴之衝氣爲異爲地震爲天雨土其徵恆風其色黃是爲黃眚黃祥中統元年五月澤州益州饑二年六月塔察兒部饑七月桓州饑三年五月甘州饑閏九月濟南郡饑至元二年四月遼東饑五年九月益都饑六年十一月濟南饑十一月固安高唐二州饑七年五月東京饑七月山東淄萊等州饑八年正

月西京益都饑九年四月京師饑七月水達達部饑十七年三月高郵郡饑十
八年二月浙東饑四月通泰崇明等州饑十九年九月真定路饑民流徙鄂州
二十三年七月宣寧路饑二十四年九月平灤路饑十二月蘇常湖秀四州饑
二十五年十一月兀良合部饑二十六年二月合木裏部饑三月安西甘州等
路饑四月遼陽路饑閏十月武平路饑檀州饑十二月蠡州饑河間保定二路
饑二十七年二月開元路寧遠縣饑四月浙東婺州饑河間任丘保定定興二
縣饑九月河東山西道饑二十八年三月真定河間保定平灤太原平陽等路
饑杭州平江鎮江廣德太平徽州饑九月武平路饑十二月洪寬女直部饑大
都内郡饑二十九年正月清州興州饑三月輝州龍山縣里州和中縣饑東安
固安薊棣四州饑三月威寧昌州饑閏六月南陽懷孟衛輝等路饑三十年十
月京師饑元貞二年四月平陽絳州太原陽曲台州黃巖饑大德元年六月廣
德路饑七月寧海州文登牟平等縣饑三年八月揚州淮安等郡饑四年二月
湖北饑三月寧國太平二路饑九月建康常州江陵等郡饑六年五月福州饑

六月杭州嘉興湖州廣德寧國饒州太平紹興慶元婺州等郡饑大同路饑七月建康路饑十一月保定路饑七年二月真定路饑五月太原龍興南康袁州瑞州撫州等路高唐南豐等州饑六月淛西饑七月常德路饑八年六月烏撒烏蒙益州忙部東川等路饑九年三月常寧州饑五月寶慶路饑八月揚州饑十年三月濟州任城饑四月漢陽淮安道州柳州饑七月黃州沅州永州饑八月成都饑十一月揚州辰州饑至大元年二月益都般陽濟寧濟南東平泰安大饑六月山東河南江淮等郡大饑二年七月徐州邳州饑皇慶元年六月鞏昌河州路饑二年三月晉寧大同大寧四州鞏昌甘肅等郡饑四月真定保定河間等路饑五月順德冀寧二路饑六月上都饑延祐元年六月衡州饑七月台州饑十二月歸德汝寧沔陽安豐等郡饑二年正月晉寧宣德懷孟衞輝益都般陽等路饑二年十二月漢陽路饑三年二月河間濟南濱棣等處饑四月遼陽蓋州及南豐州饑五月寶慶桂陽澧州潭州永州道州袁州饑四年正月汴梁饑五年四月上都饑六年八月山東濟寧饑七年五月大同雲南豐勝諸

郡邑饑潘陽路饑八年廣東新州新城縣饑至治元年正月蘄州蘄水縣饑二月河南汴梁歸德安豐等路饑五月膠州濮州饑七月南恩新州饑十一月肇昌成州饑十二月慶遠真定二路饑二年三月河南淮東淮西諸郡饑延安延長宜川二縣饑奉元路饑四月東昌霸州饑九月臨安河西縣饑三年二月京師饑三月平江嘉定州饑崇明黃巖二州饑十一月鎮江丹徒沅州黔陽縣饑十二月歸澧二州饑泰定元年正月惠州新州南恩州信州上饒縣廣德路廣德縣岳州臨湘華容等縣饑二月慶元紹興二路綏德州米脂清閒二縣饑三月臨洮狄道縣石州離石縣饑四月江陵荊門軍監利縣饑五月贛州吉安臨江等郡崑山南恩等州饑八月冀寧延安江州安陸杭州建昌常德全州桂陽辰州南安等路屬州縣饑九月紹興南康二路饑十一月泉州饑中牟延津二縣饑二年正月梅州饑祿施英德二州饑閏正月河間真定保定瑞州四郡饑二月鳳翔路饑三月薊漷徐邳等州饑濟南肇慶江州惠州饑四月杭州鎮江寧國南安潯州潭州等路饑五月廣德袁州撫州饑六月寧夏路饑九月瓊州

成州饑德慶路饑十二月濟南延川等郡饑三年三月河間保定真定三路饑三月大都永平奉元饑十一月瀋陽大寧永平廣寧金復州甘肅亦集乃路饑四年正月遼陽諸郡饑二月奉符長清萊蕪二縣饑建康淮安蘄州屬縣饑四月通薊等州漁陽永清等縣饑七月武昌江夏縣饑致和元年二月乾州饑三月晉寧冀寧奉元延安等路饑四月保定東昌般陽彰德大寧五路屬縣饑五月河南東平大同等郡饑七月威寧長安縣涇州靈臺縣饑天曆二年正月大同及東勝州饑涿州房山范陽等縣饑四月奉元耀州乾州華州及延安邠寧諸縣饑流民數十萬大都興和順德大名彰德懷慶衞輝汴梁中興等路泰安高唐曹冠徐邳等州饑江東浙西二道饑八月忻州饑十月漢陽武昌常德澧州等路饑鳳翔府大饑三年正月寧海州文登牟平縣饑懷慶衡州二路饑真定汝寧揚廬蘄黃安豐等郡饑二月河南大饑三月東昌須城堂邑縣饑沂莒膠密寧海五州臨清定陶光山等縣饑鞏昌蘭州定西州饑四月德州清平縣饑至順二年二月集慶嘉興二郡及江陰州饑檀順維密昌平五州饑六月興

和路高原咸平等縣饑九月思州鎮遠府饑十二月河南大饑三年四月大理
中慶路饑五月常寧州饑七月滕州饑八月大都寶坻縣饑
至大元年春紹興慶元台州疫死者二萬六千餘人皇慶二年冬京師大疫唐
志云國將有恤則邪亂之氣先被于民故疫
太宗五年癸巳十二月大風霾凡七晝夜至元二十年正月汴梁延津封丘二
縣大風麥苗盡拔延祐七年八月延津縣大風晝晦桑隕者十八九至治元年
三月大同路大風走沙土壅沒麥田一百餘頃三年三月衛輝路大風桑彫蠶
死泰定三年七月寶坻房山二縣大風折木八月大都昌平等縣大風一晝夜
壞民居九百餘家四年五月衛輝路輝州大風九日禾盡偃天曆三年二月胙
城縣新鄉縣大風
按漢志云溫而風則生螟螣有裸蟲之孽至元八年六月遼州和順縣解州聞
喜縣虸蚄生十八年高唐夏津武城縣蟊二十三年五月霸州漷州蝻二十四
年鞏昌虸蚄爲災二十七年四月婺州螟害稼雷雨大作螟盡死歲乃大稔元

貞元年六月利州龍山縣蓋州明山縣螟二年五月濟州任城縣螟隨州野蠶
成繭亘數百里民取爲纊大德七年五月濟南東昌般陽益都等路蟲食麥閏
五月汴梁開封縣蟲食麥九年七月桂陽郡蝝
至大元年五月東平東昌益都等郡蝝皇慶二年五月檀州及獲鹿縣蝻延祐
七年七月霸州及堂邑縣蝻泰定四年七月奉元路咸陽興平武功三縣鳳翔
府岐山等縣蚜蚄害稼天曆二年淮安廬州安豐三路屬縣蝻
至元十六年四月益都樂安縣朱五十家牛生特犢兩頭四耳三尾其色黃旣
生卽死大德九年二月大同平地縣迷兒的斤家牛生麒麟而死至大四年大
同宣寧縣民滅的家牛生一犢其質有鱗無毛其色青黃類若麟者以其鞹上
之泰定三年九月湖州長興州民王俊家牛生一獸鱗身牛尾口目皆赤墮地
卽大鳴母不乳之具圖以上不知何獸或曰此瑞也宜俾史臣紀錄
至元二十四年諸王薛徹都部雨土七晝夜沒死牛畜大德十年二月大同平
地縣雨沙黑霾斃牛馬二千至治三年二月丙戌雨土致和元年三月壬申雨

霾天曆二年三月丁亥雨土霾至順二年三月丙戌雨土霾
至元二十一年九月戊子京師地震按傳云陽伏而不能出陰迫而不能升於
是有地震二十六年正月丙戌地震二十七年二月癸未泉州地震丙戌泉州
地復震八月癸未武平路地大震二十八年八月己丑平陽路地震壞廬舍萬
八百區元貞元年三月壬戌地震大德六年十二月辛酉雲南地震戊戌亦如
之七年八月辛卯夕地震太原平陽尤甚壞官民廬舍十萬計平陽趙城縣范
宣義郇堡徙十餘里太原徐溝祁縣及汾州平遙介休西河孝義等縣地震成
渠泉涌黑沙汾州北城陷長一里東城陷七十餘步八年正月平陽地震不止
九年四月己酉大同路地震有聲如雷壞廬舍五千八百壓死者一千四百餘
人懷仁縣地震二所涌水盡黑其一廣十八步深十五丈其一廣六十六步深
一丈五月癸亥以地震改平陽路爲晉寧太原路爲冀寧十一月壬子大同地
震十二月丙子地震十年正月晉寧冀寧地震不止十一年三月道州營道縣
暴雨山裂百三十餘處八月壬寅開城路地震至大元年六月丁酉鞏昌隴西

寧遠縣地震雲南烏撒烏蒙地三日而大震者六九月己酉蒲縣地震十月癸
巳蒲縣靈縣地震二年十二月壬戌陽曲縣地震有聲三年十二月戊申冀寧
路地震四年三月己亥寧夏路地震七月癸未甘州地震大風有聲如雷閏七
月甲子寧夏地震皇慶二年六月京師地震己未京師地震丙辰又震壬寅又
震延祐元年二月戊辰大寧路地震四月甲申朔大寧地震有聲如雷八月丁
未冀寧汴梁等路陟縣武安縣地震十一月戊辰大寧地震如雷二年五月乙
丑秦州成紀縣北山移至夕川河明日再移平地突如土阜高者二三丈陷沒
民居三年八月己未冀寧晉寧等郡地震十月壬午河南地震四年正月壬戌
冀寧地震七月己丑成紀縣山崩辛卯冀寧地震九月嶺北地震三日五年正
月甲戌懿州地震二月癸巳和寧路地震丁酉秦安縣山崩三月己卯德慶路
地震七月戊子寧遠縣山崩八月伏羌縣山崩秦州成紀縣暴雨山崩朽壤墳
起覆沒畜產至治二年九月癸亥地震十一月癸卯地震泰定元年八月成紀
縣大雨山崩水溢壅土至來谷河成丘阜十二月庚申奉元路同州地震有聲

如雷三年十二月丁亥寧夏路地震如雷發自西北連震者三四年三月癸卯和寧路地震如雷八月鞏昌通渭縣山崩碉門地震有聲如雷晝晦鳳翔興元成都陝州江陵等郡地同日震九月壬寅寧夏地震致和元年七月辛酉朔寧夏地震己卯大寧路地震十月壬寅大寧路地震至順二年四月丁亥真定陟縣地一日五震或三震月餘乃止四年四月戊申大寧路地震五月戊寅京師地震有聲八月己酉隴西地震

至元元年十月壬子恩州歷亭縣進嘉禾一莖九穗十一月丁酉太原臨州進嘉禾二莖四年十月庚午太原進嘉禾二本異畝同穎六年九月癸丑恩州進嘉禾一莖三穗七年夏東平府進瑞麥一莖五穗十一年興元鳳州進麥一莖七穗穀一莖三穗十四年八月嘉禾生襄陽十七年十月太原堅州進嘉禾六莖十八年八月壬寅瓜州屯田進瑞麥一莖五穗二十年癸巳斡端宣慰司劉恩進嘉禾同穎九穗七穗六穗者各一二十三年五月廣元路閬中麥秀兩歧二十四年八月濬州進瑞麥一莖五穗二十五年八月袁州萍鄉縣進嘉禾二

十六年十二月寧州民張安進嘉禾一本三十一年嘉禾生京畿一莖九穗大德元年十一月辛未曹州禹城縣進嘉禾一莖九穗大德九年嘉禾生應州山陰縣至大三年九月河間路獻嘉禾有異畝同穎及一莖數穗者勑繪爲圖皇慶二年八月嘉禾生渾源州一莖四穗延祐四年七月南城產嘉禾七年五月鄱陽進嘉禾一莖六穗至治二年八月蔚州獻嘉禾泰定元年十月成都縣穀一莖九穗

元史卷五十

元史卷五十一

明翰林學士亞中大夫知制誥兼修國史宋　濂等修

志第三下

五行二

水不潤下

元統元年五月汴梁陽武縣河溢害稼六月京畿大霖雨水平地丈餘涇河溢關中水災黃河大溢河南水災泉州霖雨溪水暴漲漂民居數百家七月潮州大水元統二年正月東平須城縣濟寧濟州曹州濟陰縣水災二月灤河漆河溢永平路屬縣皆水瑞州路水三月山東霖雨水湧四月東平益都水五月鎮江路水宣德府大水六月淮河漲漂山陽縣境內民畜房舍九月吉安路水至元元年河決汴梁封丘縣二年五月南陽鄧州大水六月涇水溢八月大都至通州霖雨大水三年二月紹興大水五月廣西賀州大水害稼六月衞輝淫雨至七月丹沁二河泛漲與城西御河通流平地深二丈餘漂沒人民房舍田禾

甚衆民皆棲於樹木郡守僧家奴以舟載飯食之移老弱居城頭日給糧餉月
餘水方退汴梁蘭陽尉氏二縣歸德府皆河水泛溢黃州及衢州常山縣皆大
水四年五月吉安永豐縣大水六月邵武大水城市皆洪流漂沿溪民居殆盡
五年五月庚戌汀州路長汀縣大水平地深三丈許損民居八百家壞民田二
百頃溺死者八千餘人七月沂州沂沭二河暴漲決隄防害田稼邵武光澤縣
大水常州宜興縣山水出勢高一丈壞民居六年二月京畿五州十一縣及福
州路福寧州大水五月甲子慶元奉化州山崩水湧出平地溺死人甚衆六月
衢州西安龍游二縣大水庚戌處州松陽龍泉二縣積雨水漲入城中深丈餘
溺死五百餘人遂昌縣尤甚平地三丈餘桃源鄉山崩壓溺民居五十三家死
者三百六十餘人七月壬子延平南平縣淫雨水泛漲溺死百餘人損民居三
百餘家壞民田二頃七十餘畝乙卯奉元路盩厔縣河水溢漂溺居民八月甲
午衛輝大水漂民居一千餘家十月河南府宜陽縣大水漂民居溺死者衆至
正元年汴梁鈞州大水揚州路崇明通泰等州海潮湧溢溺死一千六百餘人

二年四月睢州儀封縣大水害稼六月癸丑夜濟南山水暴漲衝東西二關流入小清河黑山天麻石固等寨及臥龍山水通流入大清河漂沒上下民居千餘家溺死者無算三年二月鞏昌寧遠伏羌成紀三縣山崩水湧溺死者無算五月黃河決白茅口七月汴梁中牟扶溝尉氏洧川四縣鄭州滎陽汜水河陰三縣大水四年五月霸州大水六月河南鞏縣大雨伊洛水溢漂民居數百家濟寧路兗州汴梁鄢陵通許陳留臨潁等縣大水害稼人相食七月灤河水溢出平地丈餘永平路禾稼廬舍漂沒甚衆東平路東阿陽穀汶上平陰四縣衢州西安縣大水溫州颶風大作海水溢漂民居溺死者甚衆五年七月河決濟陰漂官民亭舍殆盡十月黃河泛溢七年五月黃州大水八月壬午杭州上海浦中午潮退而復至八年正月辛亥河決陷濟寧路四月平江松江大水五月庚子廣西山崩水湧灕江溢平地水深二丈餘屋宇人畜漂沒壬子寶慶大水乙卯錢塘江潮比之八月中高數丈餘沿江民皆遷居以避之六月己丑中興路松滋縣驟雨水暴漲平地深丈有五尺餘漂沒六十餘里死者一千五百人

是月膠州大水七月高密縣大水九年七月中興路公安石首潛江監利等縣及沔陽府大水夏秋蘄州大水傷稼十年五月龍興瑞州大水六月乙未霍州靈巖縣雨水暴漲決隄堰漂民居甚衆七月汾州平遙縣汾水溢靜江荔浦縣大水害稼十一年夏龍興南昌新建二縣大水安慶桐城縣雨水泛漲花崖龍源二山崩衝決縣東大河漂民居四百餘家七月冀寧路平晉文水二縣大水汾河汎溢東西兩岸漂沒田禾數百頃河決歸德府永城縣壞黃陵岡岸靜江路大水決南北二陡渠十二年六月中興路松滋縣驟雨水暴漲漂民居千餘家溺死七百人七月衢州西安縣大水十三年夏薊州豐潤玉田遵化平谷四縣大水七月丁卯泉州海水日三潮十四年六月河南府鞏縣大雨伊洛水溢漂沒民居溺死三百餘人秋薊州大水十五年六月荊州大水十六年河決鄭州河陰縣官署民居盡廢遂成中流山東大水十七年六月暑雨漳河溢廣平郡邑皆水秋薊州四縣皆大水十八年秋京師及薊州廣東惠州廣西四縣賀州皆大水十九年九月濟州任城縣河決二十年七月通州大水二十二年三

月邵武光澤縣大水二十三年孟州濟源温縣水七月河決東平壽張縣圮城牆漂屋廬人溺死甚衆二十四年三月益都縣井水溢而黃懷慶路孟州河內武陟縣水七月益都路壽光縣膠州高密縣水二十五年秋薊州大水東平須城東阿平陰三縣河決小流口達于清河壞民居傷禾稼二十六年二月河北徙上自東明曹濮下及濟寧皆被其害六月河南府大霖雨瀍水溢深四丈許漂東關居民數百家秋七月汾州介休縣汾水溢薊州四縣衞輝汴梁鈞州大水害稼八月棣州大清河決濱棣二州之界民居漂流無遺濟寧路肥水縣西黃水汎溢漂沒田禾民居百有餘里德州齊河縣境七十餘里亦如之

至正二十年十一月汴梁原武滎澤二縣黃河清三日二十一年十一月河南孟津縣至絳州垣曲縣二百里河清七日新安縣亦如之十二月冀寧路石州河水清至明年春冰泮始如故二十四年夏衞輝路黃河清

至正六年九月彰德雨雪結凍如琉璃七年八月衞輝隕霜殺稼九年三月温州大雪十年春彰德大寒近清明節雨雪三尺民多凍餒而死十一年三月汴

梁路鈞州大雷雨雪密縣平地雪深三尺餘十三年秋邵武光澤縣隕霜殺稼
二十三年三月東平路須城東阿陽穀三縣隕霜殺桑廢蠶事八月鈞州密縣
隕霜殺菽二十七年三月彰德大雪寒甚於冬民多凍死五月辛巳大同隕雪
殺麥秋冀寧路徐溝介休二縣雨雪十二月奉元路咸寧縣井水冰二十八年
四月奉元隕霜殺菽
元統元年三月戊子紹興蕭山縣大風雨雹拔木仆屋殺麻麥斃傷人民二年
二月甲子塞北東涼亭雨雹至元元年七月西和州徽州雨雹二年八月甲戌
朔高郵寶應縣大雨雹是時淮浙皆旱唯本縣瀕河田禾可刈悉爲雹所害凡
田之旱者無一雹及之至元四年四月癸巳清州八里塘雨雹大過於拳其狀
有如龜者有如小兒形者有如獅象者有如環玦者或攢如卵或圓如彈玲瓏
有竅色白而堅長老云大者固常見之未有奇狀若是也至正二年五月東平
路東阿縣雨雹大者如馬首三年六月東平陽穀縣雨雹六年二月辛未與國
路雨雹大如馬首小者如鷄子斃禽畜甚衆五月辛卯絳州雨雹大者二尺餘

八年四月庚辰鈞州密縣雨雹大如鷄子傷麥禾龍興奉新縣大雨雹傷禾折木八月己卯益都臨淄縣雨雹大如盃盂野無青草赤地如赭九年二月龍興大雨雹十年五月汾州平遥縣雨雹十一年四月乙巳彰德雨雹大者如斧時麥熟將刈頃刻亡失田疇堅如築場無稭粒遺留者地廣三十里長百有餘里樹木皆如斧所劈傷行人斃禽畜甚衆五月癸丑文水縣雨雹十三年四月益都高苑縣雨雹傷麥禾及桑十四年六月薊州雨雹十七年四月濟南大風雨雹十九年四月莒州蒙陰縣雨雹五月通州及益都臨朐縣雨雹害稼二十年五月薊州遵化縣雨雹終日二十一年五月東平雨雹害稼二十二年八月南雄雨雹如桃李實二十三年五月鄜州宜君縣雨雹大如鷄子損豆麥七月京師及隰州永和縣大雨雹害稼二十五年五月東昌聊城縣雨雹大如拳小者如鷄子二麥不登二十六年六月汾州平遥縣雨雹二十七年二月乙丑永州城中晝晦鷄棲于塒人舉燈而食既而大雨雹逾時方明五月益都大雷雨雹七月冀寧徐溝縣大風雨雹拔木害稼二十八年六月慶陽府雨雹大如盂小

者如彈丸平地厚尺餘殺苗稼斃禽獸
至正三年秋與國路永與縣雷擊死糧房貼書尹章于縣治時方大旱有朱書
在其背云有旱却言無旱無災却道有災未庸殲厥渠魁且擊庭前小吏七年
五月庚戌台州路黃巖州海濱無雲而雷冬衞輝路天鼓鳴十年六月戊申廣
西臨桂縣無雲而雷震死邑民廖廣達十二月庚子汾州孝義縣雷雨十一年
十二月台州大雨震電十二年三月丙午寧國路無雲而雷十三年十二月庚
戌京師無雲而雷少頃有火墜于東南懷慶路河內縣及河南府天鼓鳴于西
北是日懷慶之修武潞州之襄垣縣皆無雲而雷聲震天地是月汾州雷雨十
四年十二月孝義縣雷雨十九年十二月台州大雷電二十一年十一月戊申
温州樂清縣雷二十七年乙未夜晉寧路絳州天鼓鳴空中如聞戰鬭之聲十
月奉元路雷電
至正二十五年六月戊申京師大雨有魚隨雨而落長尺許人取而食之
至元五年六月庚戌汀州長汀縣山蛟出大雨驟至平地湧水深三丈餘漂沒

民居八百餘家壞田二百餘頃至正十七年六月癸酉温州有龍鬬于樂清江中颶風大作所至有光如毬死者萬餘人八月癸丑祥符縣西北有青白二龍見若相鬬之勢良久而散二十三年正月甲辰廣西貴州江中有物登岸蛇首四足而青色長四尺許軍民聚觀而殺之二十四年六月保德州有黃龍見於咸寧井中二十七年六月丁巳皇太子寢殿新甃井成有龍自井而出光焰爍人宮人震懾仆地又宮牆外長慶寺所掌成宗斡耳朵內大槐樹有龍纏繞其上良久飛去樹皮皆剝七月益都臨朐縣有龍見于龍山巨石重千斤浮空而起二十八年十一月大同路懷仁縣河岸崩有蛇大小相綰結可載數車

至正三年秋建寧浦城縣民家豕生豚二尾八足十五年鎮江民家豕生豚如象形二十四年正月保德州民家豕生豚一首二身八蹄二尾至元元年正月廣西師宗州砦生妻適和一產三男汴梁祥符縣市中一乞丐婦人忽生髭鬚至正九年四月棗陽民張氏婦生男甫及周歲長四尺許容貌異常皤腹擁腫見人輒嬉笑如世俗所畫布袋和尚云二十三年五月霸州民王馬駒妻趙氏

一産三男六月亳家務李閏妻張氏一産三男

至正元年四月戊寅彰德有赤風自西北來忽變爲黑晝晦如夜十三年冬袁

州路每日暮有黑氣環遶郡城十七年正月己丑杭州降黑雨河池水皆黑二

十八年七月乙亥京師黑霧昏暝不辨人物自旦近午始消如是者旬有五日

火不炎上

元統元年六月甲申杭州火至正元年四月辛卯台州火乙未杭州火燔官舍

民居公廨寺觀凡一萬五千七百餘間死者七十有四人二年四月杭州又火

六年八月己巳延平路火燔官舍民居八百餘區死者五人十年興國路自春

及夏城中火災不絶日數十起二十年惠州路城中火災屢見二十三年正月

乙卯夜廣西貴州火同知州事韓帖木不花判官高萬章及家人九口俱死焉

居民死者三百餘人牛五十頭馬九匹公署倉庫案牘焚燒皆盡二十八年二

月癸卯京師武器庫災己巳陝西有飛火自華山下流入張良弼營中焚兵庫

器仗六月甲寅大都大聖壽萬安寺災是日未時雷雨中有火自空而下其殿

脊東鰲魚口火焰出佛身上亦火起帝聞之泣下亟命百官救護唯東西二影堂神主及寶玩器物得免餘皆焚燬此寺舊名白塔自世祖以來爲百官習儀之所其殿陛闌楯一如內庭之制成宗時置世祖影堂於殿之西裕宗影堂于殿之東月遣大臣致祭

至元六年冬京師無雪至正八年九月奉元路桃杏花十四年八月冀寧路榆次縣桃李花十五年十一月汾州介休縣桃杏花十七年十一月汾州桃杏花

至元十一年十月衢州東北雨米如黍十一月建寧浦城縣雨黑子如稗實邵武大雨震雷雨黑黍如蘆穄信州雨黑黍鄱陽縣雨菽豆郡邑多有民皆取而食之十六年六月彰德路葦葉順次倚疊而生自編成若旗幟上尖葉聚粘如槍民謠云葦生成旗民皆流離葦生成槍殺伐遭殃又有黍自生成文紅稭黑字其上節云天下太平其下節云天下刀兵十八年處州山谷中小竹結實如小麥饑民采食之二十一年明州象山縣竹穗生實如小米可食

至正十一年廣西慶遠府有異禽雙飛見於述昆鄉飛烏千百隨之蓋鳳凰云

其一飛去其一留止者爲獞人射死首長尺許毛羽五色有藏之以獻於帥府者久而其色鮮明如生云五月興國有大鳥百餘飛至郡西白朗山顛狀如人立去而復至者數次十九年京師鵈鶚夜鳴達旦連月乃止有杜鵑啼於城中居庸關亦如之二十七年三月丁丑朔萊州招遠縣大社里黑風大起有大鳥自南飛至其色蒼白展翅如席狀類鶴俄頃飛去遺下粟黍稻麥黃黑豆蕎麥於張家屋上約數升許是歲大稔

元統二年正月庚寅朔河南省雨血是日衆官晨集忽聞燔柴煙氣既而黑霧四塞咫尺不辨腥穢逼人逾時方息及行禮畢日過午驟雨隨至霑灑望牆及裳衣皆赤至元四年四月辛未京師雨紅沙晝晦至正五年四月鎮江丹陽縣雨紅霧草木葉及行人裳衣皆濡成紅色十三年三月丙戌彰德路西南有火自天而下如在城外覓之無有十二月庚戌潞州襄垣縣有火墜於東南十四年衛輝路有天光見於西方十二月辛卯絳州有紅氣起自北方蔽天幾半移時方散十五年春薊州雨血十八年三月辛丑夜大同路有黑氣蔽於西方聲

如雷然俄頃有雲如火交射中天遍地俱見火光以物觸地輒有火起至夜半空中如有兵戈相擊之聲二十一年七月己巳冀寧路忻州西北有赤氣蔽空如血逾時方散八月壬午棣州夜半有赤風亘天起西北至於東北癸未彰德西北夜有紅氣亘天至明方息乙酉大同路北方夜有赤氣蔽天直過天庭自東而西移時方散如是者三十月癸巳昧爽絳州有紅氣見於北方如火二十三年三月壬戌大同路夜有赤氣亘天中侵北斗六月丁巳絳州日暮有紅光見於北方如火中有黑氣相雜又有白虹二直衝北斗逾時方散庚申晉寧路北方日暮天赤中有白氣如虹者三一貫北斗一貫北極一貫天橫至夜分方滅八月丙辰忻州東北夜有赤氣亘天中有白色如蛇形徐徐而行逾時方散十月丙申朔大名路向青齊一方有赤氣照耀千里二十四年九月癸酉冀寧平晉縣西北方至夜天紅半壁有頃從東而散二十八年六月壬寅彰德路天寧寺塔忽變紅色自頂至踵表裏透徹如煅鐵初出於爐頂上有光焰迸發自二更至五更乃止癸卯甲辰亦如之先是河北有童謠云塔兒黑北人作主南

人客塔兒紅朱衣人作主人公七月癸酉京師赤氣滿天如火照人自寅至辰
氣熖方息
至元元年十二月芝草生於荆門州當陽縣覆船山一本五榦高尺有二寸一
本二榦高五寸有半榦皆兩岐二本相依附扶疏瑰奇如珊瑚枝其高者結爲
華蓋慶雲之狀五年秋芝草生於中書工部之屋梁一本七榦
木不曲直
至元五年十一月癸酉瑞州路新昌州雨木冰至明年二月壬寅冰始解至正
四年正月汴梁路鄭州尉氏洧川河陰三縣及龍興靖安縣雨木冰十一月東
平雨木冰十二年九月壬午冀寧保德州雨木冰十四年冬龍興雨木冰二十
五年二月辛亥汴梁雨木冰狀如樓閣人物冠帶鳥獸花卉百態具備羽幢珠
葆彌望不絶凡五日始解
至元三年夏上都大都桑果葉皆有黃色龍文九年秋奉元桃杏實十二年五
月汴梁祥符縣椿樹結實如木瓜十六年七月彰德李樹結實如小黃瓜民謠

云李生黄瓜民皆無家二十一年明州松樹結實其大有盈尺者八月汴梁祥符縣邑中樹木一夕皆有濕泥塗之

至元二年五月乙卯南陽鄧州大霖雨自是日至於六月甲申乃止三年六月衞輝路淫雨至正二年秋彰德路霖雨三年四月至七月汴梁路滎澤縣鈞州新鄭密縣霖雨害稼四年夏汴梁蘭陽縣許州長葛郾城襄城睢州歸德府亳州之鹿邑濟寧之虞城淫雨害蠶麥禾皆不登八月益都霖雨饑民有相食者五年夏秋汴梁祥符尉氏洧州鄭州鈞州亳州久雨害稼二麥禾豆俱不登河間路淫雨妨害鹽課八年五月京師大霖雨都城崩圮鈞州新鄭縣淫雨害麥九年七月高唐州大霖雨壞官署民居歸德府淫雨浹十旬十年二月彰德路大雨害麥二十年七月益都高苑縣陝州黽池縣大雨害稼二十三年七月懷慶路河內修武武陟三縣及孟州淫雨害稼二十四年秋密州安丘縣大雨二十五年秋密州安丘縣潞州汴梁許州及鈞州之密縣淫雨害稼二十七年秋彰德路淫雨

至正六年八月龍興進賢縣甘露降二十年十月國子學大成殿松柏樹有甘
露降其上
至正十年春麗正門樓斗栱內有人伏其中不知何自而至遠近聚觀之門尉
以白留守達於都堂上聞有旨令取付法司鞫問但云薊州人問其姓名詰其
所從來皆惘若無知唯妄言禍福而已乃以不應之罪笞之忽不知所在
至正二十年八月慶陽延安寧安等州野鼠食稼初由鶉卵化生既成牝牡生
育日滋百畝之田一夕俱盡二十六年泗州瀕淮兩岸有灰黑色鼠暮夜出穴
成羣覆地食禾
金不從革
至正十年正月甲戌棣州白晝空中有聲自西北而來距州二十里隕於地化
爲石其色黑微有金星散布其上有司以進遂藏之司天監十一月冬至夜陜
西耀州有星墜於西原光耀燭地聲如雷鳴者三化爲石形如斧一面如鐵一
面如錫削之有屑擊之有聲十六年冬十一月大名路大名縣有星如火自東

南流尾如曳箒墜入於地化爲石青黑光瑩狀如狗頭其斷處類新劃者有司以進太史驗視云天狗也命藏於庫十九年四月己丑建寧路甌寧縣有星墜於營山前其聲如雷化爲石二十三年六月庚戌益都臨朐縣龍山有星墜入於地堀之深五尺得石如磚褐色上有星如銀破碎不完

至元九年龍興靖安縣山石迸裂湧水人多死者十年三月慶元奉化州南山石笑開其碎而大者有山川人物禽鳥草木之文二十七年六月丁卯沂州東蒼山有巨石大如屋崩裂墜地聲震如雷七月丙戌廣西靈川縣臨江石崖崩

元統元年夏紹興旱自四月不雨至於七月淮東淮西皆旱二年三月湖廣旱自是月不雨至於八月四月河南旱自是月不雨至於八月秋南康旱至元元年夏河南及邵武大旱二年蘄州黃州浙東衢州婺州紹興江東信州江西瑞州等路及陝西皆旱是年四月黃州黃岡縣周氏婦產一男即死狗頭人身咸以爲旱魃云六年夏廣東南雄路旱自二月不雨至於五月種不入土至正二年彰德大同二郡及冀寧平晉榆次徐溝縣汾州孝義縣沂州皆大旱自春至

秋不雨人有相食者秋衛輝大旱三月秋興國大旱四年福州大旱自三月不
雨至於八月與化邵武鎮江及湖南之桂陽皆旱五年曹州禹城縣大旱夏膠
州高密縣旱六年鎮江及慶元奉化州旱七年懷慶衛輝河東及鳳翔之岐山
汴梁之祥符河南之孟津皆大旱八年三月益都臨淄縣大旱五月四川旱十
年夏秋彰德旱十一年鎮江旱十二年蘄州黃州大旱人相食浙東紹興旱台
州自四月不雨至於七月十三年蘄州黃州及浙東慶元衢州婺州江東饒州
江西龍興瑞州建昌吉安廣東南雄湖南永州桂陽皆大旱十四年懷慶河內
縣孟州汴梁祥符縣福建泉州湖南永州寶慶廣西梧州皆大旱祥符旱魃再
見泉州種不入土人相食十五年衛輝大旱十六年婺州處州皆大旱十八年
春薊州旱莒州濱州般陽滋川縣霍州鄜州鳳翔岐山縣春夏皆大旱莒州家
人自相食岐山人相食十九年晉寧鳳翔廣西梧州象州皆大旱二十年通州
旱汾州介休縣自四月至秋不雨廣西賓州大旱自閏五月不雨至於八月二
十二年河南洛陽孟津偃師三縣大旱人相食二十三年山東濟南廣西賀州

皆大旱

至元五年八月京師童謠云白雁望南飛馬札望北跳至正五年淮楚間童謠云富漢莫起樓窮漢莫起屋但看羊兒年便是吳家國十年河南北童謠云石人有雙眼挑動黃河天下反十五年京師童謠云一陣黃風一陣沙千里萬里無人家回頭雪消不堪看三眼和尚弄瞎馬此皆詩妖也至元三年郡邑皆相傳朝廷欲括童男女於是市井鄉里競相嫁娶倉卒成言貧富長幼多不得其宜者此民訛也

至正十年彰德境內狼狽爲害夜如人形入人家哭就人懷抱中取小兒食之二十三年正月福州連江縣有虎入於縣治二十四年七月福州白晝獲虎於城西

至元二年七月黃州蝗三年六月懷慶溫州汴梁陽武縣蝗五年七月膠州卽墨縣蝗至正四年歸德府永城縣及亳州蝗十七年東昌茌平縣蝗十八年夏薊州遼州濰州昌邑縣膠州高密縣蝗秋大都廣平順德及濰州之北海莒州

之蒙陰汴梁之陳留歸德之永城皆蝗順德九縣民食蝗廣平人相食十九年
大都霸州通州真定彰德懷慶東昌衛輝河間之臨邑東平之須城東阿陽穀
三縣山東益都臨淄二縣濰州膠州博興州大同冀寧二郡文水榆次壽陽徐
溝四縣沂汾二州及孝義平遙介休二縣晉寧潞州及壺關潞城襄垣三縣霍
州趙城靈石二縣隰之永和沁之武鄉遼之榆社奉元及汴梁之祥符原武鄢
陵扶溝杞尉氏洧川七縣鄭之滎陽汜水許之長葛郾城襄城臨穎鈞之新鄭
密縣皆蝗食禾稼草木俱盡所至蔽日礙人馬不能行填坑塹皆盈饑民捕蝗
以爲食或曝乾而積之又罄則人相食七月淮安清河縣飛蝗蔽天自西北來
凡經七日禾稼俱盡二十年益都臨朐壽光二縣鳳翔岐山縣蝗二十一年六
月河南鞏縣蝗食稼俱盡七月衛輝及汴梁滎澤縣鄭州蝗二十二年秋衛輝
及汴梁開封扶溝洧川三縣許州及鈞之新鄭密二縣蝗二十五年鳳翔岐山
縣蝗
元統二年六月彰德雨白毛俗呼云老君髯民謠曰天雨氂事不齊至元三年

三月彰德雨毛如綿而綠俗呼云菩薩線民謠云天雨線民起怨中原地事必變六年七月延安路鄜州雨白毛如馬鬃所屬邑亦如之至正十三年四月冀寧榆次縣雨白毛如馬鬃七月泉州路雨白絲十八年五月益都雨白氂十九年三月遵化路連日雨氂二十五年五月甲子京師雨氂長尺許如馬鬃二十七年五月益都雨白氂

至元四年八月丁丑京師白虹亘天至正二十二年京師有白氣如小索起危宿長五百丈掃太微二十四年六月癸卯冀寧路保德州三星晝見有白氣橫突其中二十六年三月丁亥白虹五道亘天其第三道貫日又氣橫貫東南良久乃滅二十七年五月大名路有白氣二道二十八年閏七月乙丑冀寧文水縣有白虹貫日自東北直遶西南雲影中似日非日如鏡者三色青白踰時方沒

稼穡不成

元統元年夏雨淮大饑二年春淮西饑七月池州饑十一月濟南萊蕪縣饑至

元元年春益都路沂水日照蒙陰莒四縣及龍興路饑夏京師饑是歲沅州道州寶慶及邵武建寧饑二年順州及淮西安豐浙西松江浙東台州江西江撫袁瑞湖北沅州盧陽縣饑三年大都及濟南蘄州杭州平江紹興溧陽瑞州臨江饑五年上都開平縣桓州與和寶昌州濮州之鄄城冀寧之文城益都之膠密莒濰四川遼東瀋陽路湖南衡州江西袁州八番順元等處皆饑六年順德之邢臺濟南之歷城大名之元城德州之清平泰安之奉符長清淮安之山陽等縣歸德邳州益都般陽處州婺州四郡皆饑至正元年春京畿州縣真定河間濟南及湖南饑夏彰德及温州饑二年保德州大饑三年衛輝冀寧忻州大饑人相食四年霸州大饑人相食東平路東阿陽穀汶上平陰四縣皆大饑冬保定河南饑五年春東平路須城東阿陽穀三縣及徐州大饑人相食夏濟南汴梁河南邠州瑞州温州邵武饑六年五月陝西饑七年彰德懷慶東平東昌晉寧等處饑九年春膠州大饑人相食鈞州新鄭密縣饑十四年春浙東台州江東饒閩海福州邵武汀州江西龍興建昌吉安臨江廣西靜江等郡皆大饑

人相食十七年河南大饑十八年春莒州蒙陰縣大饑斗米金一斤冬京師大饑人相食彰德山東亦如之十九年正月至五月京師大饑銀一錠得米僅八斗死者無算通州民劉五殺其子而食之保定路莩死盈道軍士掠孱弱以爲食濟南及益都之高苑莒之蒙陰河南之孟津新安黽池等縣皆大饑人相食二十一年霸州饑民多莩死

至正四年福州邵武延平汀州四郡夏秋大疫五年春夏濟南大疫十二年正月冀寧保德州大疫夏龍興大疫十三年黄州饒州大疫十二月大同路大疫十六年春河南大疫十七年六月莒州蒙陰縣大疫十八年夏汾州大疫十九年春夏鄜州并原縣莒州沂水日照二縣及廣東南雄路大疫二十年夏紹興山陰會稽二縣大疫二十二年又大疫

至正元年七月廣西雷州颶風大作湧潮水拔木害稼二年十月海州颶風作海水漲溺死人民十三年五月乙丑潯州颶風大作壞官舍民居屋瓦門扉皆飄揚七里之外十四年七月甲子潞州襄垣縣大風拔木偃禾二十一年正月

癸酉石州大風拔木六畜皆鳴人持槍矛忽生火焰抹之卽無搖之卽有二十
四年台州路黃巖州海溢颶風拔木禾盡偃二十七年三月庚子京師有大風
起自西北飛砂揚礫昏塵蔽天逾時風勢八面俱至終夜不止如是者連日自
後每日寅時風起萬竅爭鳴戌時方息至五月癸未乃止
至正三年六月梧州青蟲食稼十年七月全州蟲食稼郡守石亨祖禱于玄妙
觀寒雨三日蟲盡死十九年五月濟南章丘鄒平二縣螟五穀不登二十二年
春衛輝路螟六月萊州膠水縣蚄蚄生七月掖縣蚄蚄生害稼二十三年六月
寧海文登縣蚄蚄生七月萊州招遠萊陽二縣及登州寧海州蚄蚄生
至正九年三月陳州楊家莊上牛生黃犢火光滿室麻頂綠角間生綠毛不食
乳二日而死十年秋襄陽車城民家牛生犢五足前三後二十六年春汴梁祥
符縣牛生犢雙首不及二日死二十八年五月東昌聊城縣錢鎮撫家牛生黃
犢六足前二後四
至元五年二月信州雨土至正三年三月至四月忻州風霾晝晦二十六年四

月乙丑奉元路黃霧四塞

元統元年八月鞏昌徽州山崩九月庚申秦州山崩十月丙寅鳳州山崩十一月丙申鞏昌成紀縣地裂山崩癸卯安慶灊山縣地震辛亥秦州地裂山崩十二月饒州德興縣餘干樂平二州地震二年五月信州地震八月辛未京師地震雞鳴山崩陷爲池方百里人死者衆至元元年十一月壬寅與國路地震十二月丙子安慶路地震所屬宿松太湖灊山三縣同時俱震廬州蘄州黃州亦如之是月饒州亦地震二年正月乙丑宿松地震五月壬申秦州山崩三年八月辛亥夜京師地震壬午又大震損太廟神主西湖寺神御殿壁傾祭器皆壞順州龍慶州及懷來縣皆以辛巳夜地震壞官民房舍傷人及畜牧宣德府亦如之遂改爲順寧云四年春保安州及瑞州路新昌州地震六月信州路靈山裂七月己酉保安州地大震丙辰鞏昌府山崩八月丙子京師地震日凡二三至乙酉乃止密州安丘縣地震六年六月己亥秦州成紀縣山崩地裂至正元年二月汴梁路地震二年四月辛丑冀寧路平晉縣地震聲如雷鳴裂地尺餘

民居皆傾仆七月惠州雨水羅浮山崩凡二十七處壞民居塞田澗十二月乙
酉京師地震三年二月鈞州新鄭密縣地震六月乙巳秦州奉安縣南坡崩裂
壓死人畜七月戊辰鞏昌山崩人畜死者衆十二月膠州及屬邑高密地震四
年八月莒州蒙陰縣地震十二月東平路東阿陽穀平陰三縣及漢陽地震五
年春薊州地震所領四縣及東平汶上縣亦如之十二月乙丑鎮江地震六年
二月益都路益都昌樂壽光三縣濰州北海縣膠州卽墨縣地震三月高苑縣
地震壞民居六月廣州增城縣羅浮山崩水湧溢溺死百餘人九月戊午邵武
地震翌日地中有聲如鼓夜復如之七年二月益都臨淄臨朐濰州之昌邑膠
州之高密濟南之棣州地震三月東平路東阿陽穀平陰三縣地震河水動搖
五月臨淄地又震七日乃止河東地坼泉湧崩城陷屋傷人民十一月鎮江丹
陽縣地震九年六月台州地震七月庚寅泉州大風雨永春縣南象山崩壓死
者甚衆十年冀寧徐溝縣地震五月甲子龍興寧州大雨山崩數十處丙寅瑞
州上高縣蒙山崩十月乙酉泉州安溪縣後山鳴十一年四月冀寧路汾忻二

州文水平晉榆次壽陽四縣晉寧遼州之榆社懷慶河內脩武二縣及孟州皆地震聲如雷霆圮房屋壓死者甚衆八月丁丑中興路公安松滋枝江三縣峽荊門二州地震十二年二月丙戌霍州靈石縣地震閏三月丁丑陝西地震莊浪定西靜寧會州尤甚移山湮谷陷沒廬舍有不見其跡者會州公廨墻圮得弩五百餘張長丈餘短者九尺人莫能開挽十月丙午霍州趙城縣霍山崩湧石數里前三日山鳴如雷禽獸驚散十三年三月莊浪定西靜寧會州地震七月汾州白彪山坼十四年四月汾州介休縣地震泉湧七月孝義縣地震十一月寧國路地震所領寧國旌德二縣亦如之淮安路海州地震十二月己酉紹興地震十五年四月寧國敬亭麻姑華陽諸山崩六月丁丑冀寧保德州地震十六年春薊州地震凡十日所領四縣亦如之六月雷州地大震十七年十月靜江路東門地陷城東石山崩十二月丁酉慶元路象山縣鵝鼻山崩有聲如雷十八年二月乙亥冀寧臨州地震五月益都地震十九年正月甲午慶元地震二十年二月延平順昌縣地震二十二年三月南雄路地震二十三年十二

月丁巳台州地震二十五年十月壬申興化路地震有聲如雷二十六年三月海州地震如雷贛榆縣吳山崩六月汾州介休縣地震紹興山陰縣臥龍山裂七月辛亥冀寧路徐溝縣石忻臨三州汾之孝義平遙二縣同日地震有壓死者丙辰泉州同安縣大雷雨三秀山崩是月河南府鞏縣大霖雨地震山崩十一月辛丑華州蒲城縣洛岸崩壅水絕流三日十二月庚午華州之蒲城縣洛水和順崖崩其崖戴石有巖穴可居是日壓死辟亂者七十餘人二十七年五月山東地震六月沂州山石崩裂有聲如雷七月丙戌靜江靈川縣大藏山石崖崩十月丙辰福州雷雨地震十二月庚午又震有聲如雷二十八年六月冀寧文水徐溝二縣汾州孝義介休二縣臨州保德州隰之石樓縣及陝西皆地震十月辛巳陝西地又震

至元四年五月彰德臨彰縣麥秀兩岐有三穗者至正元年延平順昌縣嘉禾生一莖五穗冀寧太原縣有嘉禾異畝同穎三年八月晉寧臨汾縣嘉禾生有五穗至八穗者十年彰德路穀麥雙穗十六年大同路秦城鄉嘉禾生一莖二

穗五穗有九穗者有異莖而同穗者二十六年五月洛陽縣康家莊有瑞麥一莖五穗雙穗三穗者甚衆

元史卷五十一

元史卷五十二

明翰林學士亞中大夫知制誥兼修國史宋　濂等修

志第四

曆一

夫明時治曆自黄帝堯舜與三代之盛王莫不重之其文備見於傳記矣雖去古既遠其法不詳然原其要不過隨時考驗以合於天而已漢劉歆作三統曆始立積年日法以爲推步之準後世因之歷唐而宋其更元改法者凡數十家豈故相爲乖異哉蓋天有不齊之運而曆爲一定之法所以既久而不能不差既差則不可不改也元初承用金大明曆庚辰歲太宗西征五月望月蝕不効二月五月朔微月見於西南中書令耶律楚材以大明曆後天乃損節氣之分減周天之秒去交終之率治月轉之餘課兩曜之後先調五行之出沒以正大明曆之失且以中元庚午歲國兵南伐而天下略定推上元庚子歲天正十一月壬戌朔子正冬至日月合璧五星聯珠同會虛宿六度以應太祖受命之符

又以西域中原地里殊遠創爲里差以增損之雖東西萬里不復差忒遂題其名曰西征庚午元曆表上之然不果頒用至元四年西域札馬魯丁撰進萬年曆世祖稍頒行之十三年平宋遂詔前中書左丞許衡太子贊善王恂都水少監郭守敬改治新曆衡等以爲金雖改曆止以宋紀元曆微加增益實未嘗測驗於天乃與南北日官陳鼎臣鄧元麟毛鵬翼劉巨淵王素岳鉉高敬等參改累代曆法復測候日月星辰消息運行之變參別同異酌取中數以爲曆本十七年冬至曆成詔賜名曰授時曆十八年頒行天下二十年詔太子諭德李謙爲曆議發明新曆順天求合之微攷證前代人爲附會之失誠可以貽之永久自古及今其推驗之精蓋未有出於此者也今衡恂守敬等所撰曆經及謙曆議故存皆可攷據是用具著于篇惟萬年曆不復傳而庚午元曆雖未嘗頒用其爲書猶在因附著于後使來者有攷焉作曆志

授時曆議上

驗氣

天道運行如環無端治曆者必就陰消陽息之際以爲立法之始陰陽消息之機何從而見之惟候其日晷進退則其機將無所遁候之之法不過植表測景以究其氣至之始智作能述前代諸人爲法略備苟能精思密索心與理會則前人述作之外未必無所增益舊法擇地平衍設水準繩墨植表其中以度其中晷然表短促尺寸之下所爲分秒大半少之數未易分別表長則分寸稍長所不便者景虛而淡難得實景前人欲就虛景之中改求真實或設望筩或置小表或以木爲規皆取表端日光下徹圭面今以銅爲表高三十六尺端挾以二龍舉一橫梁下至圭面共四十尺是爲八尺之表五圭表刻爲尺寸舊寸一今申而爲五釐毫差易分別創爲景符以取實景其制以銅葉博二寸長加博之二中穿一竅若針芥然以方闆爲趺一端設爲機軸令可開闔榰其一端使其勢斜倚北高南下往來遷就於虛景之中竅達日光僅如米許隱然見橫梁於其中舊法以表端測晷所得者日體上邊之景今以橫梁取之實得中景不容有毫末之差地中八尺表景冬至長一丈三尺有奇夏至尺有五寸今京師

長表冬至之景七丈九尺八寸有奇在八尺表則一丈五尺九寸六分夏至之景一丈一尺七寸有奇在八尺表則二尺三寸四分雖晷景長短所在不同而其景長爲冬至景短爲夏至則一也惟是氣至時刻攷求不易蓋至日氣正則一歲氣節從而正矣劉宋祖冲之嘗取至前後二十三四日間晷景折取其中定爲冬至且以日差比課推定時刻宋皇祐間周琮則取立冬立春二日之景以爲去至既遠日差頗多易爲推攷紀元以後諸曆爲法加詳大抵不出冲之之法新曆積日纍月實測中晷自遠日以及近日取前後日率相埒者參攷同異初非偏取一二日之景以取數多者爲定實減大明曆一十九刻二十分仍以累歲實測中晷日差分寸定擬二至時刻于後

推至元十四年丁丑歲冬至

其年十一月十四日己亥景長七丈九尺四寸八分五釐五毫至二十一日丙午景長七丈九尺五寸四分一釐二十二日丁未景長七丈九尺四寸五分五釐以己亥丁未二日之景相校餘三分五毫爲晷差進二位以丙午丁

未二日之景相校餘八分六釐爲法除之得三十五刻用減相距日八百刻餘七百六十五刻折取其中加半日刻共爲四百三十二刻半百約爲日得四日餘以十二乘之百約爲時得三時滿五十又作一時共得四時餘以十二收之得三刻命初起距日己亥算外得癸卯日辰初三刻爲丁丑歲冬至此取至前後四日景

十一月初九日甲午景七丈八尺六寸三分五釐五毫至二十六日辛亥景七丈八尺七寸九分三釐五毫二十七日壬子景七丈八尺五寸五分以甲午壬子景相減復以辛亥壬子景相減準前法求之亦得癸卯日辰初三刻至二十八日癸丑景七丈八尺三寸四釐五毫用壬子癸丑二日之景與甲午景準前法求之亦合此取至前後八九日景

十一月丙戌朔景七丈五尺九寸八分六釐五毫二日丁亥景七丈六尺三寸七分七釐至十二月初六日庚申景七丈五尺八寸五分一釐準前法求之亦在辰初三刻此取至前後一十七日景十一月二十一日丙子景七丈

九寸七分一釐至十二月十六日庚午景七丈七寸六分十七日辛未景七丈一寸五分六釐五毫準前法求之亦得辰初三刻此取至前後二十七日景

六月初五日癸亥景一丈三尺八分距十五年五月癸未朔景一丈三尺三分八釐五毫初二日甲申景一丈二尺九寸二分五毫準前法求之亦合此取至前後一百六十日景

推十五年戊寅歲夏至

五月十九日辛丑景一丈一尺七寸七分七釐五毫距二十八日庚戌景一丈一尺七寸八分二十九日辛亥景一丈一尺八寸五釐五毫用辛丑庚戌二日之景相減餘二釐五毫進二位爲實復用庚戌辛亥景相減餘二分五釐五毫爲法除之得九刻用減相距日九百刻餘八百九十一刻半之加半日刻百約得四日餘以十二乘之百約得十一時餘以十二收爲刻得三刻命初起距日辛丑算外得乙巳日亥正三刻夏至此取至前後四日景

十四年十二月十五日己巳景七丈一尺三寸四分三釐距十五年十一月初二日辛巳景七丈七寸五分九釐五毫初三日壬午景七丈一尺四寸六釐用己巳壬午景相減以辛巳壬午景相減除之亦合此用至前後一百五十六日景

十四年十二月十二日丙寅景七丈二尺九寸七分二釐五毫十三日丁卯景七丈二尺四寸五分四釐五毫十四日戊辰景七丈一尺九寸九釐距十五年十一月初四日癸未景七丈一尺九寸五分七釐五毫初五日甲申景七丈二尺五寸五釐初六日乙酉景七丈三尺三分三釐五毫前後互取所得時刻皆合此取至前後一百五十八九日景

十四年十二月初七日辛酉景七丈五尺四寸一分七釐初八日壬戌景七丈四尺九寸五分九釐五毫初九日癸亥景七丈四尺四寸八分六釐距十五年十一月初九日戊子景七丈四尺五寸二分五毫初十日己丑景七丈五尺三釐五毫十一日庚寅景七丈五尺四寸四分九釐五毫以壬戌己丑

景相減爲實以辛酉壬戌景相減爲法除之或以壬戌癸亥景相減或以戊子己丑景相減若己丑庚寅景相減推前法求之皆合此取至前後一百六十三四日景

推十五年戊寅歲冬至

其年十一月十九日戊戌景七丈八尺三寸一分八釐五毫距閏十一月初九日戊午景七丈八尺二寸六分三釐五毫初十日己未景七丈八尺八分二釐五毫用戊戌戊午二日景相減餘四分五釐爲晷差進二位以戊午己未景相減餘二寸八分一釐爲法除之得一十六刻加相距日二千刻半之加半日刻百約得十日餘以十二乘之百約爲時滿五十又進一時共得七時餘以十二收爲刻命初起距日己亥算外得戊申日未初三刻爲戊寅歲冬至此取至前後十日景

十一月十二日辛卯景七丈五尺八寸八分一釐五毫十三日壬辰景七丈六尺三寸一釐五毫閏十一月十五日甲子景七丈六尺三寸六分六釐五

毫十六日乙丑景七丈五尺九寸五分三釐十七日丙寅景七丈五尺五寸四釐五毫用壬辰甲子景相減爲實以辛卯壬辰景相減爲法除之亦得戊申日未初三刻或用甲子乙丑景相減推之亦合若用辛卯乙丑景相減爲實用乙丑丙寅景相減除之並同此取至前後十六七日景

十一月初八日丁亥景七丈四尺三分七釐五毫閏十一月二十日己巳景七丈四尺一寸二分二十一日庚午景七丈三尺六寸一分四釐五毫用丁亥己巳景相減爲實以己巳庚午景相減除之亦同此取至前後二十一日景

六月二十六日戊寅景一丈四尺四寸五分二釐五毫二十七日己卯景一丈四尺六寸三分八釐至十六年四月二日戊寅景一丈四尺四寸八分一釐以二戊寅景相減用後戊寅己卯景相減推之亦同此取至前後一百五十日景

五月二十八日庚戌景一丈一尺七寸八分至十六年四月二十九日乙巳

景一丈一尺八寸六分三釐三十日丙午景一丈一尺七寸八分三釐用庚戌丙午景相減以乙巳丙午景相減推之亦同此取至前後一百七十八日景

推十六年己卯歲夏至

四月十九日乙未景一丈二尺三寸六分九釐五毫二十日丙申景一丈二尺二寸九分三釐五毫至五月十九日乙丑景一丈二尺二寸六分四釐以丙申乙丑景相減餘二分九釐五毫爲晷差進二位以乙未丙申景相減得七分六釐爲法除之得三十八刻加相距日二千九百刻半之加半日刻百約得十五日餘以十二乘之百約得二時餘以十二收之得二刻命初起距日丙申算外得辛亥日寅正二刻爲夏至此取至前後十五日景

三月二十一日戊辰景一丈六尺三寸九分五毫六月十六日壬辰景一丈六尺九分九釐五毫十七日癸巳景一丈六尺三寸一分一釐用戊辰癸巳景相減以壬辰癸巳景相減準前法推之亦合此取至前後四十二日景

三月初二日己酉景二丈一尺三寸五釐至七月初七日壬子景二丈一尺一寸九分五釐五毫初八日癸丑景二丈一尺四寸八分六釐五毫用己酉壬子景相減以壬子癸丑景相減如前法推之亦合此取至前後六十一二日景

三月戊申朔景二丈一尺六寸一分一釐至七月初八日癸丑景二丈一尺四寸八分六釐五毫初九日甲寅景二丈一尺九寸一分五釐五毫用戊申癸丑景相減以癸丑甲寅景相減準前法推之亦同此取至前後六十二三日景

二月十八日乙未景二丈六尺三分四釐五毫至七月二十一日丙寅景二丈五尺八寸九分九釐二十二日丁卯景二丈六尺二寸五分九釐用乙未丙寅景相減以丙寅丁卯景相減如前法推之亦同此取至前後七十五六日景

二月三日庚辰景三丈二尺一寸九分五釐五毫至八月初五日庚辰景三

丈一尺五寸九分六釐五毫初六日辛巳景三丈二尺二分六釐五毫用前庚辰與辛巳景相減以後庚辰辛巳景相減如前推之亦同此取至前後九十日景

正月十九日丁卯景三丈八尺五寸一釐五毫至八月十八日癸巳景三丈七尺八寸二分三釐十九日甲午景三丈八尺三寸一分五毫用丁卯甲午景相減以癸巳甲午景相校如前推之亦同此取至前後一百三四日景

推十六年己卯歲冬至

十月二十四日戊戌景七丈六尺七寸四分至十一月二十五日己巳景七丈六尺五寸八分二十六日庚午景七丈六尺一寸四分二釐五毫用戊戌己巳景相減餘一寸六分爲晷差進二位以己巳庚午景相減餘四寸三分七釐五毫爲法除之得三十六刻以相減距日三千一百刻餘三千六十四刻半之加五十刻百約得一十五日餘以十二乘之百約爲時滿五十又進一時共得十時餘以十二收之爲刻得二刻命初起距日戊戌算外得癸丑

日戊初二刻冬至此取至前後十五六日景
十月十八日壬辰景七丈四尺五分二釐五毫十九日癸巳景七丈四尺五寸四分五釐二十日甲午景七丈五尺二分五釐至十一月二十八日壬申景七丈五尺三寸二分二十九日癸酉景七丈四尺八寸五分二釐五毫十二月甲戌朔景七丈四尺三寸六分五釐初二日乙亥景七丈三尺八寸七分一釐五毫用甲午癸酉景相減癸巳甲午景相減如前推之亦同若以壬申癸酉景相減爲法推之亦同此取至前後十八九日景
若用癸巳與甲戌景相減以壬辰癸巳景相減推之或癸巳甲午景相減推之或用甲戌癸酉景相減推之或甲戌乙亥景相減推之或以壬辰乙亥景相減用壬辰癸巳景相減推之並同此取至前後二十日景
十月十六日庚寅景七丈三尺一分五釐十二月初三日丙子景七丈三尺三寸二分初四日丁丑景七丈二尺八寸四分二釐五毫用庚寅丁丑景相減以丙子丁丑景相減推之亦同此取至前後二十三日景

十月十四日戊子景七丈一尺九寸二分二釐五毫十五日己丑景七丈二尺四寸六分九釐十二月初五日戊寅景七丈二尺二寸七分二釐五毫用己丑戊寅景相減以戊子己丑景相減推之或用己丑庚寅相減推之亦同此取至前後二十四日景

十月初七日辛巳景六丈七尺七寸四分五釐初八日壬午景六丈八尺三寸七分二釐五毫初九日癸未景六丈八尺九寸七分七釐五毫十二月十二日乙丑景六丈八尺一寸四分五釐用壬午乙丑景相減以辛巳壬午相減推之壬午癸未景相減推之亦同此取至前後三十一二日景

十月乙亥朔景六丈三尺八寸七分十二月十八日辛卯景六丈四尺二寸九分七釐五毫十九日壬辰景六丈三尺六寸二分五釐用乙亥壬辰景相減以辛卯壬辰景相減推之亦同此取至前後三十八日景

九月二十二日丙寅景五丈七尺八寸二分五釐十二月二十八日辛丑景五丈七尺八寸八分二十九日壬寅景五丈六尺九寸一分五釐用丙寅辛

丑景相減以辛丑壬寅景相減推之亦同此取至前後四十七八日景九月二十日甲子景五丈六尺四寸九分二釐五毫至十二月二十九日壬寅景五丈六尺九寸一分五釐至十七年正月癸卯朔景五丈六尺二寸五分用甲子癸卯相減壬寅癸卯景相減推之亦同此取至前後五十日景右以累年推測到冬夏二至時刻爲準定擬至元十八年辛巳歲前冬至當在己未日夜半後六刻卽丑初一刻

歲餘歲差

周天之度周歲之日皆三百六十有五全策之外又有奇分大率皆四分之一自今歲冬至距來歲冬至歷三百六十五日而日行一周凡四周歷千四百六十則餘一日折而四之則四分之一也然天之分常有餘歲之分常不足其數有不能齊者惟其所差至微前人初未覺知迨漢末劉洪始覺冬至後天謂歲周餘分太強乃作乾象曆減歲餘分二千五百爲二千四百六十二至晉虞喜宋何承天祖沖之謂歲當有差因立歲差之法其法損歲餘益天周使歲餘浸

弱天周浸強強弱相減因得日躔歲退之差歲餘天周二者實相爲用歲差由斯而立日躔由斯而得一或損益失當詎能與天叶哉今自劉宋大明壬寅以來凡測景驗氣得冬至時刻真數者有六取相距積日時刻以相距之年除之各得其時所用歲餘復自大明壬寅距至元戊寅積日時刻以相距之年除之得每歲三百六十五日二十四分二十五秒比大明曆減去一十一秒定爲方今所用歲餘餘七十五秒用益所謂四分之一共爲三百六十五度二十五分七十五秒定爲天周餘分強弱相減餘一分五十秒用除全度得六十六年有奇日却一度以六十六年除全度適得一分五十秒定爲歲差復以堯典中星攷之其時冬至日在女虛之交及攷之前史漢元和二年冬至日在斗二十一度晉太元九年退在斗十七度宋元嘉十年在斗十四度末梁大同十年在斗十二度隋開皇十八年猶在斗十二度唐開元十三年在斗九度半今退在箕十度取其距今之年距今之度較之多者七十餘年少者不下五十年輒差一度宋慶元間改統天曆取大衍歲差率八十二年及開元所距之差五十五年

折取其中得六十七年爲日却行一度之差施之今日質諸天道實爲密近然古今曆法合於今必不能通於古密於古必不能驗於今今授時曆以之攷古則增歲餘而損歲差以之推來則增歲差而損歲餘上推春秋以來冬至往往皆合下求方來可以永久而無弊非止密於今日而已仍以大衍等六曆攷驗春秋以來冬至疎密凡四十九事具列如後

冬至刻

大衍	宣明	紀元	統天	大明	授時

獻公十五年戊寅歲正月甲寅朔旦冬至

大衍	宣明	紀元	統天	大明	授時
丙辰二十二	乙卯八十八	丁巳三十三	乙卯二	丁巳三十五	甲寅九十九

僖公五年丙寅歲正月辛亥朔旦冬至

大衍	宣明	紀元	統天	大明	授時
辛亥九十四	辛亥六十六	壬子七十四	辛亥二十七	壬子八十九	辛亥十四

昭公二十年己卯歲正月己丑朔旦冬至

大衍	宣明	紀元	統天	大明	授時
己丑四十五	己丑二十	庚寅二十五	戊子九十二	庚寅二十九	戊子八十三

宋元嘉十二年乙亥歲十一月十五日戊辰景長

戊辰三十五　戊辰三十二　戊辰三十九　戊辰五十一　戊辰四十一　戊辰四十七

元嘉十三年丙子歲十一月二十六日甲戌景長

癸酉五十九　癸酉五十七　癸酉六十三　癸酉七十五　癸酉六十五　癸酉七十一

元嘉十五年戊寅歲十一月十八日甲申景長

甲申八　甲申六　甲申十二　甲申二十四　甲申十四　甲申十九

元嘉十六年己卯歲十月二十九日己丑景長

己丑三十三　己丑三十　己丑三十七　己丑四十八　己丑三十七　己丑四十四

元嘉十七年庚辰歲十一月初十日甲午景長

甲午五十七　甲午五十五　甲午六十一　甲午七十二　甲午六十三　甲午六十八

元嘉十八年辛巳歲十一月二十一日己亥景長

己亥八十二　己亥七十九　己亥八十五　己亥九十七　己亥八十七　己亥九十三

元嘉十九年壬午歲十一月初三日乙巳景長

乙巳六　乙巳四　乙巳十　乙巳二十一　乙巳一十一　乙巳一十七

大明五年辛丑歲十一月乙酉冬至

甲申七十　甲申六十八　甲申七十二　甲申八十九　甲申七十四　甲申七十九

陳天嘉六年乙酉歲十一月庚寅景長

庚寅十二　庚寅十三　庚寅五　庚寅二十四　庚寅八　庚寅十七

光大二年戊子歲十一月乙巳景長

乙巳八十　乙巳八十六　乙巳七十九　乙巳九十七　乙巳八十一　乙巳九十

太建四年壬辰歲十一月二十九日丁卯景長

丙寅八十三　丙寅七十八　丙寅七十七　丙寅九十五　丙寅九十八　丙寅八十七

太建六年甲午歲十一月二十日丁丑景長

丁丑三十二　丁丑三十三　丁丑二十五　丁丑四十三　丁丑二十七　丁丑三十六

太建九年丁酉歲十一月二十三日壬辰景長

癸巳四　癸巳六　壬辰九十九　癸巳十六　癸巳空　癸巳八

太建十年戊戌歲十一月五日戊戌景長

戊戌三十	戊戌三十	戊戌二十 三	戊戌四十	戊戌二十 四	戊戌三十 三

開皇四年甲辰歲十一月十一日己巳景長

己巳七十 七	己巳七十 八	己巳六十 九	己巳八十 六	己巳七十 一	己巳八十 六

開皇五年乙巳歲十一月二十二日乙亥景長

乙亥一	乙亥二	甲戌九十 二	乙亥十一	甲戌五十 五	乙亥一十

開皇六年丙午歲十一月三日庚辰景長

庚辰二十 五	庚辰二十 六	庚辰十八	庚辰三十 四	庚辰十九	庚辰三十 四

開皇七年丁未歲十一月十四日乙酉景長

乙酉五十	乙酉五十	乙酉四十 二	乙酉五十 九	乙酉四十 四	乙酉五十 九

開皇十一年辛亥歲十一月二十八日丙午景長

丙午四十 八	丙午四十 九	丙午四十 三	丙午五十 七	丙午四十 一	丙午五十 六

開皇十四年甲寅歲十一月辛酉朔旦冬至

壬戌二十一 壬戌二十二 壬戌十二 壬戌二十 壬戌十四 壬戌二十九

唐貞觀十八年甲辰歲十一月乙酉景長

甲申四十三 甲申四十五 甲申三十一 甲申五十 甲申三十二 甲申四十四

貞觀二十三年己酉歲十一月辛亥景長

庚戌六十五 庚戌六十八 庚戌五十二 庚戌七十二 庚戌五十四 庚戌六十六

龍朔二年壬戌歲十一月四日己未至戊午景長

戊午八十三 戊午八十六 戊午六十九 戊午八十五 戊午七十一 戊午八十二

儀鳳元年丙子歲十一月壬申景長

壬申二十五 壬申二十八 壬申二十 壬申二十八 壬申十二 壬申二十二

永淳元年壬午歲十一月癸卯景長

癸卯七十二 癸卯七十五 癸卯五十七 癸卯七十六 癸卯五十八 癸卯六十八

開元十年壬戌歲十一月癸酉景長

癸酉四十九 癸酉五十四 癸酉三十一 癸酉五十 癸酉三十二 癸酉四十六

開元十一年癸亥歲十一月戊寅景長

戊寅七十四	戊寅七十八	戊寅五十五	戊寅七十四	戊寅五十六	戊寅七十

開元十二年甲子歲十一月癸未冬至

癸未九十八	甲申三	癸未八十	癸未九十九	癸未八十一	癸未九十五

宋景德四年丁未歲十一月戊辰日南至

戊辰十五	戊辰二十六	丁卯七十四	丁卯八十二	丁卯七十四	丁卯八十

皇祐二年庚寅歲十一月三十日癸丑景長

癸丑六十五	癸丑七十九	癸丑二十二	癸丑二十五	癸丑二十二	癸丑二十三

元豐六年癸亥歲十一月丙午景長

丙午七十三	丙午八十五	丙午二十六	丙午二十七	丙午二十六	丙午二十六

元豐七年甲子歲十一月辛亥景長

辛亥九十七	壬子一十	辛亥五十	辛亥五十一	辛亥五十	辛亥五十一

元祐三年戊辰歲十一月壬申景長

	壬申九十四	癸酉八	壬申四十八	壬申四十八	壬申四十八	壬申四十八
元祐四年己巳歲十一月丁丑景長	戊寅十九	戊寅三十二	丁丑七十二	丁丑七十二	丁丑七十二	丁丑七十二
元祐五年庚午歲十一月壬午冬至	癸未四十四	癸未五十六	壬午九十六	壬午九十七	壬午九十六	壬午九十六
元祐七年壬申歲十一月癸巳冬至	癸巳九十二	甲午五	癸巳四十五	癸巳四十五	癸巳四十五	癸巳四十五
元符元年戊寅歲十一月甲子冬至	乙丑三十九	乙丑五十二	甲子九十一	甲子九十一	甲子九十一	甲子九十一
崇寧三年甲申歲十一月丙申冬至	丙申八十六	丙申九十九	丙申三十七	丙申三十六	丙申三十七	丙申三十七
紹熙二年辛亥歲十一月壬申冬至	癸酉十二	癸酉二十七	壬申五十七	壬申四十七	壬申五十七	壬申四十六

慶元三年丁巳歲十一月癸卯日南至

甲辰五十九	甲辰七十四	甲辰三	癸卯九十二	甲辰三	癸卯九十二

嘉泰三年癸亥歲十一月甲戌日南至

丙子五	丙子二十一	乙亥四十九	乙亥三十七	乙亥四十九	乙亥三十七

嘉定五年壬申歲十一月壬戌日南至

癸亥二十五	癸亥四十一	壬戌六十九	壬戌五十六	壬戌六十八	壬戌五十六

紹定三年庚寅歲十一月丙申日南至

丁酉六十五	丁酉八十三	丁酉七	丙申六十三	丁酉七	丙申九十二

淳祐十年庚戌歲十一月辛巳日南至

壬午九十四	壬午七十一	辛巳九十六	辛巳七十七	辛巳九十四	辛巳七十八

本朝至元十七年庚辰歲十一月己未夜半後六刻冬至

己未八十七	庚申五	己未二十五	己未四	己未二十四	己未六

右自春秋獻公以來凡二千一百六十餘年用大衍宣明紀元統天大明授時

六曆推算冬至凡四十九事大衍曆合者三十二不合者十七宣明曆合者二十六不合者二十三紀元曆合者三十五不合者十四統天曆合者三十八不合者十一大明曆合者三十四不合者十五授時曆合者三十九不合者十事

今按獻公十五年戊寅歲正月甲寅朔旦冬至授時曆得甲寅統天曆得乙卯後天一日至僖公五年正月辛亥朔旦冬至授時統天皆得辛亥與天合下至昭公二十年己卯歲正月己丑朔旦冬至授時統天皆得戊子並先一日若曲變其法以從之則獻公僖公皆不合矣以此知春秋所書昭公冬至乃日度失行之驗一也大衍曆攷古冬至謂劉宋元嘉十三年丙子歲十一月甲戌日南至大衍與皇極麟德三曆皆得癸酉各先一日乃日度失行非三曆之差今以授時曆攷之亦得癸酉二也大明五年辛丑歲十一月乙酉冬至諸曆皆得甲申殆亦日度之差三也陳太建四年壬辰歲十一月丁卯景長大衍授時皆得丙寅是先一日太建九年丁酉歲十一月壬辰景長大衍授時皆得癸巳是後一日一失之先一失之後若合於壬辰則差於丁酉合於丁酉則差於壬辰亦

日度失行之驗五也隋開皇十一年辛亥歲十一月丙午景長大衍統天授時
皆得丙午與天合至開皇十四年甲寅歲十一月辛酉冬至而大衍統天授時
皆得壬戌若合於辛亥則失於甲寅合於甲寅則失於辛亥其開皇十四年甲
寅歲冬至亦日度失行六也唐貞觀十八年甲辰歲十一月乙酉景長諸曆得
甲申貞觀二十三年己酉歲十一月辛亥景長諸曆皆得庚戌大衍曆議以永
淳開元冬至推之知前二冬至乃史官依時曆以書必非候景所得所以不合
今以授時曆攷之亦然八也自前宋以來測景驗氣者凡十七事其景德丁未
歲戊辰日南至統天授時皆得丁卯是先一日嘉泰癸亥歲甲戌日南至統天
授時皆得乙亥是後一日一失之先一失之後若曲變其數以從景德則其餘
十六事多後天從嘉泰則其餘十六事多先天亦日度失行之驗十也前十事
皆授時曆所不合以此理推之非不合矣蓋類其同則知其中辨其異則知其
變今於冬至略其日度失行及史官依時曆書之者凡十事則授時曆三十九
事皆中統天曆與今曆不合者僅有獻公一事大衍曆推獻公冬至後天二日

大明後天三日授時曆與天合下推至元庚辰冬至大衍後天八十一刻大明後天一十九刻統天曆先天一刻授時曆與天合以前代諸曆校之授時爲密庶幾千歲之日至可坐而致云

古今曆參校疎密

授時曆與古曆相校疎密自見蓋上能合於數百載之前則下可行之永久此前人定說古稱善治曆者若宋何承天隋劉焯唐傅仁均僧一行之流最爲傑出今以其曆與至元庚辰冬至氣應相校未有不舛戾者而以新曆上推往古無不脗合則其疎密從可知已

宋文帝元嘉十九年壬午歲十一月乙巳日十一刻冬至距本朝至元十七年庚辰歲計八百三十八年其年十一月氣應己未六刻冬至元嘉曆推之得辛酉後授時二日授時上考元嘉壬午歲冬至得乙巳與元嘉合

隋大業三年丁卯歲十一月庚午日五十二刻冬至距至元十七年庚辰歲計六百七十三年皇極曆推之得庚申冬至後授時一日授時上考大業丁卯歲

冬至得庚午與皇極合
唐武德元年戊寅歲十一月戊辰日六十四刻冬至距至元十七年庚辰歲計六百六十二年戊寅曆推之得庚申冬至後授時一日授時曆上考武德戊寅歲得戊辰冬至與戊寅曆合
開元十五年丁卯歲十一月己亥日七十二刻冬至距至元十七年庚辰歲計五百五十三年大衍曆推之得己未冬至後授時八十一刻授時曆上考開元丁卯歲得己亥冬至與大衍曆合先四刻
長慶元年辛丑歲十一月壬子日七十六刻冬至距至元十七年庚辰歲計四百五十九年宣明曆推之得庚申冬至後授時一日授時曆上考長慶辛丑歲得壬子冬至與宣明曆合
宋太平興國五年庚辰歲十一月丙午日六十三刻冬至距至元十七年庚辰歲計三百年乾元曆推之得庚申冬至後授時一日授時曆上考太平興國庚辰歲得丙午冬至與乾元合

咸平三年庚子歲十一月辛卯日五十三刻冬至距至元十七年庚辰歲計二百八十年儀天曆推之得庚申冬至後授時一日授時上考咸平庚子歲得辛卯冬至與儀天合

崇寧四年乙酉歲十一月辛丑日六十一刻冬至距至元十七年庚辰歲計一百七十五年紀元曆推之得己未日冬至後授時十九刻授時曆上考崇寧乙酉歲得辛丑日冬至與紀元曆合先二刻

金大定十九年己亥歲十一月己巳日六十四刻冬至距至元十七年庚辰歲計一百一年大明曆推之得己未冬至後授時一十九刻授時曆上考大定己亥歲得己巳冬至與大明曆合先九刻大明冬至蓋測驗未密故也

慶元四年戊午歲十一月己酉日一十七刻冬至距至元十七年庚辰歲計八十二年統天曆推之得己未冬至先授時一刻授時曆上考慶元戊午歲得己酉日冬至與統天曆合

周天列宿度

列宿著於天爲舍二十有八爲度三百六十五有奇非日躔無以校其度非列舍無以紀其度周天之度因二者以得之天體渾圓當二極南北之中絡以赤道日月五星之行常出入於此天左旋日月五星遡而右轉昔人曆象日月星辰謂此也然列舍相距度數歷代所測不同非微有動移則前人所測或有未密古用闚管今新制渾儀測用二綫所測度數分秒與前代不同者今列於左

漢洛下閎所測	唐一行所測	宋皇祐所測	元豐所測	崇寧所測	至元所測
角十二度					十二度一十分
亢九度				九度少	九度二十分
氐十五度		十六度			十六度三十分
房五度			六度	五度太	五度六十分
心五度		六度		六度少	六度五十分
尾十八度		十九度		十九度少	十九度一十分
箕十一度		十度	十一度	十度半	十度四十分

東方七十五度		七十七度	七十九度	七十八度	七十九度二十分
斗二十六度及分	二十六度	二十五度			二十五度二十分
牛八度		七度		七度少	七度二十分
女十二度		十一度		十一度少	十一度三十五分
虛十度	十度少強		九度少強		八度九十五分
危十七度		十六度		十五度半	十五度四十分
室十六度	十六度	十七度			十七度一十分
壁九度				八度太	八度六十分
北方九十八度及分	九十八度二十五分	九十五度二十五分	九十四度二十五分	九十四度七十五分	九十三度八十分太
奎十六度				十六度半	十六度六十分
婁十二度					十一度八十分
胃十四度		十五度			十五度六十分
昴十一度				十一度少	十一度三十分

畢十六度	十七度	十八度	十七度	十七度少	十七度四十分
觜二度	一度			半度	五分
參九度	十度			十度半	十一度一十分
西方八十度	八十一度	八十三度	八十二度	八十三度	八十三度八十五分
井三十三度				三十三度少	三十三度三十分
鬼四度	三度	二度		二度半	二度二十分
柳十五度		十四度		十三度太	十三度三十分
星七度				六度太	六度三十分
張十八度			十七度	十七度少	十七度二十五分
翼十八度			十九度	十八度太	十八度七十五分
軫十七度					十七度三十分
西方一百一十三度	一百一十一度	一百一十度	一百一十度	一百九度二十五分	一百八度四十分

日躔

日之躔天縣象最著大明一生列宿俱熄古人欲測躔度所在必以昏旦夜半中星衡考其所距從考其所當然昏旦夜半時刻未易得真時刻一差則所距所當不容無舛晉姜岌首以月食衝檢知日度所在紀元曆復以太白誌其相距遠近於昏後明前驗定星度因得日躔今用至元丁丑四月癸酉望月食既推求得冬至日躔赤道箕宿十度黄道九度有奇仍自其年正月至己卯歲終三年之間日測太陰所離宿次及歲星太白相距度定驗參考共得一百三十四事皆躔箕宿適與月食所衝允合以金趙知微所修大明曆法推之冬至猶躔斗初度三十六分六十四秒比新測實差七十六分六十四秒

日行盈縮

日月之行有冬有夏言日月行度冬夏各不同也人徒知日行一度一歲一周天曾不知盈縮損益四序有不同者北齊張子信積候合蝕加時覺日行有入氣差然損益未得其正趙道嚴復準晷景長短定日行進退更造盈縮以求虧食至劉焯立躔度與四序升降雖損益不同後代祖述用之夫陰陽往來馴積

而變冬至日行一度強出赤道二十四度弱自此日軌漸北積八十八日九十一分當春分前三日交在赤道實行九十一度三十一分而適平自後其盈日損復行九十三日七十一分當夏至之日入赤道內二十四度弱實行九十一度三十一分日行一度弱向之盈分盡損而無餘自此日軌漸南積九十三日七十一分當秋分後三日交在赤道實行九十一度三十一分而復平自後其縮日損行八十八日九十一分出赤道外二十四度弱實行九十一度三十一分復當冬至向之縮分盡損而無餘盈縮均有損益初爲益末爲損自冬至以及春分春分以及夏至日躔自北陸轉而西西而南於盈爲益益極而損損至於無餘而縮自夏至以及秋分秋分以及冬至日躔自南陸轉而東東而北於縮爲益益極而損損至於無餘而復盈盈初縮末俱八十八日九十一分而行一象縮初盈末俱九十三日七十一分而行一象盈縮極差皆二度四十分由實測晷景而得仍以算術推考與所測允合

月行遲疾

古曆謂月平行十三度十九分度之七漢耿壽昌以爲日月行至牽牛東井日過度月行十五度至婁角始平行赤道使然賈逵以爲今合朔弦望月食加時所以不中者蓋不知月行遲疾意李梵蘇統皆以月行當有遲疾不必在牽牛東井婁角之間乃由行道有遠近出入所生劉洪作乾象曆精思二十餘年始悟其理列爲差率以囿進退損益之數後之作曆者咸因之至唐一行考九道委蛇曲折之數得月行疾徐之理先儒謂月與五星皆近日而疾遠日而遲曆家立法以入轉一周之日爲遲疾二曆各立初末二限初爲益末爲損在疾初遲末其行度率過於平行遲初疾末率不及于平行自入轉初日行十四度半強從是漸殺歷七日適及平行度謂之疾初限其積度比平行餘五度四十二分自是其疾日損又歷七日行十二度微強向之益者盡損而無餘謂之疾末限自是復行遲度又歷七日適及平行度謂之遲初限其積度比平行不及五度四十二分自此其遲日損行度漸增又歷七日復行十四度半強向之益者亦損而無餘謂之遲末限入轉一周實二十七日五十五刻四十六分遲疾極

差皆五度四十二分舊曆日爲一限皆用二十八限今定驗得轉分進退時各
不同今分日爲十二共三百三十六限半之爲半周限析而四之爲象限

白道交周

當二極南北之中橫絡天體以紀宿度者赤道也出入赤道爲日行之軌者黃
道也所謂白道與黃道交貫月行之所由也古人隨方立名分爲八行與黃道
而九究而言之其實一也惟其隨交遷徙變動不居故強以方色名之月道出
入日道兩相交值當朔則日爲月所掩當望則月爲日所衝故皆有食然涉交
有遠近食分有深淺皆可以數推之所謂交周者月道出入日道一周之日也
日道距赤道之遠爲度二十有四月道出入日道不踰六度其距赤道也遠不
過三十度近不下十八度出黃道外爲陽入黃道內爲陰陰陽一周分爲四象
月當黃道爲正交出黃道外六度爲半交復當黃道爲中交入黃道內六度爲
半交是爲四象象別七日各行九十一度四象周曆是謂一交之終以日計之
得二十七日二十一刻二十二分二十四秒每一交退天一度二百分度之九

十三凡二百四十九交退天一周有奇終而復始正交在春正半交出黃道外六度在赤道內十八度正交在秋正半交出黃道外六度在赤道外三十度中交在春正半交入黃道內六度在赤道內三十度中交在秋正半交入黃道內六度在赤道外十八度月道與赤道正交距春秋二正黃赤道正交宿度東西不及十四度三分度之二夏至在陰曆內冬至在陽曆外月道與赤道所差者多夏至在陽曆外冬至在陰曆內月道與赤道所差者少蓋白道二交有斜有直陰陽二曆有內有外直者密而狹斜者疏而闊其差亦從而異今立象置法求之差數多者不過三度五十分少者不下一度三十分是爲月道與赤道多少之差

晝夜刻

日出爲晝日入爲夜晝夜一周共爲百刻以十二辰分之每辰得八刻三分刻之一無間南北所在皆同晝短則夜長夜短則晝長此自然之理也春秋二分日當赤道出入晝夜正等各五十刻自春分以及夏至日入赤道內去極浸近

夜短而晝長自秋分以及冬至日出赤道外去極浸遠晝短而夜長以地中揆之長不過六十刻短不過四十刻地中以南夏至去日出入之所爲遠其長有不及六十刻者冬至去日出入之所爲近其短有不止四十刻者地中以北夏至去日出入之所爲近其長有不止六十刻者冬至去日出入之所爲遠其短有不及四十刻者今京師冬至日出辰初二刻日入申正二刻故晝刻三十八夜刻六十二夏至日出寅正二刻日入戌初二刻故晝刻六十二夜刻三十八蓋地有南北極有高下日出入有早晏所有不同耳今授時曆晝夜刻一以京師爲正其各所實測北極高下具見天文志

元史卷五十二

元史卷五十三

明翰林學士亞中大夫知制誥兼修國史宋　濂等修

志第五

曆二

授時曆議下

交食

曆法疏密驗在交食然推步之術難得其密加時有早晚食分有淺深取其密合不容偶然推演加時必本於躔離朓朒考求食分必本於距交遠近苟入氣盈縮入轉遲疾未得其正則合朔不失之先則失之後合朔失之先後則虧食時刻其能密乎日月俱東行而日遲月疾月追及日是爲一會交值之道有陽曆陰曆交會之期有中前中後加以地形南北東西之不同人目高下邪直之各異此食分多寡理不得一者也今合朔既正則加時無早晚之差氣刻適中則食分無強弱之失推而上之自詩書春秋及三國以來所載虧食無不合焉

者合於既往則行之悠久自可無弊矣

詩書所載日食二事

書胤征惟仲康肇位四海乃季秋月朔辰弗集于房

今按大衍曆作仲康即位之五年癸巳距辛巳三千四百八年九月庚戌朔泛交二十六日五千四百二十一分入食限

詩小雅十月之交大夫刺幽王也十月之交朔日辛卯日有食之亦孔之醜

今按梁太史令虞劆云十月辛卯朔在幽王六年乙丑朔大衍亦以爲然以授時曆推之是歲十月辛卯朔泛交十四日五千七百九分入食限

春秋日食三十七事

隱公三年辛酉歲春王二月己巳日有食之

杜預云不書日史官失之公羊云日食或言朔或不言朔或日或不日或失之前或失之後失之前者朔在前也失之後者朔在後也穀梁云言日不言朔食晦日也姜岌校春秋日食云是歲二月己亥朔無己巳似失一

閏三月己巳朔去交分入食限大衍與姜岌合今授時曆推之是歲三月
己巳朔加時在晝去交分二十六日六千六百三十一入食限
桓公三年壬申歲七月壬辰朔日有食之
姜岌以爲是歲七月癸亥朔無壬辰亦失閏其八月壬辰朔去交分入食
限大衍與姜岌合以今曆推之是歲八月壬辰朔加時在晝食六分一十
四秒
桓公十七年丙戌歲冬十月朔日有食之
左氏云不書日史官失之大衍推得在十一月交分入食限失閏也以今
曆推之是歲十一月加時在晝交分二十六日八千五百六十入食限
莊公十八年乙巳歲春王三月日有食之
穀梁云不言日不言朔夜食也大衍推是歲五月朔交分入食限三月不
應食以今曆推之是歲三月朔不入食限五月壬子朔加時在晝交分入
食限蓋誤五爲三

莊公二十五年壬子歲六月辛未朔日有食之
大衍推之七月辛未朔交分入食限以今曆推之是歲七月辛未朔加時
在晝交分二十七日四百八十九入食限失閏也
莊公二十六年癸丑歲冬十有二月癸亥朔日有食之
今曆推之是歲十二月癸亥朔加時在晝交分十四日三千五百五十一
入食限
莊公三十年丁巳歲九月庚午朔日有食之
今曆推之是歲十月庚午朔加時在晝去交分十四日四千六百九十六
入食限失閏也大衍同
僖公十二年癸酉歲春王三月庚午朔日有食之
姜氏云三月朔交不應食在誤條其五月庚午朔去交分入食限大衍同
今曆推之是歲五月庚午朔加時在晝去交分二十六日五千一百九十
二入食限蓋五誤爲三

僖公十五年丙子歲夏五月有食之

左氏云不書朔與日史官失之也大衍推四月癸丑朔去交分入食限差一閏今曆推之是歲四月癸丑朔去交分一日一千三百一十六入食限

文公元年乙未歲二月癸亥朔日有食之

姜氏云二月甲午朔無癸亥三月癸亥朔入食限大衍亦以爲然今曆推之是歲三月癸亥朔加時在晝去交分二十六日五千九百十七分入食限失閏也

文公十五年己酉歲六月辛丑朔日有食之

今曆推之是歲六月辛丑朔加時在晝交分二十六日四千四百七十三分入食限

宣公八年庚申歲秋七月甲子日有食之

杜預以七月甲子晦食姜氏云十月甲子朔食大衍同今曆推之是歲十月甲子朔加時在晝食九分八十一秒蓋十誤爲七

宣公十年壬戌歲夏四月丙辰日有食之
今曆推之是月丙辰朔加時在晝交分十四日九百六十八分入食限
宣公十七年己巳歲六月癸卯日有食之
姜氏云六月甲辰朔不應食大衍云是年五月在交限六月甲辰朔交分已過食限蓋誤今曆推之是歲五月乙亥朔入食限六月甲辰朔泛交二日已過食限大衍爲是
成公十六年丙戌歲六月丙寅朔日有食之
今曆推之是歲六月丙寅朔加時在晝去交分二十六日九千八百三十五分入食限
成公十七年丁亥歲十有二月丁巳朔日有食之
姜氏云十二月戊子朔無丁巳似失閏大衍推十一月丁巳朔交分入食限今曆推之是歲十一月丁巳朔加時在晝交分十四日二千八百九十七分入食限與大衍同

襄公十四年壬寅歲二月乙未朔日有食之
今曆推之是歲二月乙未朔加時在晝交分十四日一千三百九十三分
入食限
襄公十五年癸卯歲秋八月丁巳朔日有食之
姜氏云七月丁巳朔食失閏也大衍同今曆推之是歲七月丁巳朔加時
在晝去交分二十六日三千三百九十四分入食限
襄公二十年戊申歲冬十月丙辰朔日有食之
今曆推之是歲十月丙辰朔加時在晝交分十三日七千六百分入食限
襄公二十一年己酉歲秋七月庚戌朔日有食之
今曆推之是月庚戌朔加時在晝交分十四日三千六百八十二分入食
限
冬十月庚辰朔日有食之
姜氏云比月而食宜在誤條大衍亦以爲然今曆推之十月已過交限不

應頻食姜說爲是

襄公二十三年辛亥歲春王二月癸酉朔日有食之

今曆推之是月癸酉朔加時在晝交分二十六日五千七百三分入食限

襄公二十四年壬子歲秋七月甲子朔日有食之

今曆推之是月甲子朔加時在晝日食九分六秒

八月癸巳朔日有食之

漢志董仲舒以爲比食又既大衍云不應頻食在誤條今曆推之立分不叶不應食大衍說是

襄公二十七年乙卯歲冬十有二月乙亥朔日有食之

姜氏云十一月乙亥朔交分入限應食大衍同今曆推之是歲十一月乙亥朔加時在晝交分初日八百二十五分入食限

昭公七年丙寅歲夏四月甲辰朔日有食之

今曆推之是月甲辰朔加時在晝交分二十七日二百九十八分入食限

昭公十五年甲戌歲六月丁巳朔日有食之
大衍推五月丁巳朔食失一閏今曆推之是歲五月丁巳朔加時在晝交
分十三日九千五百六十七分入食限
昭公十七年丙子歲夏六月甲戌朔日有食之
姜氏云六月乙巳朔交分不叶不應食當誤大衍云當在九月朔六月不
應食姜氏是也今曆推之是歲九月甲戌朔加時在晝交分二十六日七
千六百五十分入食限
昭公二十一年庚辰歲七月壬午朔日有食之
今曆推之是月壬午朔加時在晝交分二十六日八千七百九十四分入
食限
昭公二十二年辛巳歲冬十有二月癸酉朔日有食之
今曆推之是月癸酉朔交分十四日一千八百入食限杜預以長曆推之
當爲癸卯非是

昭公二十四年癸未歲夏五月乙未朔日有食之

今曆推之是月乙未朔加時在晝交分二十六日三千八百三十九分入

食限

昭公三十一年庚寅歲十有二月辛亥朔日有食之

今曆推之是月辛亥朔加時在晝交分二十六日六千一百二十八入食

限

定公五年丙申歲春三月辛亥朔日有食之

今曆推之三月辛卯朔加時在晝交分十四日三百三十四分入食限

定公十二年癸卯歲十一月丙寅朔日有食之

今曆推之是歲十月丙寅朔加時在晝交分十四日二千六百二十二分

入食限蓋失一閏

定公十五年丙午歲八月庚辰朔日有食之

今曆推之是月庚辰朔加時在晝交分十三日七千六百八十五分入食

限

哀公十四年庚申歲夏五月庚申朔日有食之

今曆推之是月庚申朔加時在晝交分二十六日九千二百一分入食限

右詩書所載日食二事春秋二百四十二年間凡三十有七事以授時曆推之惟襄公二十一年十月庚辰朔及二十四年八月癸巳朔不入食限蓋自有曆以來無比月而食之理其三十五食食皆在朔經或不書日不書朔公羊穀梁以爲食晦二者非左氏以爲史官失之者得之其間或差一日二日者蓋由古曆疎闊置閏失當之弊姜岌一行已有定說孔子作書但因時曆以書非大義所關故不必致詳也

三國以來日食

蜀章武元年辛丑六月戊辰晦時加未

授時曆食甚未五刻

大明曆食甚未五刻

右皆親二曆推戊辰皆七月朔

魏黃初三年壬寅十一月庚申晦食時加西南維

授時曆食甚申二刻

大明曆食甚申三刻

右授時親大明次親二曆推庚申皆十二月朔

梁中大通五年癸丑四月己未朔食在丙

授時曆虧初午四刻

大明曆虧初午四刻

右皆親

太清元年丁卯正月己亥朔食時加申

授時曆食甚申一刻

大明曆食甚申三刻

右授時次親大明親

陳太建八年丙申六月戊申朔食於卯申間
授時曆食甚卯二刻
大明曆食甚卯四刻
右授時次親大明疎遠
唐永隆元年庚辰十一月壬申朔食巳四刻甚
授時曆食甚巳七刻
大明曆食甚巳五刻
右授時疎大明親
開耀元年辛巳十月丙寅朔食巳初甚
授時曆食甚辰正三刻
大明曆食甚辰正一刻
右授時親大明疎
嗣聖八年辛卯四月壬寅朔食卯二刻甚

授時曆食甚寅八刻
大明曆食甚卯初刻
右皆次親
十七年庚子五月己酉朔食申初甚
授時曆食甚申初二刻
大明曆食甚申正初刻
右授時次親大明疎遠
十九年壬寅九月乙丑朔食申三刻甚
授時曆食甚申一刻
大明曆食甚申四刻
右授時次親大明親
景龍元年丁未六月丁卯朔食午正甚
授時曆食甚午正二刻

大明曆食甚未初初刻
右授時次親大明踈遠
開元元年辛酉九月乙巳朔食午正後三刻甚
授時曆食甚午正一刻
大明曆食甚午正二刻
右授時次親大明親
宋慶曆六年丙戌三月辛巳朔食申正三刻復滿
授時曆復滿申正三刻
大明曆復滿申正一刻
右授時密合大明次親
皇祐元年己丑正月甲午朔食午正甚
授時曆食甚午初二刻
大明曆食甚午正初刻

右授時親大明密合

五年癸巳歲十月丙申朔食未一刻甚

授時曆食甚未三刻

大明曆食甚未初刻

右授時次親大明親

至和元年甲午四月甲午朔食申正一刻甚

授時曆食甚申正一刻

大明曆食甚申正二刻

右授時密合大明親

嘉祐四年己亥正月丙申朔食未三刻復滿

授時曆復滿未初二刻

大明曆復滿未初二刻

右皆親

六年辛丑六月壬子朔食未初虧初
授時曆虧初未初刻
大明曆虧初未一刻
右授時親大明次親
治平三年丙午九月壬子朔食未二刻甚
授時曆食甚未三刻
大明曆食甚未四刻
右授時親大明次親
熙寧二年己酉七月乙丑朔食辰三刻甚
授時曆食甚辰五刻
大明曆食甚辰四刻
右授時次親大明親
元豐三年庚申十一月己丑朔食巳六刻甚

授時曆食甚巳五刻
大明曆食甚巳二刻
右授時親大明踈遠
紹聖元年甲戌三月壬申朔食未六刻甚
授時曆食甚未五刻
大明曆食甚未五刻
右皆親
大觀元年丁亥十一月壬子朔食未二刻虧初未八刻甚申六刻復滿
授時曆虧初未三刻食甚申初刻復滿申六刻
大明曆虧初未初刻食甚未七刻復滿申五刻
右授時曆虧初食甚皆親復滿密合大明虧初次親食甚復滿皆親
紹興三十二年壬午正月戊辰朔食申虧初
授時曆虧初申一刻

大明曆虧初未七刻

右皆親

淳熙十年癸卯十一月壬戌朔食巳正二刻甚

授時曆食甚巳正二刻

大明曆食甚巳正一刻

右授時密合大明親

慶元元年乙卯三月丙戌朔食午初二刻虧初

授時曆虧初午初一刻

授時曆虧初午正初刻食甚未初一刻復滿未正一刻

大明曆虧初午正三刻食甚未正一刻復滿申初二刻

右授時虧初食甚皆密合復滿親大明虧初踈食甚復滿皆踈遠

前代考古交食同刻者爲密合相較一刻爲親二刻爲次親三刻爲踈四刻爲踈遠今授時大明校古日食上自後漢章武元年下訖本朝計三十五事密合

者授時十大明二親者授時十有七大明十有六次親者授時十大明八疎者

授時一大明三疎遠者授時無大明六

前代月食

宋元嘉十一年甲戌七月丙子望食四更二唱虧初四更四唱食既

授時曆虧初四更三點食既在四更四點

大明曆虧初在四更二點食既在四更五點

右授時虧初親食既密合大明虧初密合食既親

十三年丙子十二月己巳望食一更三唱食既

授時曆

大明曆虧初午初二刻

右授時虧初親大明虧初密合

嘉泰二年壬戌五月甲辰朔食午初一刻虧初

授時曆虧初巳正三刻

大明曆虧初午初三刻
右皆親
嘉定九年丙子二月甲申朔食申正四刻甚
授時曆食甚申正三刻
大明曆食甚申正二刻
右授時親大明次親
淳祐三年癸卯三月丁丑朔食巳初二刻甚
授時曆食甚巳初一刻
大明曆食甚巳初初刻
右授時親大明次親
本朝中統元年庚申三月戊辰朔食申正二刻甚
授時曆食甚申正一刻
大明曆食甚申初三刻

右授時親大明疎

至元十四年丁丑十月丙辰朔食午正初刻虧初未初一刻食甚未正二刻復滿

授時曆食既在一更三點

大明曆食既在一更四點

右授時密合大明親

十四年丁丑十一月丁丑望食二更四唱虧初三更一唱食既

授時曆虧初在二更五點食既在三更二點

大明曆虧初在二更四點食既在三更二點

右授時虧初食既皆親大明虧初密合食既親

梁中大通二年庚戌五月庚寅望月食在子

授時曆食甚在子正初刻

大明曆食甚在子正初刻

右皆密合
大同九年癸亥三月乙巳望食三更三唱虧初
授時曆虧初三更一點
大明曆虧初三更三點
右授時次親大明密合
隋開皇十二年壬子七月己未朔食一更三唱虧初
授時曆虧初在一更四點
大明曆虧初在一更五點
右授時親大明次親
十五年乙卯十一月庚午望食一更四點虧初二更三點食甚三更一點復滿
授時曆虧初在一更三點食甚在二更二點復滿在二更五點
大明曆虧初在一更五點食甚在二更二點復滿在二更五點

右授時虧初食甚復滿皆親大明虧初復滿皆親食甚密合
十六年丙辰十一月甲子望食四更三籌復滿
授時曆復滿在四更四點
大明曆復滿在四更五點
右授時親大明次親
後漢天福十二年丁未十二月乙未望食四更四點虧初
授時曆虧初四更五點
大明曆虧初四更一點
右授時親大明次親
宋皇祐四年壬辰十一月丙辰望食寅四刻虧初
授時曆虧初在寅二刻
大明曆虧初在寅一刻
右授時次親大明疎

嘉祐八年癸卯十月癸未望食卯七刻甚

授時曆食甚在辰初刻

大明曆食甚在辰初刻

右皆親

熙寧二年己酉閏十一月丁未望食亥六刻虧初子五刻食甚丑四刻復滿

授時曆虧初在亥六刻食甚在子五刻復滿在丑三刻

大明曆虧初在子初刻食甚在子六刻復滿在丑四刻

右授時虧初食甚密合復滿親大明虧初次親食甚親復滿密合

四年辛亥十一月丙申望食卯二刻虧初卯六刻甚

授時曆虧初在卯初刻食甚在卯五刻

大明曆虧初在卯四刻食甚在卯七刻

右虧初皆次親食甚皆親

六年癸丑三月戊午望食亥一刻虧初亥六刻甚子四刻復滿

授時曆虧初在戌七刻食甚在亥五刻復滿在子三刻
大明曆虧初在亥二刻食甚在亥七刻復滿在子四刻
右授時虧初次親食甚復滿皆親大明虧初食甚皆親復滿密合
七年甲寅九月己酉望食四更五點虧初五更三點食既
授時曆虧初在四更五點食既在五更三點
大明曆虧初在四更三點食既在五更二點
右授時虧初食既皆密合大明虧初次親食既親
崇寧四年乙酉十二月戊寅望食酉三刻甚戌初刻復滿
授時曆食甚在酉一刻復滿在酉七刻
大明曆食甚在酉三刻復滿在戌二刻
右授時食甚復滿皆次親大明食甚密合復滿次親
本朝至元七年庚午三月乙卯望食丑三刻虧初寅初刻食甚寅六刻復滿
授時曆虧初在丑二刻食甚在寅初刻復滿在寅六刻

大明曆虧初在丑四刻食甚在寅一刻復滿在寅七刻
右授時虧初親食甚復滿密合大明虧初食甚復滿皆親
九年壬申七月辛未望食丑初刻虧初丑六刻食甚寅三刻復滿
授時曆虧初在子七刻食甚在丑四刻復滿在寅一刻
大明曆虧初在丑二刻食甚在丑六刻復滿在寅二刻
右授時虧初親食甚復滿皆次親大明虧初次親食甚密合復滿親
十四年丁丑四月癸酉望食子六刻虧初丑三刻食既丑五刻甚丑七刻生
光寅四刻復滿
授時曆虧初在子六刻食既在丑四刻食甚在丑五刻生光丑六刻復滿
寅四刻
大明曆虧初在丑初刻食既丑七刻食甚在丑七刻生光在丑八刻復滿
寅六刻
右授時虧初食甚復滿皆密合食既生光皆親大明虧初食甚復滿皆

次親食既踈遠生光親
十六年己卯二月癸酉望食子五刻虧初丑二刻甚丑七刻復滿
授時曆虧初在子五刻食甚在丑二刻復滿在丑七刻
大明曆虧初在子七刻食甚在丑三刻復滿在丑七刻
右授時虧初食甚復滿皆密合大明虧初次親食甚親復滿密合
八月己丑望食丑五刻虧初寅初刻甚寅四刻復滿
授時曆虧初在丑三刻食甚在寅初刻復滿在寅四刻
大明曆虧初在丑七刻食甚在寅二刻復滿在寅四刻
右授時虧初次親食甚復滿皆密合大明虧初食甚皆次親復滿密合
十七年庚辰八月甲申望食在晝戌一刻復滿
授時曆復滿在戌一刻
大明曆復滿在戌四刻
右授時密合大明踈

已上四十五事密合者授時十有八大明十有七次親者授時十有一親者授時十有八大明十有九大明十有四疎者授時九大明二疎遠者授時無大明二疎遠者授時無大明一

定朔

日平行一度月平行十三度十九分度之七一晝夜之間月先日十二度有奇歷二十九日五十三刻復追及日與之同度是謂經朔經朔云者謂合朔大暈不出此也日有盈縮月有遲疾以盈縮遲疾之數損益之始爲定朔古人立法簡而未密初用平朔一大一小故日食有在朔二月食有在望前後者漢張衡以月行遲疾分爲九道宋何承天以日行盈縮推定小餘故月有三大二小隋劉孝孫劉焯欲遵用其法時議排抵以爲迂怪卒不能行唐傅仁均始采用之至貞觀十九年九月後四月頻大復用平朔訖麟德元年始用李淳風甲子元曆定朔之法遂行淳風又以晦月頻見故立進朔之法謂朔日小餘在日法四分之三已上虛進一日後代皆循用之然虞劆嘗曰朔在會同苟躔次既合何疑於頻大日月相離何拘於間小一行亦曰天事誠密雖四大三小庸何傷今

但取辰集時刻所在之日以爲定朔朔雖小餘在進限亦不之進甚矣人之安於故習也初曆法用平朔止知一大一小爲法之不可易初聞三大二小之說皆不以爲然自有曆以來下訖麟德而定朔始行四大三小理數自然唐人弗克若天而止用平朔迨本朝至元而常議方革至如進朔之意止欲避晦日月見殊不思合朔在酉戌亥距前日之卯十八九辰矣若進一日則晦不見月此論誠然苟合朔在辰申之間法不當進距前日之卯已踰十四五度則月見於晦庸得免乎且月之隱見本天道之自然朔之進退出人爲之牽強孰若廢人用天不復虛進爲得其實哉至理所在奚恤乎人言可爲知者道也

不用積年日法

曆法之作所以步日月之躔離候氣朔之盈虛不揆其端無以測知天道而與之脗合然日月之行遲速不同氣朔之運參差不一昔人立法必推求往古生數之始謂之演紀上元當斯之際日月五星同度如合璧連珠然惟其世代綿遠馴積其數至踰億萬後人厭其布算繁多互相推考斷截其數而增損日法

以爲得改憲之術此歷代積年日法所以不能相同者也然行之未遠浸復差失蓋天道自然豈人爲附會所能苟合哉夫七政運行於天進退自有常度苟原始要終候驗周匝則象數昭著有不容隱者又何必捨目前簡易之法而求億萬年宏闊之術哉今授時曆以至元辛巳爲元所用之數一本諸天秒而分分而刻刻而日皆以百爲率比之他曆積年日法推演附會出於人爲者爲得自然或曰昔人謂建曆之本必先立元元正然後定日法法定然後度周天以定分至然則曆之有積年日法尚矣自黃帝以來諸曆轉相祖述殆七八十家未聞舍此而能成者今一切削去無乃昧於本原而考求未得方歟是殆不然晉杜預有云治曆者當順天以求合非爲合以驗天前代演積之法不過爲合驗天耳今以舊曆頗疎乃命釐正法之不密在所必更奚暇踵故習哉遂取漢以來諸曆積年日法及行用年數具列于後仍附演積數法以釋或者之疑

三統曆 西漢太初元年丁丑鄧平造行一百八十八年至東漢元和乙酉後天七十八刻

積年一十四萬四千五百一十一

日法八十一

四分曆東漢元和二年乙酉編訢造行一百二十一年至建安丙戌後天七刻

積年一萬五百六十一

日法四

乾象曆建安十一年丙戌劉洪造行三十一年至魏景初丁巳後天七刻

積年八千四百五十二

日法一千四百五十七

景初曆魏景初元年丁巳楊偉造行二百六年至宋元嘉癸未先天五十刻

積年五千八十九

日法四千五百五十九

元嘉曆宋元嘉二十年癸未何承天造行二十年至大明七年癸卯先天五十刻

積年六千五百四十一

日法七百五十二

大明曆宋大明七年癸卯宋祖沖之造行五十八年至魏正光辛丑後天二十九刻

積年五萬二千七百五十七

日法三千九百三十九

正光曆後魏正光二年辛丑李業興造行一十九年至興和庚申先天十三刻

積年一十六萬八千五百九

日法七萬四千九百五十二

興和曆興和二年庚申李業興造行一十年至齊天保庚午先天九十九刻

積年二十萬四千七百三十七

日法二十萬八千五百三十

天保曆北齊天保元年庚午宋景業造行一十七年至周天和丙戌後天一日八十七刻

積年一十一萬一千二百五十七

日法二萬三千六百六十

天和曆後周天和元年丙戌甄鸞造行一十三年至大象己亥先天四十七刻

積年八十七萬六千五百七

日法二萬三千四百六十

大象曆大象元年己亥馮顯造行五年至隋開皇甲辰後天十刻

積年四萬二千二百五十五

日法一萬二千九百九十二

開皇曆隋開皇四年甲辰張賓造行二十四年至大業戊辰後天七刻

積年四百一十二萬九千六百九十七

日法一十萬二千九百六十

大業曆大業四年戊辰張冑玄造行一十一年至唐武德己卯後天七刻

積年一百四十二萬八千三百一十七

日法一千一百四十四

戊寅曆唐武德二年己卯道士傅仁均造行四十六年至麟德乙丑後天四十七刻

積年一十六萬五千三

日法一萬三千六百

麟德曆麟德二年乙丑李淳風造行六十三年至開元戊辰後天一十二刻

積年二十七萬四百九十七

日法一千三百四十

大衍曆開元十六年戊辰僧一行造行三十四年至寶應壬寅先天一十四刻

積年九千六百九十六萬二千二百九十七

日法三千四十

五紀曆寶應元年壬寅郭獻之造行二十三年至貞元乙丑後天二十四刻

積年二十七萬四百九十七

日法一千三百四十

貞元曆貞元元年乙丑徐承嗣造行二十七年至長慶壬寅先天十五刻

積年四十萬三千三百九十七

日法一千九十五

宣明曆長慶二年壬寅徐昂造行七十一年至景福癸丑先天四刻

積年七百七萬五百九十七

日法八千四百

崇玄曆景福二年癸丑邊岡造行十四年後六十三年至周顯德丙辰先天四刻

積年五千三百九十四萬七千六百九十七

日法一萬三千五百

欽天曆五代周顯德三年丙辰王朴造行五年至宋建隆庚申先天二刻

積年七千二百六十九萬八千七百七十七

日法七千二百

應天曆宋建隆元年庚申王處訥造行二十一年至太平興國辛巳後天二刻

積年四百八十二萬五千八百七十七

日法一萬單二

乾元曆太平興國六年辛巳吳昭素造行二十年至咸平辛丑合

積年三千五十四萬四千二百七十七

日法二千九百四十

儀天曆咸平四年辛丑史序造行二十三年至天聖甲子合

積年七十一萬六千七百七十七

日法一萬一千

崇天曆天聖二年甲子宋行古造行四十年至治平甲辰後天五十四刻

積年九千七百五十五萬六千五百九十七

日法一萬五百九十

明天曆治平元年甲辰周琮造行一十年至熙甯甲寅合

積年七十一萬一千九百七十七

日法三萬九十

奉元曆熙寧七年甲寅衞朴造行十八年至元祐壬申後天七刻

積年八千三百一十八萬五千二百七十七

積法二萬三千七百

觀天曆 元祐七年壬申皇居卿造行三十一年至崇寧癸未先天六刻

積年五百九十四萬四千九百九十七

日法一萬二千三十

占天曆 崇寧二年癸未姚舜輔造行三年至丙戌後天四刻

積年二千五百五十萬一千九百三十七

日法二萬八千八十

紀元曆 崇寧五年丙戌姚舜輔造行二十一年至金天會丁未合

積年二千八百六十一萬三千四百六十七

日法七千二百九十

大明曆 金天會五年丁未楊級造行五十三年至大定庚子合

積年三億八千三百七十六萬八千六百五十七

日法五千二百三十

重修大明曆大定二十年庚子趙知微重修行一百一年至元朝至元辛巳後天一十九刻

積年八千八百六十三萬九千七百五十七

日法五千二百三十

統元曆後宋紹興五年乙卯陳德一造行三十二年至乾道丁亥合

積年九千四百二十五萬一千七百三十七

日法六千九百三十

乾道曆乾道三年丁亥劉孝榮造行九年至淳熙丙申後天一刻

積年九千一百六十四萬五千九百三十七

日法三萬

淳熙曆淳熙三年丙申劉孝榮造行一十五年至紹熙辛亥合

積年五千二百四十二萬二千七百七十七

日法五千六百四十

會元曆紹熙二年辛亥劉孝榮造行八年至慶元己未後天一十刻

積年二千五百四十九萬四千八百五十七

日法三萬八千七百

統天曆慶元五年己未楊忠輔造行八年至開禧丁卯先天六刻

積年三千九百一十七

日法一萬二千

開禧曆開禧三年丁卯鮑澣之造行四十四年至淳祐辛亥後天七刻

積年七百八十四萬八千二百五十七

日法一萬六千九百

淳祐曆淳祐十年庚戌李德卿造行二年至壬子合

積年一億二千二十六萬七千六百七十七

日法三千五百三十

會天曆寶祐元年癸丑譚玉造行十八年至咸淳辛未後天一刻

積年一千一百三十五萬六千一百五十七

日法九千七百四十

成天曆咸淳七年辛未陳鼎造行四年至至元辛巳後天一刻

積年七千一百七十五萬八百五十七

日法七千四百二十

此下不曾行用見於典籍經進者二曆

皇極曆大業間劉焯造阻難不行至唐武德二年己卯先天四十三刻

積年一百萬九千五百一十七

日法一千二百四十二

乙未曆大定二十年庚子耶律履造不曾行用至辛巳後天一十九刻

積年四千四十五萬二千一百二十六

日法二萬六百九十

授時曆元至元十八年辛巳爲元

積年日法不用

實測到至元十八年辛巳歲
氣應五十五日六百分
閏應二十日一千八百五十分
經朔三十四日八千七百五十分
日法二千一百九十演紀上元己亥距至元辛巳九千八百二十五萬一千四百二十二算
氣應五十五日六百二分
閏應二十日一千八百五十三分
經朔三十四日八千七百四十九分
日法八千二百七十演紀止元甲子距辛巳五百六十七萬五百五十七算
日命甲子
氣應五十五日五百三十三分
閏應二十日一千八百八分

經朔三十四日八千七百二十五分
日法六千五百七十演紀上元甲子距辛巳三千九百七十五萬二千五百
三十七算
氣應五十五日六百三十一分
閏應二十日一千九百一十九分
經朔三十四日八千七百一十二分

元史卷五十三

元史卷五十四

明翰林學士亞中大夫知制誥兼修國史宋　濂等修

曆志第六

曆三

授時曆經上

步氣朔第一

至元十八年歲次辛巳爲元上考往古下驗將來皆距立元爲算周歲消長百年各一其諸應等數隨時推測不用爲元

日周一萬

歲實三百六十五萬二千四百二十五分

通餘五萬二千四百二十五分

朔實二十九萬五千三百五分九十三秒

通閏十萬八千七百五十三分八十四秒

歲周三百六十五日二千四百二十五分

朔策二十九日五千三百五分九十三秒

氣策十五日二千一百八十四分三十七秒半

望策十四日七千六百五十二分九十六秒半

弦策七日三千八百二十六分四十八秒少

氣應五十五萬　六百分

閏應二十萬一千八百五十分

沒限七千八百一十五分六十二秒半

氣盈二千一百八十四分三十七秒半

朔虛四千六百九十四分　七秒

旬周六十萬

紀法六十

推天正冬至

置所求距筭以歲實（上推往古每百年長一　下筭將求每百年消一）乘之爲中積加氣應爲通積滿旬

周去之不盡以日周約之爲日不滿爲分其日命甲子筭外卽所求天正冬至日辰及分如上考者以氣應減中積滿旬周去之不盡以減旬周餘同上

求次氣

置天正冬至日分以氣策累加之其日滿紀法去之外命如前各得次氣日辰及分秒

推天正經朔

置中積加閏應爲閏積滿朔實去之不盡爲閏餘以減通積爲朔積滿旬周去之不盡以日周約之爲日不滿爲分卽所求天正經朔日及分秒上考者以閏應減中積滿朔實去之不盡以減朔實爲閏餘以日周約之爲日不滿爲分以減冬至日及分不及減者加紀法減之命如上

求弦望及次朔

置天正經朔日及分秒以弦策累加之其日滿紀法去之各得弦望及次朔日及分秒

推沒日

置有沒之氣分秒（如沒限已上爲有沒之氣）以十五乘之用減氣策餘滿氣盈而一爲日并恆氣日命爲沒日

推滅日

置有滅之朔分秒（在朔虛分已下爲有滅之朔）以三十乘之滿朔虛而一爲日并經朔日命爲滅日

步發斂第二

土王策三日四百三十六分八十七秒半

月閏九千六十二分八十二秒

辰法一萬

半辰法五千

刻法一千二百

推五行用事

各以四立之節爲春木夏火秋金冬水首用事日以土王策減四季中氣各得

其季土始用事日

氣候

正月

立春正月節　雨水正月中

東風解凍　蟄蟲始振　魚陟負冰

獺祭魚　候鴈北　草木萌動

二月

驚蟄二月節　春分二月中

桃始華　倉鶊鳴　鷹化爲鳩

玄鳥至　雷乃發聲　始電

三月

清明三月節　穀雨三月中

桐始華　田鼠化爲鴽　虹始見

萍始生　鳴鳩拂其羽　戴勝降于桑

四月

立夏四月節　小滿四月中

螻蟈鳴　蚯蚓出　王瓜生

苦菜秀　靡草死　麥秋至

五月

芒種五月節　夏至五月中

螳螂生　鵙始鳴　反舌無聲

鹿角解　蜩始鳴　半夏生

六月

小暑六月節　大暑六月中

温風至　蟋蟀居壁　鷹始摯

腐草爲螢　土潤溽暑　大雨時行

七月

立秋七月節　處暑七月中

涼風至　白露降　寒蟬鳴

鷹乃祭鳥　天地始肅　禾乃登

八月

白露八月節　秋分八月中

鴻鴈來　玄鳥歸　羣鳥養羞

雷始收聲　蟄虫坏戶　水始涸

九月

寒露九月節　霜降九月中

鴻鴈來賓　雀入大水爲蛤　菊有黃華

豺乃祭獸　草木黃落　蟄蟲咸俯

十月

立冬十月節　　　小雪十月中
水始冰　　地始凍　　雉入大水為蜃
虹藏不見　　天氣上升地氣下降　　閉塞而成冬
十一月
大雪十一月節　　冬至十一月中
鶡鴠不鳴　　虎始交　　荔挺出
蚯蚓結　　麋角解　　水泉動
十二月
小寒十二月節　　大寒十二月中
鴈北鄉　　鵲始巢　　雉雊
鷄乳　　征鳥厲疾　　水澤腹堅
推中氣去經朔
置天正閏餘以日周約之為日命之得冬至去經朔以月閏累加之各得中氣

去經朔日筭滿朔策去之乃全置閏然後定朔無中氣者裁之

推發斂加時

置所求分秒以十二乘之滿辰法而一爲辰數餘以刻法收之爲刻命子正筭外卽所在辰刻如滿半辰法通作一辰命起子初

步日躔第三

周天分三百六十五萬二千五百七十五分

周天三百六十五度二十五分七十五秒

半周天一百八十二度六十二分八十七秒半

象限九十一度三十一分四十三秒太

歲差一分五十秒

周應三百一十五萬一千七十五分

半歲周一百八十二日六千二百一十二分半

盈初縮末限八十八日九千九十二分少

縮初盈末限九十三日七千一百二十分少

推天正經朔弦望入盈縮曆

置半歲周以閏餘日及分減之卽得天正經朔入盈縮曆冬至後盈夏至後縮以弦策累加之各得弦望及次朔入盈縮曆日及分秒滿半歲周去之卽交盈縮

求盈縮差

視入曆盈者在盈初縮末限已下爲初限已上反減半歲周餘爲末限縮者在縮初盈末限已下爲初限已上反減半歲周餘爲末限其盈初縮末者置立差三十一以初末限乘之加平差二萬四千六百又以初末限乘之用減定差五百一十三萬三千二百餘再以初末限乘之滿億爲度不滿退除爲分秒縮初盈末者置立差二十七以初末限乘之加平差二萬二千一百又以初末限乘之用減定差四百八十七萬六百餘再以初末限乘之滿億爲度不滿退除爲分秒卽所求盈縮差

又術置入限分以其日盈縮分乘之萬約爲分以加其下盈縮積萬約爲度不

滿爲分秒亦得所求盈縮差

赤道宿度

角十二一十　亢九二十　氐十六三十　房五六十

心六五十　尾十九一十　箕十四十

右東方七宿七十九度二十分

斗二十五二十　牛七二十　女十一三十五　虛八九十五太

危十五四十　室十七一十　壁八六十

右北方七宿九十三度八十分太

奎十六六十　婁十一八十　胃十五六十　昴十一三十

畢十七四十　觜初五　參十一一十

右西方七宿八十三度八十五分

井三十三三十　鬼二二十　柳十三三十　星六三十

張十七二十五　翼十八七十五　軫十七三十

右南方七宿一百八度四十分

右赤道宿次並依新製渾儀測定用爲常數校天爲密若考往古卽用當時宿度爲準

推冬至赤道日度

置中積以加周應爲通積滿周天分（上推往古每百年消一下筭將來每百年長一）去之不盡以日周約之爲度不滿退約爲分秒命起赤道虛宿六度外去之至不滿宿卽所求天正冬至加時日躔赤道宿度及分秒（上考者以周應減中積滿周天去之不盡以減周天餘以日周約之爲度餘同上如當時有宿度者止依當時宿度命之）

求四正赤道日度

置天正冬至加時赤道日度累加象限滿赤道宿次去之各得春夏秋正日所在宿度及分秒

求四正赤道宿積度

置四正赤道宿全度以四正赤道日度及分減之餘爲距後度以赤道宿度累

加之各得四正後赤道宿積度及分

黃赤道率

積度（至後黃道分後赤道）	度率	積度（至後赤道分後黃道）	度率	積差	差率
初	一		一〇八六五		八十二秒
一	一	一〇八六五	一〇八六三	八十二秒	二分四六
二	一	二一七二八	一〇八六〇	三分二八	四分一一
三	一	三二五八八	一〇八五七	七分三九	五分七六
四	一	四三四四五	一〇四九	十三分一五	七分四一
五	一	五四二九四	一〇八四三	二十分五六	九分〇七
六	一	六五一三七	一〇八三三	二十九分三六	十分七一
七	一	七五九七〇	一〇二三	四十分三六	十二分四〇
八	一	八六七九三	一〇八一二	五十二分七六	十四分〇八
九	一	九七六〇五	一〇八〇一	六十六分八四	十五分七六

十	一	十八四〇六	一〇七八六	八十二分六〇	十七分四五
十一	一	十一九一九二	一〇七七二	一〇〇〇五	十九分一六
十二	一	十二九九六四	一〇七五五	一一九二一	二十分八七
十三	一	十四〇七一九	一〇七四〇	一四一〇八	二十二分五八
十四	一	十五一四五九	一〇七二〇	一六二六六	二十四分三〇
十五	一	十六二一七九	一〇七〇四	一六八九六	二十六分〇五
十六	一	十七二八八三	一〇六八四	二一三〇	二十七分七九
十七	一	十八三五六七	一〇六六三	二四〇八〇	二十九分五五
十八	一	十九四二三〇	一〇六四二	二七〇三五	三十一分三一
十九	一	二十四八七二	一〇六二二	三〇一六五	三十三分〇七
二十	一	二十一五四九四	一〇五九九	三三四七二	三十四分八五
二十一	一	二十二六〇九三	一〇五七五	三六九五七	三十六分六三
二十二	一	二十三六六六八	一〇五五四	四〇六二〇	三十八分四二

二十三	一	二十四 七二二二	一 〇五三〇	四 四四六二	四十分 二〇
二十四	一	二十五 七七五二	一 〇五〇六	四 八四八二	四十二分
二十五	一	二十六 八二五八	一 〇四八二	五 二六八二	四十三分 七九
二十六	一	二十七 八七四〇	一 〇四五六	五 七〇六一	四十五分 五九
二十七	一	二十八 九一九六	一 〇四三二	六 一六二〇	四十七分 二八
二十八	一	二十九 九六二八	一 〇四〇八	六 六三五八	四十九分 一七
二十九	一	三十一 〇〇六三	一 〇三八二	七 一二七五	五十分 九五
三十	一	三十二 〇四一八	一 〇三五五	七 六三七〇	五十二分 三七
三十一	一	三十三 〇七七三	一 〇三三三	八 一六四三	五十四分 五〇
三十二	一	三十四 一一〇五	一 〇三〇六	八 七〇九三	五十六分 二六
三十三	一	三十五 一四一一	一 〇二八〇	九 二七一九	五十八分 〇一
三十四	一	三十六 一六九一	一 〇二五四	九 八五二〇	五十九分 七四
三十五	一	三十七 一九四五	一 〇二二九	十 四四九四	六十一分 四五

三十六	一	三十八二一七四	一〇二〇三	十〇六三九	六十三分一四
三十七	一	三十九二三七七	一〇一七七	十一六九五三	六十四分八一
三十八	一	四十二五五四	一〇一五二	十二三四三四	六十六分四七
三十九	一	四十一二七〇六	一〇一二六	十三〇〇八一	六十八分〇八
四十	一	四十二二八三二	一〇一〇一	十三六八八九	六十九分六七
四十一	一	四十三二九三四	一〇〇七五	十四三八五六	七十一分二四
四十二	一	四十四三〇〇九	一〇〇四九	十五〇九八〇	七十三分七六
四十三	一	四十五三〇五八	一〇〇二七	十五八二五六	七十四分二六
四十四	一	四十六三〇八五	一〇〇〇〇	十六五二八六	七十五分一七
四十五	一	四十七三〇八五	九九七四	十七三二五三	七十七分一二
四十六	一	四十八三〇五九	九九五一	十八〇九六五	七十八分五〇
四十七	一	四十九三〇一〇	九九二五	十八八八一五	七十九分八四
四十八	一	五十二九三五	九九〇一	十九六七九九	八十一分一二

四十九	一	五十一二八三六	九八七六	二十四九一一	八十二分三七
五十	一	五十二二七一二	九八五一	二十一三一四八	八十三分五七
五十一	一	五十三二五六三	九八二七	二十二一五〇五	八十四分七二
五十二	一	五十四二三九〇	九八〇三	二十二九九七七	八十五分八三
五十三	一	五十五二一九三	九七八〇	二十三八五六〇	八十六分八八
五十四	一	五十六一九七三	九二五五	二十四七二四八	八十七分八九
五十五	一	五十七一七二八	九七三一	二十五六〇三七	八十八分八五
五十六	一	五十八一四五九	九七〇八	二十六四九二二	八十九分七七
五十七	一	五十九一一六七	九六八五	二十七三八九九	九十分六三
五十八	一	六十〇八五二	九六六一	二十八二九六二	九十一分四四
五十九	一	六十一〇五一三	九六三九	二十九二一〇六	九十二分三二
六十	一	六十二〇一五二	九六一六	三十一三二八	九十二分九四
六十一	一	六十二九七六八	九五九四	三十一〇六二二	九十三分六一

六十二	一	六十三九三六二	九五二七	三十一九九八三	九十四分二六
六十三	一	六十四八九四三	九五五一	三十二九四〇九	九十四分五八
六十四	一	六十五八四八五	九五二九	三十三八八九四	九十五分二八
六十五	一	六十六八〇一四	九五〇九	三十四八四三二	九十五分九〇
六十六	一	六十七七五二三	九四八七	三十五八〇二二	九十六分三八
六十七	一	六十八七〇一〇	九四七〇	三十六七六六〇	九十六分八一
六十八	一	六十九六四八〇	九四五〇	三十七七三四一	九十七分一九
六十九	一	七十五九三〇	九四二七	三十八七〇六〇	九十七分五六
七十	一	七十一五三五七	九四一二	三十九六八一六	九十七分八九
七十一	一	七十二四七六九	九三九二	四十六六〇五	九十八分一八
七十二	一	七十三四一六一	九三八五	四十一六四二三	九十八分四五
七十三	一	七十四三五四六	九三五三	四十二六二六八	九十八分六八
七十四	一	七十五二八九九	九三四三	四十三六一三六	九十八分六一

七十五	一	七十六二二四二	九三二九	四十四六〇二七	九十九分一〇
七十六	一	七十七一五七一	九三一五	四十五五九三七	九十九分二五
七十七	一	七十八〇八八六	九三〇四	四十六五八六二	九十九分四八
七十八	一	七十九〇一九〇	九二八六	四十七五八〇二	九十九分五二
七十九	一	七十九九四七六	九二七五	四十八五七五四	九十九分八二
八十	一	八十八七五一	九二六五	四十九五七一六	九十九分七二
八十一	一	八十一八〇一六	九二五五	五十五六八八	九十九分七九
八十二	一	八十二七二七一	九二四四	五十一五六六七	九十九分八四
八十三	一	八十三六五一五	九二三八	五十二五六五一	九十九分八九
八十四	一	八十四五七五三	九二二八	五十三五六四〇	九十九分九三
八十五	一	八十五四九八一	九二二二	五十四五六三三	九十九分九六
八十六	一	八十六四三〇三	九二一五	五十五五六二九	九十九分九七
八十七	一	八十七三四一八	九二一二	五十六五六二六	九十九分九九

八十八	一	八十八二六三〇	九二一〇	五十七五六二五	一
八十九	一	八十九一八四〇	九二〇四	五十八五六二五	一
九十	二	九十一〇四四	九二〇四	五十九五六二五	一
九十一	三	九十一〇二四八	二八七七	六十五六二五	三一二五
九十二		九十一三一二五		六十八七五〇	

推黃道宿度

置四正後赤道宿積度以其赤道積度減之餘以黃道率乘之如赤道率而一所得以加黃道積度爲二十八宿黃道積度以前宿黃道積度減之爲其宿黃道度及分其秒就近爲分

黃道宿度

角十二八十七　亢九五十六　氐十六四十　房五四十八

心六二十七　尾十七九十五　箕九五十九

右東方七宿七十八度一十二分

斗二十三四十七　牛六九十　女十一一十二　虛九分空太

危十五九十五　室十八三十二　壁九三十四

右北方七宿九十四度一十分太

奎十七八十七　婁十二三十六　胃十五八十一　昴十一〇八

畢十六五十　觜初〇五　參十二十八

右西方七宿八十三度九十五分

井三十一〇三　鬼二一十一　柳十三　星六三十一

張十七七十九　翼二十〇九　軫十八七十五

右南方七宿一百九度八分

右黃道宿度依今曆所測赤道准冬至歲差所在算定以憑推步若上下考驗據歲差每移一度依術推變各得當時宿度

推冬至加時黃道日度

置天正冬至加時赤道日度以其赤道積度減之餘以黃道率乘之如赤道率

而一所得以加黃道積度卽所求年天正冬至加時黃道日度及分秒

求四正加時黃道日度

置所求年冬至日躔黃赤道差與次年黃赤道差相減餘四而一所得加象限爲四正定象度置冬至加時黃道日度以四正定象度累加之滿黃道宿次去之各得四正定氣加時黃道宿度及分

求四正晨前夜半日度

置四正恆氣日及分秒（冬夏二至盈縮之端以恆爲定）以盈縮差命爲日分盈減縮加之卽爲四正定氣日及分置日下分以其日行度乘之如日周而一所得以減四正加時黃道日度各得四正定氣晨前夜半日度及分秒

求四正後每日晨前夜半黃道日度

以四正定氣日距後正定氣日爲相距日以四正定氣晨前夜半日度距後正定氣晨前夜半日度爲相距度累計相距日之行定度與相距度相減餘如相距日而一爲日差（相距度多爲加相距度少爲減）以加減四正每日行度率爲每日行定度累

加四正晨前夜半黃道日度滿宿次去之爲每日晨前夜半黃道日度及分秒

求每日午中黃道日度

置其日行定度半之以加其日晨前夜半黃道日度得午中黃道日度及分秒

求每日午中黃道積度

以二至加時黃道日度距所求日午中黃道日度爲二至後黃道積度及分秒

求每日午中赤道日度

置所求日午中黃道積度滿象限去之餘爲分後內減黃道積度以赤道率乘之如黃道率而一所得以加赤道積度及所去象限爲所求赤道積度及分秒以二至赤道日度加而命之卽每日午中赤道日度及分秒

黃道十二次宿度

危十二度六十四分九十一秒　入娵訾之次辰在亥

奎一度七十三分六十三秒　入降婁之次辰在戌

胃三度七十四分五十六秒　入大梁之次辰在酉

畢六度八十八分五秒　入實沈之次辰在申
井八度三十四分九十四秒　入鶉首之次辰在未
柳三度八十六分八十秒　入鶉火之次辰在午
張十五度三十六分六秒　入鶉尾之次辰在巳
軫十度七分九十七秒　入壽星之次辰在辰
氐一度一十四分五十二秒　入大火之次辰在卯
尾三度一分一十五秒　入析木之次辰在寅
斗二度七十六分八十五秒　入星紀之次辰在丑
女二度六分三十八秒　入玄枵之次辰在子

求入十二次時刻

各置入次宿度及分秒以其日晨前夜半日度減之餘以日周乘之爲實以其日行定度爲法實如法而一所得依發斂加時求之即入次時刻

步月離第四

轉終分二十七萬五千五百四十六分
轉終二十七日五千五百四十六分
轉中十三日七千七百七十三分
初限八十四
中限一百六十八
周限三百三十六
月平行十三度三十六分八十七秒半
轉差一日九千七百五十九分九十三秒
弦策七日三千八百二十六分四十八秒少
上弦九十一度三十一分四十三秒太
望一百八十二度六十二分八十七秒半
下弦二百七十三度九十四分三十一秒少
轉應一十三萬一千九百四分

推天正經朔入轉

置中積加轉應減閏餘滿轉終分去之不盡以日周約之爲日不滿爲分卽天正經朔入轉日及分上考者中積內加所求閏餘減轉應滿轉終去之不盡以減轉終餘同上

求弦望及次朔入轉

置天正經朔入轉日及分以弦策累加之滿轉終去之卽弦望及次朔入轉日及分秒如徑求次朔以轉差加之

求經朔弦望入遲疾曆

各視入轉日及分秒在轉中已下爲疾曆已上減去轉中爲遲曆

遲疾轉定及積度

入轉日	初末限	遲疾度	轉定度	轉積度
初	初	疾初	十四六七六四	初
一	一十二二十	疾一三〇七七	十四五五七三	十四六七六四
二	二十四四十	疾二四九六三	十四四〇二九	二十九二三三七

三	三十六六十	疾三五三〇五	十四二一三〇	四十三六三六六
四	四十八八十	疾四三七四八	十三九八七七	五十七八四九六
五	六十一	疾四九九三八	十三七二七一	七十一八三七二
六	七十三二十	疾五三五二二	十三四四四六	八十五五六四四
七	末八十二六十	疾五四二八一	十三二三五三	九十九〇〇九〇
八	七十四十	疾五二九四七	十二九四七五	一百一十二二四四三
九	五十八二十	疾四八七三五	十二六九四八	一百二十五一九一八
十	四十六	疾四一九九六	十二四七七七	一百三十七八八六六
十一	三十三八十	疾三三〇八六	十二二九六〇	一百五十三六四三
十二	二十一六十	疾二二三五九	十二〇四九六	一百六十二六六〇三
十三	九四十	疾一〇一六八	十二〇四六二	一百七十四八〇九九
十四	初二八十	遲初	十二〇八五二	一百八十六八五六一
十五	一十五	遲一五九二三	十二二一二二	一百九十八九四一三

十六	二十七二十	遲二七四八八	十二三七五二	二百一十一一五三五
十七	三十九四十	遲三七四二二	十二五七三〇	二百二十三五二八七
十八	五十一六十	遲四五三八〇	十二八〇六二	二百三十六一〇一七
十九	六十三八十	遲五一〇〇四	十三〇七五三	二百四十八九〇八〇
二十	七十六	遲五三九三八	十三三三七七	二百六十一九八三三
二十一	末七十九八十	遲五四二四八	十三五七一二	二百七十五三二一〇
二十二	六十七六十	遲五二二二三	十三八五一一	二百八十八八九二三
二十三	五十五四十	遲四七三九九	十四〇九五五	三百二七四三三
二十四	四十三二十	遲四〇一三一	十四三〇四六	三百一十六八三八八
二十五	三十一	遲三〇七七二	十四四七八二	三百三十一一四三四
二十六	一十八八十	遲一九六七七	十四六一六三	三百四十五六三一六
二十七	六六十	遲七二〇一	十四七一五四	三百六十二二七九

求遲疾差

置遲疾曆日及分以十二限二十分乘之在初限已下爲初限已上覆減中限餘爲末限置立差三百二十五以初末限乘之加平差二萬八千一百又以初末限乘之用減定差一千一百一十一萬餘再以初末限乘之滿億爲度不滿退除爲分秒卽遲疾差

又術置遲疾曆日及分以遲疾曆日率減之餘以其下損益分乘之如八百二十而一益加損減其下遲疾度亦爲所求遲疾差

求朔弦望定日

以經朔弦望盈縮差與遲疾差同名相從異名相消（盈遲縮疾爲同名盈疾縮遲爲異名）以八百二十乘之以所入遲疾限下行度除之卽爲加減差（盈遲爲加縮疾爲減）以加減經朔弦望日及分卽定朔弦望日及分若定弦望分在日出分已下者退一日其日命甲子筭外各得定朔弦望日辰定朔干名與後朔干同者其月大不同者其月小內無中氣者爲閏月

推定朔弦望加時日月宿度

置經朔弦望入盈縮曆日及分以加減差加減之爲定朔弦望入曆在盈便爲中積在縮加半歲周爲中積命日爲度以盈縮差盈加縮減之爲加時定積度以冬至加時日躔黃道宿度加而命之各得定朔弦望加時日度

凡合朔加時日月同度便爲定朔加時月度其弦望各以弦望度加定積爲定弦望月行定積度依上加而命之各得定弦望加時黃道月度

推定朔弦望加時赤道月度

各置定朔弦望加時黃道月行定積度滿象限去之以其黃道積度減之餘以赤道率乘之如黃道率而一用加其下赤道積度及所去象限各爲赤道加時定積度以冬至加時赤道日度加而命之各爲定朔弦望加時赤道月度及分秒（象限以下及半周去之爲至後滿象限及三象去之爲分後）

推朔後平交入轉遲疾曆

置交終日及分內減經朔入交日及分爲朔後平交日以加經朔入轉爲朔後平交入轉在轉中已下爲疾曆已上去之爲遲曆

求正交日辰

置經朔加朔後平交日以遲疾曆依前求到遲疾差遲加疾減之爲正交日及分其日命甲子筭外即正交日辰

推正交加時黃道月度

置朔後平交日以月平行度乘之爲距後度以加經朔中積爲冬至距正交定積度以冬至日躔黃道宿度加而命之爲正交加時月離黃道宿度及分秒

求正交在二至後初末限

置冬至距正交積度及分在半歲周已下爲冬至後已上去之爲夏至後其二至後在象限已下爲初限已上減去半歲周爲末限

求定差距差定限度

置初末限度以十四度六十六分乘之如象限而一爲定差反減十四度六十六分餘爲距差以二十四乘定差如十四度六十六分而一所得交在冬至後名減夏至後名加皆加減九十八度爲定限度及分秒

求四正赤道宿度

置冬至加時赤道度命爲冬至正度以象限累加之各得春分夏至秋分正積度各命赤道宿次去之爲四正赤道宿度及分秒

求月離赤道正交宿度

以距差加減春秋二正赤道宿度爲月離赤道正交宿度及分秒冬至後初限加末限減視春正夏至後初限減末限加視秋正

求正交後赤道宿積度入初末限

各置春秋二正赤道所當宿全度及分以月離赤道正交宿度及分減之餘爲正交後積度以赤道宿次累加之滿象限去之爲半交後又去之爲中交後再去之爲半交後視各交積度在半象已下爲初限已上用減象限餘爲末限

求月離赤道正交後半交白道舊名九道出入赤道內外度及定差

置各交定差度及分以二十五乘之如六十一而一所得視月離黃道正交在冬至後宿度爲減夏至後宿度爲加皆加減二十三度九十分爲月離赤道後

半交白道出入赤道內外度及分以周天六之一六十度八十七分六十二秒半除之爲定差（月離赤道正交後爲外中交後爲內）

求月離出入赤道內外白道去極度

置每日月離赤道交後初末限用減象限餘爲白道積用其積度減之餘以其差率乘之所得百約之以加其下積差爲每日積差用減周天六之一餘以定差乘之爲每日月離赤道內外度內減外加象限爲每日月離白道去極度及分秒

求每交月離白道積度及宿次

置定限度與初末限相減相乘退位爲分爲定差（正交中交後爲加半交後爲減）以差加減正交後赤道積度爲月離白道定積度以前宿白道定積度減之各得月離白道宿次及分

推定朔弦望加時月離白道宿度

各以月離赤道正交宿度距所求定朔弦望加時月離赤道宿度爲正交後積

度滿象限去之爲半交後又去之爲中交後再去之爲半交後視交後積度在半度已下爲初限已上用減象限爲末限以初末限與定限度相減相乘退位爲分分滿百爲度爲定差（正交中交後爲加半交後爲減）以差加減月離赤道正交後積度爲定積度以正交宿度加之以其所當月離白道宿次去之各得定朔弦望加時月離白道宿度及分秒

求定朔弦望加時及夜半晨昏入轉

置經朔弦望入轉日及分以定朔弦望加減差加減之爲定朔弦望加時入轉以定朔弦望日下分減之爲夜半入轉以晨分加之爲晨轉昏分加之爲昏轉

求夜半月度

置定朔弦望日下分以其入轉日轉定度乘之萬約爲加時轉度以減加時定積度餘爲夜半定積度依前加而命之各得夜半月離宿度及分秒

求晨昏月度

置其日晨昏分以夜半入轉日轉定度乘之萬約爲晨昏轉度各加夜半定積

度爲晨昏定積度加命如前各得晨昏月離宿度及分秒

求每日晨昏月離白道宿次

累計相距日數轉定度爲轉積度與定朔弦望晨昏宿次前後相距度相減餘以相距日數除之爲日差（距度多爲加距度少爲減）以加減每日轉定度爲行定度以累加定朔弦望晨昏月度加命如前卽每日晨昏月離白道宿次（朔後用昏望後用晨朔望晨昏俱用）

元史卷五十四

元史卷五十五

明翰林學士亞中大夫知制誥兼修國史宋　濂等修

曆志第七

曆四

授時曆經下

步中星第五

大都北極出地四十度太強

冬至去極一百一十五度二十一分七十三秒

夏至去極六十七度四十一分一十三秒

冬至晝夏至夜三千八百一十五分九十二秒

夏至晝冬至夜六千一百八十四分八秒

昏明二百五十分

黃道出入赤道內外去極度及半晝夜分

黃道積度	內外度	內外差	冬至前後去極	夏至前後去極	冬晝夏夜	夏晝冬夜	晝夜差
初	二十三九〇三〇	三三	一百一十五度三七二	六十七度四二三	一千九百〇八九六	二千九三〇四	〇九
一	二十三八九九七	九九	一百一十五二七四六	六十七四一四六	一千九百〇八〇五	三千九一九五	二九
二	二十三八八九八	一分六六	一百一十五二〇四八	六十七四三四五	一千九百〇八二四	三千九一六六	四七
三	二十三八七三三	二分三	一百一十五一八七五	六十七四四二一	一千九百〇八八一	三千九一一九	六六
四	二十三八五〇一	二分九九	一百一十五一六四四	六十七四六四三	一千九百〇九四七	三千九〇五三	八五
五	二十三八三〇二	三分五五	一百一十五一三四五	六十七四九四一	一千九百一〇三二	三千〇八九六八	一分〇四
六	二十三七八三七	四分三	一百一十五〇九八〇	六十七五三〇六	一千九百一一三六	三千〇八八六四	一分三
七	二十三七四〇五	四分九八	一百一十五〇五四八	六十七五七三八	一千九百一三五八	三千〇八七四三	一分四二
八	二十三六九〇七	五分六五	一百一十五〇〇五〇	六十七六三三六	一千九百一四〇〇	三千〇八六〇〇	一分六二
九	二十三六三二四	六分三六	一百一十四九四八一	六十七六八〇五	一千九百一五六七	三千〇八四三九	一分七九
十	二十三五七〇六	七分〇二	一百一十四八八四九	六十七七四三七	一千九百一四七〇	三千〇八三六〇	一分九九

十一	二十三五〇〇四	七分六九	一百一十四八一四七	六十七八一三九	一千九百一九三九	三千八〇六一	一分一八
十二	二十三四三三五	八分三九	一百一十四七三七八	六十七八九〇八	一千九百二一五七	三千七八四三	二分三七
十三	二十三三三九六	九分〇八	一百一十四六五三九	六十七九四四七	一千九百二三九四	三千〇七六〇六	二分五六
十四	二十三二四八八	九分七五	一百一十四五六三一	六十八〇六五五	一千九百二六五〇	三千〇七三五〇	二分七四
十五	二十三一五三三	十分四七	一百一十四四六五六	六十八一六三〇	一千九百二九二四	三千〇七〇七六	二分九四
十六	二十三〇四六六	十一分一四	一百一十四三六〇九	六十八三六七七	一千九百三三一八	三千〇六七八〇	三分一四
十七	二十二九三五三	十一分八五	一百一十四二四九五	六十八三七九一	一千九百三五三三	三千〇六四六八	三分三〇
十八	二十二八一六七	十二分五四	一百一十四一三一〇	六十八四九七六	一千九百三八六八	三千〇六一三八	三分五一
十九	二十二六九一三	十三分二五	一百一十四〇〇五六	六十八六二三〇	一千九百四三二三	三千〇五七八七	三分六九
二十	二十二五五八八	十三分九五	一百一十三八七三一	六十八七五五五	一千九百四五八〇	三千〇五四一八	三分八八
二十一	二十二四一五三	十四分六六	一百一十三七三五六	六十八八九五〇	一千九百四九七〇	三千〇五〇三〇	四分〇七
二十二	二十二二七二七	十五分三七	一百一十三五八七〇	六十九〇四一六	一千九百五三七七	三千〇四六二三	四分二六
二十三	二十二一一九〇	十六分〇六	一百一十三四三三三	六十九一九五三	一千九百五八〇三	三千〇四一九七	四分四三

二十四	二十一九五八四	十六分七六	一百一十三二七二七	六十九三五五九	一千九百六〇四六	三千〇三七五四	四分三六
二十五	二十一七九〇六	十七分四七	一百一十三一〇四九	六十九五七三七	一千九百六七〇八	三千三三九三	四分八〇
二十六	二十一六一五九	十八分一〇	一百一十二九三〇二	六十九六九八四	一千九百七一八八	三千二八二二	四分九八
二十七	二十一四三三九	十八分九〇	一百一十二七四八二	六十九八八〇四	一千九百七六八六	三千二三一四	五分一六
二十八	二十一二四四九	十九分六〇	一百一十二五五九二	七十〇六九四	一千九百八二〇二	三千一七九八	五分三五
二十九	二十一〇四八九	二十分二七	一百一十二三六三三	七十二六五四	一千九百八七三七	三千一二六三	五分四九
三十	二十八四六三	二十分九九	一百一十二一六〇五	七十四六八一	一千九百九二九六	三千〇七一四	五分六七
三十一	二十六三六三	二十一分六八	一百一十一九五〇六	七十六七八〇	一千九百九八五三	三千〇一四七	五分八五
三十二	二十四一九五	二十二分三五	一百一十一七五三八	七十八九四八	二千〇四三八	二千九百九五六三	六分〇二
三十三	二十一九六〇	二十三分〇三	一百一十一五一〇三	七十一一一八三	二千一〇三九	二千九百八九六一	六分一六
三十四	十九九六七七	二十三分七一	一百一十一二八〇〇	七十一三四八六	二千一六三五	二千九百八三四五	六分三五
三十五	十九七三八六	二十四分二七	一百一十一〇四二九	七十一五八五七	二千二二八六	二千九百七七二三	六分四八
三十六	十九四八四九	二十五分〇三	一百一十七九九二	七十一八二九四	二千二九三六	二千九百七〇六四	六分六三

三十七	十九 三三 四六	二十五分 六六	一百一十 五四 八九	七十二 〇七 九七	二千 三五 九九	二千九百 六四 〇一	六分 七六
三十八	十八 九七 八〇	二十六分 三一	一百一十 二九 三三	七十二 三三 六三	二千 四三 七七	二千九百 五七 三三	六分 九二
三十九	十八 七一 四九	二十六分 九三	一百一十 〇一 九二	七十二 五九 九四	二千 四九 六九	二千九百 五〇 二一	七分 〇五
四十	十八 四四 五六	二十七分 五三	一百〇九 七五 九九	七十二 八六 八七	二千 五六 七四	二千九百 四三 二六	七分 一九
四十一	十八 一七 〇四	二十八分 一四	一百〇九 四八 四七	七十三 一四 三九	二千 六三 九三	二千九百 三六 〇七	七分 五三
四十二	十七 八八 九〇	二十八分 七三	一百〇九 二〇 三一	七十三 四三 五三	二千 七三 三五	二千九百 二八 七五	七分 四四
四十三	十七 六〇 一八	二十九分 二九	一百〇八 九一 六一	七十三 七一 二五	二千〇 七八 六九	二千九百 二一 二一	七分 五六
四十四	十七 三〇 八九	二十九分 八四	一百〇八 六一 三一	七十四 〇〇 九八	二千〇 八六 三五	二千九百 一三 七五	七分 六八
四十五	十七 〇一 〇五	三十分 三六八	一百〇八 三一 四八	七十四 三〇 三八	二千〇 九三 九三	二千九百 〇六 〇七	七分 七八
四十六	十六 七〇 六七	三十一分 九〇	一百〇八 〇二 一〇	七十四 六〇 六七	二千一百 〇二 七一	二千八百 九八 二九	七分 八九
四十七	十六 三九 七七	三十一分 四二	一百〇七 七一 二〇	七十四 九一 六六	二千一百 〇九 六〇	二千八百 九〇 四〇	七分 九八
四十八	十六 〇八 三六	三十一分 九一	一百〇七 三九 七九	七十五 三三 〇七	二千一百 一七 五八	二千八百 八二 四三	八分 〇八
四十九	十五 七六 四五	三十二分 三六	一百〇七 〇七 八八	七十五 五四 九八	二千一百 三五 六六	二千八百 七四 三四	八分 一七

五十	十五四四〇九	三十二分八五	一百〇六七五五三	七十五八七三四	二千一百三三八三	二千八百六六一七	八分二六
五十一	十五二一二四	三十三分二六	一百〇六四二六七	七十五二〇一九	二千一百四二〇九	二千八百五七九一	八分三三
五十二	十四七七九八	三十三分六四	一百〇六〇九四一	七十五五三四五	二千一百五〇四一	二千八百四九五九	八分四〇
五十三	十四四四三四	三十四分〇七	一百〇五七五七七	七十六八七〇九	二千一百五八八一	二千八百四一一五	八分四六
五十四	十四一〇二七	三十四分四五	一百〇五四一七〇	七十七二一一六	二千一百六七二七	二千八百三三七三	八分五四
五十五	十三七五八三	三十四分八一	一百〇五〇七二五	七十七五五六二	二千一百七五八一	二千八百二四一九	八分五九
五十六	十三四一〇一	三十五分一五	一百〇四七二四四	七十七九〇四三	二千一百八四四〇	二千八百一五六〇	八分六四
五十七	十三〇五八六	三十五分四七	一百〇四三七二九	七十八二五五七	二千一百九五〇四	二千八百〇六九六	八分六九
五十八	十二七〇三九	三十五分七八	一百〇四〇一八二	七十八六一〇四	二千二百〇一七三	二千七百九八二七	八分七五
五十九	十二三四六一	三十六分〇七	一百〇三六六〇四	七十八九六八一	二千二百一〇四八	二千七百八九五三	八分七八
六十	十一九八五四	三十六分三三	一百〇三二九九七	七十九三三八九	二千二百一九二六	二千七百八〇七四	八分八一
六十一	十一六三二一	三十六分五九	一百〇二九三六四	七十九六九三三	二千二百二八〇七	二千七百七三九三	八分八四
六十二	十一二五六三	三十六分八三	一百〇二五七〇五	八十〇〇六一五	二千二百三六九一	二千七百六三〇九	八分八九

六十三	十八八七九	三十七分〇五	一百〇二二〇三三	八十〇四三六四	二千二百四五八〇	二千七百四五二〇	八分九〇
六十四	十五一七四	三十七分二四	一百〇一八二一七	八十〇七九六九	二千二百四五七〇	二千七百四五一〇	八分九三
六十五	十一四五〇	三十七分四四	一百〇一四五九三	八十一一九九三	二千二百六三六〇	二千七百三六三八	八分九四
六十六	九七七〇六	三十七分六二	一百〇一〇八四九	八十一五四三七	二千二百七三五六	二千七百二七四四	八分九七
六十七	九三九四五	三十七分七八	一百〇〇七六八八	八十一九一九八	二千二百八一五三	二千七百一八四七	八分九七
六十八	九〇一六九	三十七分九一	一百〇〇三三二二	八十二二九七四	二千二百九〇五〇	二千七百〇九五〇	八分九八
六十九	八六三七八	三十八分〇七	九十九九五二一	八十二六七六五	二千二百九九四七	二千七百〇〇五三	九分〇〇
七十	八二五七一	三十八分一七	九十九五七一四	八十三〇五七二	二千三百〇八四八	二千六百九一五三	九分〇〇
七十一	七八七五四	三十八分二八	九十九一八九七	八十三四三八九	二千三百一七四八	二千六百八二五三	九分〇二
七十二	七四九二六	三十八分三八	九十八八〇六九	八十三八二一七	二千三百二六四九	二千六百七三五一	九分〇二
七十三	七一〇八八	三十八分四七	九十八四三三一	八十四二〇五五	二千三百三五五〇	二千六百六四五〇	九分三
七十四	六七三四一	三十八分五四	九十八〇三八四	八十四五九〇二	二千三百四四五一	二千六百五五四九	九分〇二
七十五	六三三八七	三十八分六二	九十七六五三〇	八十四九七五六	二千三百五三五三	二千六百四六四八	九分〇二

七十六	五 九五 二五	三十八分 六七	九十七 二六 六八	八十五 二六 一八	二千三百 六三 五三	二千六百 三七 四七	九分 〇二
七十七	五 五六 五八	三十八分 七三	九十七 八八 〇一	八十五 七四 八五	二千三百 七一 五四	二千六百 二八 四六	九分 〇〇
七十八	五 一七 八五	三十八分 七七	九十六 四九 二八	八十六 一三 五八	二千三百 八〇 五四	二千六百 一九 四六	九分 〇〇
七十九	四 七九 〇八	三十八分 八二	九十六 一〇 五一	八十六 五三 三五	二千三百 八九 五四	二千六百 一〇 四六	九分 〇〇
八十	四 四〇 二七	三十八分 八五	九十五 七一 七〇	八十六 九一 一六	二千三百 九八 五四	二千六百 〇二 四六	九分 〇〇
八十一	四 〇二 四三	三十八分 八八	九十五 三三 八五	八十七 三〇 〇一	二千四百 〇七 五四	二千五百 九二 四六	九分 〇〇
八十二	三 六二 五四	三十八分 八九	九十四 九四 六四	八十七 六八 三一	二千四百 一六 五四	二千五百 八五 四六	九分 九七
八十三	三 二三 六五	三十八分 九〇	九十四 五五 〇九	八十八 〇七 七七	二千四百 二五 五三	二千五百 七四 四九	八分 九七
八十四	二 八四 七五	三十八分 九二	九十四 一六 一八	八十八 四六 六八	二千四百 三四 四八	二千五百 六五 五三	八分 九七
八十五	二 四五 八三	三十八分 九三	九十三 一七 二六	八十八 六五 六〇	二千四百 四三 四五	二千五百 五六 五五	八分 九七
八十六	二 〇六 九〇	三十八分 九四	九十三 二八 二三	八十八 二四 五三	二千四百 五一 四三	二千五百 四七 五八	八分 九六
八十七	一 六七 九六	三十八分 九四	九十二 九九 二九	八十八 六三 四七	二千四百 六一 三八	二千五百 二八 六三	八分 九六
八十八	一 二九 〇三	三十八分 九五	九十二 六〇 四五	九十〇 〇三 四一	二千四百 七〇 三四	二千五百 二九 六六	八分 九六

八十九	九〇〇七	三十八分九五	九十二二三五〇	九十〇四三六	二千四百七九三〇	二千五百二〇七〇	八分九六
九十	五一二三	三十八分九五	九十二八二五五	九十〇八〇三二	二千四百八六二六	二千五百一二七四	八分九五
九十一	三二一七	一十二分一七	九十二四二六〇	九十一一九二六	二千四百九七二	二千五百三〇七九	二分七九
九十一三	空	空	九十二三四三	九十一三四三	二千五百	二千五百	空

求每日黃道出入赤道內外去極度

置所求日晨前夜半黃道積度滿半歲周去之在象限已下爲初限已上復減半歲周餘爲入末限滿積度去之餘以其段內外差乘之百約之所得用減內外度爲出入赤道內外度內減外加象限卽所求去極度及分秒

求每日半晝夜及日出入晨昏分

置所求入初末限滿積度去之餘以晝夜差乘之百約之所得加減其段半晝夜分爲所求日半晝夜分前多後少爲減前少後多爲加以半夜分便爲日出分用減日周餘爲日入分以昏明分減日出分餘爲晨分加日入分爲昏分

求晝夜刻及日出入辰刻

置半夜分倍之百約爲夜刻以減百刻餘爲晝刻以日出入分依發斂求之即得所求辰刻

求更點率

置晨分倍之五約爲更率又五約更率爲點率

求更點所在辰刻

置所求更點數以更點率乘之加其日昏分依發斂求之即得所求辰刻

求距中度及更差度

置半日周以其日晨分減之餘爲距中分以三百六十六度二十五分七十五秒乘之如日周而一所得爲距中度用減一百八十三度一十二分八十七秒半倍之五除爲更差度及分

求昏明五更中星

置距中度以其日午中赤道日度加而命之即昏中星所臨宿次命爲初更中星以更差度累加之滿赤道宿次去之爲逐更及曉中星宿度及分秒

服所在晝夜刻分及中星諸率並准隨處北極出地度數推之已上諸率與晷漏所推自相符契

求九服所在漏刻

各於所在以儀測驗或下水漏以定其處冬至或夏至夜刻與五十刻相減餘爲至差刻置所求日黃道去赤道內外度及分以至差刻乘之進一位如二百三十九而一所得內減外加五十刻卽所求夜刻以減百刻餘爲晝刻其日出入辰刻及更點等率依術求之

步交會第六

交終分二十七萬二千一百二十二分二十四秒

交終二十七日二千一百二十二分二十四秒

交中十三日六千六十一分一十二秒

交差二日三千一百八十三分六十九秒

交望十四日七千六百五十二分九十六秒半

交應二十六萬一百八十七分八十六秒

交終三百六十三度七十九分三十四秒

交中一百八十一度八十九分六十七秒

正交三百五十七度六十四分

中交一百八十八度五分

日食陽曆限六度　定法六十

陰曆限八度　定法八十

月食限十三度五分　定法八十七

推天正經朔入交

置中積加交應減閏餘滿交終分去之不盡以日周約之爲日不滿爲分秒卽天正經朔入交汎日及分秒上考者中積內加所求閏餘減交應滿交終去之不盡以減交終餘如上

求次朔望入交

置天正經朔入交汎日及分秒以交望累加之滿交終日去之卽爲次朔望入

交汎日及分秒

求定朔望及每日夜半入交

各置入交汎日及分秒減去經朔望小餘卽爲定朔望夜半入交若定日有增損者亦如之否則因經爲定大月加二日小月加一日餘皆加七千八百七十七分七十六秒卽次朔夜半入交累加一日滿交終日去之卽每日夜半入交汎日及分秒

求定朔望加時入交

置經朔望入交汎日及分秒以定朔望加減差加減之卽定朔望加時入交日及分秒

求交常交定度

置經朔望入交汎日及分秒以月平行度乘之爲交常度以盈縮差盈加縮減之爲交定度

求日月食甚定分

日食視定朔分在半日周已下去減半周爲中前已上減去半周爲中後與半周相減相乘退二位如九十六而一爲時差中前以減中後以加皆加減定朔分爲食甚定分以中前後分各加時差爲距午定分月食視定望分在日周四分之一已下爲卯前已上覆減半周爲卯後在四分之三已下減去半周爲酉前已上覆減日周爲酉後以卯酉前後分自乘退二位如四百七十八而一爲時差子前以減子後以加皆加減定望分爲食甚定分各依發斂求之卽食甚辰刻

求日月食甚入盈縮曆及日行定度

置經朔望入盈縮曆日及分以食甚日及定分加之以經朔望日及分減之卽爲食甚入盈縮曆依日躔術求盈縮差盈加縮減之爲食甚入盈縮曆定度

求南北差

視日食甚入盈縮曆定度在象限已下爲初限已上用減半歲周爲末限以初末限度自相乘如一千八百七十而一爲度不滿退除爲分秒用減四度四十

六分餘爲南北汎差以距午定分乘之以半晝分除之所得以減汎差爲定差汎差不及減者反減之爲定差應加者減之應減者加之在盈初縮末者交前陰曆減陽曆加交後陰曆加陽曆減在縮初盈末者交前陰曆加陽曆減交後陰曆減陽曆加

求東西差

視日食甚入盈縮曆定度與半歲周相減相乘如一千八百七十而一爲度不滿退除爲分秒爲東西汎差以距午定分乘之以日周四分之一除之爲定差若在汎差已上者倍汎差減之餘爲定差依其加減在盈中前者交前陰曆減陽曆加交後陰曆加陽曆減中後者交前陰曆加陽曆減交後陰曆減陽曆加在縮中前者交前陰曆加陽曆減交後陰曆減陽曆加中後者交前陰曆減陽曆加交後陰曆加陽曆減

求日食正交中交限度

置正交中交度以南北東西差加減之爲正交中交限度及分秒

求日食入陰陽曆去交前後度

視交定度在中交限已下以減中交限爲陽曆交前度已上減去中交限爲陰

曆交後度在正交限已下以減正交限爲陰曆交前度已上減去正交限爲陽曆交後度

求月食入陰陽曆去交前後度

視交定度在交中度已下爲陽曆已上減去交中爲陰曆視入陰陽曆在後準十五度半已下爲交後度前準一百六十六度三十九分六十八秒已上覆減交中餘爲交前度及分

求日食分秒

視去交前後度各減陰陽曆食限不及減者不食餘如定法而一各爲日食之分秒

求月食秒

視去交前後度不用南北東西差者用減食限不及減者不食餘如定法而一爲月食之分秒

求日食定用及三限辰刻

置日食分秒與二十分相減相乘平方開之所得以五千七百四十乘之如入定限行度而一爲定用分以減食甚定分爲初虧加食甚定分爲復圓依發斂

求之爲日食三限辰刻

求月食定用及三限五限辰刻

置月食分秒與三十分相減相乘平方開之所得以五千七百四十乘之如入定限行度而一爲定用分以減食甚定分爲初虧加食甚定分爲復圓依發斂求之卽日食三限辰刻

月食既者以既內分與一十分相減相乘平方開之所得以五千七百四十乘之如入定限行度而一爲既內分用減定用分爲既外分以定用分減食甚定分爲初虧加既外爲食既又加既內爲食甚再加既內爲生光復加既外爲復圓依發斂求之卽月食五限辰刻

求月食入更點

置食甚所入日晨分倍之五約爲更法又五約更法爲點法乃置初末諸分昏分已上減去昏分晨分已下加晨分以更法除之爲更數不滿以點法收之爲點數其更點數命初更初點算外各得所入更點

求日食所起

食在陽曆初起西南甚於正南復於東南食在陰曆初起西北甚於正北復於東北食八分已上初起正西復於正東此據午地而論之

求月食所起

食在陽曆初起東北甚於正北復於西北食在陰曆初起東南甚於正南復於西南食八分已上初起正東復於正西此亦據午地而論之

求日月出入帶食所見分數

視其日月出入分在初虧已上食甚已下者爲帶食各以食甚分與日出入分相減餘爲帶食差以乘所食之分滿定用分而一如月食既者以既內分減帶食差餘進一位如既外分而一所得以減既分即月帶食出入所見之分不及減者爲帶食既出入以減所食分即日月出入帶食所見之分其食甚在晝晨爲漸進昏爲已退其食甚在夜晨爲已退昏爲漸進

求日月食甚宿次

置日月食甚入盈縮曆定度在盈便爲定積在縮加半歲周爲定積望即更加半周天度

以天正冬至加時黃道日度加而命之各得日月食甚宿次及分秒

步五星第七

曆度

三百六十五度二十五分七十五秒

曆中

一百八十二度六十二分八十七秒半

曆策

一十五度二十一分九十秒六十二微半

水星

周率三百九十八萬八千八百分

周日三百九十八日八十八分

曆率四千三百三十一萬二千九百六十四分八十六秒半

度率一十一萬八千五百八十二分

合應一百一十七萬九千七百二十六分

曆應一千八百九十九萬九千四百八十一分

盈縮立差二百三十六加

平差二萬五千九百一十二減

定差一千八十九萬七千

伏見一十三度

段目	段日	平度	限度	初行率
合伏	一十六日八十六	三度八十六	二度九十五	二十三分
晨疾初	二十八日	六度一十一	四度六十四	二十二分
晨疾末	二十八日	五度五十一	四度一十九	二十一分
晨遲初	二十八日	四度三十一	三度二十五	一十八分
晨遲末	二十八日	一度九十一	一度四十五	一十二分
晨留	二十四日			

晨退	四十六日五十八	四度八十八一十二半	空三十二八十七半	
夕退	四十六日五十八	四度八十八一十二半	空三十二八十七半	一十六分
夕留	二十四日			
夕遲初	二十八日	一度九十一	一度四十五	
夕遲末	二十八日	四度三十一	三度二十五	一十二分
夕疾初	二十八日	五度五十一	四度一十九	一十八分
夕疾末	二十八日	六度一十一	四度六十四	二十一分
夕伏	一十六日八十六	三度八十六	三度九十五	二十二分

火星

周率七百七十九萬九千二百九十分

周日七百七十九日九十二分九十秒

曆率六百八十六萬九千五百八十分四十三秒

度率一萬八千八百七分半

合應五十六萬七千五百四十五分

曆應五百四十七萬二千九百三十八分

盈初縮末立差十千一百三十五減

平差八十三萬一千一百八十九減

定差八千八百四十七萬八千四百

縮初盈末立差八百五十一加

平差三萬二百三十五負減

定差二千九百九十七萬六千三百

伏見一十九度

段目	段日	平度	限度	初行率
合伏	六十九日	五十度	四十六度五十	七十三分
晨疾初	五十九日	四十一度八十	三十八度八十七	七十二分
晨疾末	五十七日	三十九度〇八	三十六度三十四	七十分

晨次疾初	五十三日	三十四度一十六	三十一度七十七	六十七分
晨次疾末	四十七日	二十七度○六	二十五度一十五	六十二分
晨遲初	三十九日	一十七度七十二	一十六度四十八	五十三分
晨遲末	二十九日	六度二十	五度七十七	三十八分
晨留	八日			
晨退	二十八日九十六四十五	八度六十五六十七半	六度四十六三十二半	
夕退	二十八日九十六四十五	八度六十五六十七半	六度四十六三十二半	四十四分
夕留	八日			
夕遲初	二十九日	六度二十	五度七十七	
夕遲末	三十九日	一十七度七十二	一十六度四十八	三十八分
夕次疾初	四十七日	二十七度○四	二十五度一十五	五十三分
夕次疾末	五十三日	三十四度一十六	三十一度七十七	六十二分
夕疾初	五十七日	三十九度○八	三十六度三十四	六十七分

夕疾末	五十九日	四十一度八十	三十八度八十七	七十分
夕伏	六十九日	五十度	四十六度五十	七十二分

土星

周率三百七十八萬九百一十六分

周日三百七十八日九分一十六秒

曆率一億七百四十七萬八千八百四十五分十六秒

度率二十九萬四千二百五十五分

合應一十七萬五千六百四十三分

曆應五千二百二十四萬五百六十一分

盈立差二百八十三加

平差四萬一千二十二減

定差一千五百一十四萬六千一百

縮立差三百三十一加

平差一萬五千一百二十六減

定差一千一百一萬七千五百

伏見一十八度

段目	段日	平度	限度	初行率
合伏	二十日四十	二度四十	一度四十九	一十二分
晨疾	三十日	三度四十	二度一十一	一十一分
晨次疾	二十九日	二度七十五	一度七十一	一十分
晨遲	二十六日	一度五十	初八十三	八分
晨留	三十日			
晨退	五十二日六十四五十八	三度六十二五十四半	初二十八四十五半	
夕退	五十二日六十四五十八	三度六十二五十四半	初二十八四十五半	一十分
夕留	三十日			
夕遲	二十六日	一度五十	初八十三	

夕次疾	二十九日	二度七十五	一度七十一	八分
夕疾	三十日	三度四十	二度一十一	一十分
夕伏	二十日四十	二度四十	一度四十九	一十一分

金星

周率五百八十三萬九千二十六分

周日五百八十三日九十分二十六秒

曆率三百六十五萬二千五百七十五分

度率一萬

合應五百七十一萬六千三百三十分

曆應一十一萬九千六百三十九分

盈縮立差一百四十一加

平差三減

定差三百五十一萬五千五百

伏見一十度半

段目	段日	平度	限度	初行率
合伏	三十九日	四十九度五十	四十七度六十四	一度二十五分半
夕疾初	五十二日	六十五度五十	六十三度〇四	一度二十六分半
夕疾末	四十九日	六十一度	五十八度七十一	一度二十五分半
夕次疾初	四十二日	五十度三十五	四十八度三十六	一度二十三分半
夕次疾末	三十九日	四十二度五十	四十度九十	一度一十六分
夕遲初	三十三日	二十七度	二十五度九十九	一度二分
夕遲末	一十六日	四度三十五	四度〇九	六十二分
夕留	五日			
夕退	一十日九十五一十三	三度六十九八十七	一度五十九一十三	
夕退伏	六日	四度三十五	一度六十三	六十一分
合退伏	六日	四度三十五	一度六十二	八十二分

晨退	一十日九十五一十一	三度六十九八十七	一度五十九一十三	六十一分
晨留	五日			
晨遲初	一十六日	四度三十五	四度〇九	
晨遲末	三十三日	二十七度	二十五度九十九	六十二分
晨次疾初	三十九日	四十二度五十	四十度九十	一度一分
晨次疾末	四十二日	五十度三十五	四十八度三十六	一度一十六分
晨疾初	四十九日	六十一度	五十八度七十一	一度二十三分半
晨疾末	五十二日	六十五度五十	六十三度〇四	一度二十五分半
晨伏	三十九日	四十九度五十	四十七度六十四	一度二十六分半

水星

周率一百一十五萬八千七百六十分

周日一百一十五日八十七分六十秒

曆率三百六十五萬二千五百七十五分

度率一萬

合應七十萬四百三十七分

曆應二百五萬五千一百六十一分

盈縮立差一百四十一加

平差二千一百六十五減

定差三百八十七萬七千

晨伏夕見一十六度半

夕伏晨見一十九度

段目	段日	平度	限度	初行率
合伏	一十七日七十五	三十四度二十五	二十九度〇八	二度一十五分五十八
夕疾	一十五日	二十一度三十八	一十八度一十六	一度七十分三十四
夕遲	一十二日	一十度一十二	八度五十九	一度一十四分七十二
夕留	二日			

夕退伏	一十一日一十八八十	七度八十一二十	二度一十八十	
合退伏	一十一日一十八八十	七度八十一二十	二度一十八十	一度三分四十六
晨留	二日			
晨遲	一十二日	一十度一十二	八度五十九	一度
晨疾	一十五日	二十一度三十八	一十八度一十六	一度一十四分七十二
晨伏	一十七日七十五	三十四度二十五	二十九度〇八	一度七十分三十四

推天正冬至後五星平合及諸段中積中星

置中積加合應以其星周率去之不盡爲前合復減周率餘爲後合以日周約之得其星天正冬至後平合中積中星命爲日曰中積命爲度曰中星以段日累加中積即諸段中積以度累加中星經退則減之即爲諸段中星上考者中積內減合應滿周率去之不盡便爲所求後合分

推五星平合及諸段入曆

各置中積加曆應及所求後合分滿曆率去之不盡如度率而一爲度不滿退

除爲分秒卽其星平合入曆度及分秒以諸段限度累加之卽諸段入曆上考者中積內減曆應滿曆率去之不盡反減曆率餘加其年後合餘同上

求盈縮差

置入曆度及分秒在曆中已下爲盈已上減去曆中餘爲縮視盈縮曆在九十一度三十一分四十三秒太已下爲初限已上用減曆中餘爲末限

其火星盈曆在六十度八十七分六十二秒半已下爲初限已上用減曆中餘爲末限縮曆在一百二十一度七十五分二十五秒已下爲初限已上用減曆中餘爲末限置各星立差以初末限乘之去加減平差得又以初末限乘之去加減定差再以初末限乘之滿億爲度不滿退除爲分秒卽所求盈縮差

又術置盈縮曆以曆策除之爲策數不盡爲策餘以其下損益率乘之曆策除之所得益加損減其下盈縮積亦爲所求盈縮差

求平合諸段定積

各置其星其段中積以其盈縮差盈加縮減之卽其段定積日及分秒以天正

冬至日分加之滿紀法去之不滿命甲子算外即得日辰

求平合及諸段所在月日

各置其段定積以天正閏日及分加之滿朔策除之爲月數不盡爲入月已來日數及分秒其月數命天正十一月算外即其段入月經朔日數及分秒以日辰相距爲所在定月日

求平合及諸段加時定星

各置其段中星以盈縮差盈加縮減之金星倍之水星三之即諸段定星以天正冬至加時黃道日度加而命之即其星其段加時所在宿度及分秒

求諸段初日晨前夜半定星

各以其段初行率乘其段加時分百約之乃順減退加其日加時定星即其段初日晨前夜半定星加命如前即得所求

求諸段日率度率

各以其段日辰距後段日辰爲日率以其段夜半宿次與後段夜半宿次相減

餘爲度率

求諸段平行分

各置其段度率以其段日率除之卽其段平行度及分秒

求諸段增減差及日差

以本段前後平行分相減爲其段汎差倍而退位爲增減差以加減其段平行分爲初末日行分（前多後少者加爲初減爲末前少後多者減爲初加爲末）倍增減差爲總差以日率減一除之爲日差

求前後伏遲退段增減差

前伏者置後段初日行分加其日差之半爲末日行分後伏者置前段末日行分加其日差之半爲初日行分以減伏段平行分餘爲增減差

前遲者置前段末日行分倍其日差減之爲初日行分後遲者置後段初日行分倍其日差減之爲末日行分以遲段平行分減之餘爲增減差（前後近留之遲段）

木火土三星退行者六因平行分退一位爲增減差

金星前後退伏者三因平行分半而退位爲增減差前退者置後段初日行分以其日差減之爲末日行分後退者置前段末日行分以其日差減之爲初日行分乃以本段平行分減之餘爲增減差水星退行者半平行分爲增減差皆以增減差加減平行分爲初末日行分前多後少者加爲初減爲末前少後多者減爲初加爲末又倍增減差爲總差以日率減一除之爲日差

求每日晨前夜半星行宿次

各置其段初日行分以日差累損益之後少則損之後多則益之爲每日行度及分秒乃順加退減滿宿次去之卽每日晨前夜半星行宿次

求五星平合見伏入盈縮曆

置其星其段定積日及分秒若滿歲周日及分秒去之餘在次年天正冬至後如在半歲周已下爲入盈曆滿半歲周去之爲入縮曆各在初限已下爲初限已上反減半歲周餘爲末限卽得五星平合見伏入盈縮曆日及分秒

求五星平合見伏行差

各以其星其段初日星行分與其段初日太陽行分相減餘爲行差若金水二星退行在退合者以其段初日星行分併其段初日太陽行分爲行差內水星夕伏晨見者直以其段初日太陽行分爲行差

求五星定合定見定伏汎積

木火土三星以平合晨見夕伏定積日便爲定合伏見汎積日及分秒

金水二星置其段盈縮差度及分秒（水星倍之）各以其段行差除之爲日不滿退除爲分秒在平合夕見晨伏者盈減縮加在退合夕伏晨見者盈加縮減各以加減定積爲定合伏見汎積日及分秒

求五星定合定積定星

木火土三星各以平合行差除其段初日太陽盈縮積爲距合差日不滿退除爲分秒以太陽盈縮積減之爲距合差度各置其星定合汎積以距合差日盈減縮加之爲其星定合定積日及分秒以距合差度盈減縮加之爲其星定合定星度及分秒

金水二星順合退合者各以平合退合行差除其日太陽盈縮積爲距合差日不滿退除爲分秒順加退減太陽盈縮積爲距合差度順合者盈加縮減其星定合汎積爲其星定合定積日及分秒退合者以距合差日盈加縮減距合差度盈加縮減其星退定合汎積爲其星退定合定積日及分秒命之爲退定合定星度及分秒以天正冬至日及分秒加其星定合定積日及分秒滿旬周去之命甲子算外卽得定合日辰及分秒以天正冬至加時黃道日度及分秒加其星定合定星度及分秒滿黃道宿次去之卽得定合所躔黃道宿度及分秒

徑求五星合伏定日木火土三星以夜半黃道日度減其星夜半黃道宿次餘在其日太陽行分已下爲其日伏合金水二星以其星夜半黃道宿次減夜半黃道日度餘在其日金水二星行分已下者爲其日伏合金水二星伏退合者視其日太陽夜半黃道宿次未行到金水二星宿次又視次日太陽行過金水二星宿次金水二星退行過太陽宿次爲其日定合伏退定日

求木火土三星定見伏定積日

各置其星定見定伏汎積日及分秒晨加夕減九十一日三十一分六秒如在半歲周已下自相乘已上反減歲周餘亦自相乘滿七十五除之爲分滿百爲

度不滿退除爲秒以其星見伏度乘之一十五除之所得以其段行差除之爲日不滿退除爲分秒見加伏減汎積爲其星定見伏定積日及分秒加命如前卽得定見定伏日辰及分秒

求金水二星定見伏定積日

各以伏見日行差除其段初日太陽盈縮積爲日不滿退除爲分秒若夕見晨伏盈加縮減如晨見夕伏盈減縮加以加減其星定見定伏汎積日及分秒爲常積如在半歲周已下爲冬至後已上去之餘爲夏至後各在九十一日三十一分六秒已下自相乘已上反減半歲周亦自相乘冬至後晨夏至後夕一十八而一爲分冬至後夕夏至後晨七十五而一爲分又以其星見伏度乘之一十五除之所得滿行差除之爲日不滿退除爲分秒加減常積爲定積在晨見夕伏者冬至後加之夏至後減之夕見晨伏者冬至後減之夏至後加之爲其星定見定伏定積日及分秒加命如前卽得定見定伏日晨及分秒

元史卷五十五

元史卷五十六

明翰林學士亞中大夫知制誥兼修國史宋　濂等修

曆志第八

曆五

庚午元曆上

演紀上元庚午距太宗庚辰歲積年二千二十七萬五千二百七十筭外上考往古每年減一筭下驗將來每年加一筭

步氣朔術

日法五千二百三十

歲實一百九十一萬二百二十四

通餘二萬七千四百二十四

朔實一十五萬四千四百四十五

通閏五萬六千八百八十四

歲策三百六十五　餘一千二百七十四
朔策二十九　餘二千七百七十五
氣策一十五　餘一千一百四十二　秒六十
望策一十四　餘四千　二　秒四十五
象策七　餘二千　一　秒二十二半
沒限四千八十七　秒三千
朔虛分二千四百五十五
旬周三十一萬三千八百
紀法六十
秒母九十

求天正冬至

置上元庚午以來積年以歲實乘之爲通積分滿旬周去之不盡以日法約之爲日不盈爲餘命壬戌筭外卽得所求天正冬至大小餘也先以里差加減通積分然後求之求

里差術具月離篇中

求次氣

置天正冬至大小餘以氣策及餘累加之秒盈秒母從分分滿日法從日卽得次氣日及餘分秒

求天正經朔

置通積分滿朔實去之不盡爲閏餘以減通積分爲朔積分滿旬周去之不盡如日法而一爲日不盡爲餘卽得所求天正經朔大小餘也

求弦望及次朔

置天正經朔大小餘以象策累加之卽各得弦望及次朔經日及餘秒也

求沒日

置有沒之氣恆氣小餘如沒限以上爲有沒之氣以秒母乘之內其秒用減四十七萬七千五百五十六餘滿六千八百五十六而一所得併入恆氣大餘內命壬戌筭外卽得爲沒日也

求滅日

置有滅之朔小餘經朔小餘不滿朔虛分者六因之如四百九十一而一所得併經朔大餘

命爲滅日

步卦候發斂術

候策五　餘三百八十　秒八十

卦策六　餘四百五十七　秒六

貞策三　餘二百二十八　秒四十八

秒母九十

辰法二千六百一十五

半辰法一千三百七半

刻法三百一十三　秒八十

辰刻八　分一百四　秒六十

半辰刻四　分五十二　秒三十

秒母一百

求七十二候

置節氣大小餘命之爲初候以候策累加之卽得次候及末候也

求六十四卦

置中氣大小餘命之爲公卦以卦策累加之得辟卦又加得內卦以貞策加之得節氣之初爲侯外卦又以貞策加之得大夫卦又以卦策加之爲卿卦也

求土王用事

以貞策減四季中氣大小餘卽得土王用事日也

求發斂

置小餘以六因之如辰法而一爲辰數不盡以刻法除爲刻命子正筭外卽得加時所在辰刻分也如加半辰法卽命子初

求二十四氣卦候

恆氣	月中節四正卦	初候	次候	末候	始卦	中卦	終卦

冬至	十一月中 坎初六	蚯蚓結	麋角解	水泉動	公中孚	辟復	侯屯內
小寒	十二月節 坎九二	鴈北鄉	鵲始巢	野鷄始鴝	侯屯外	大夫謙	卿睽
大寒	十二月中 坎六三	鷄始乳	鷙鳥厲疾	水澤腹堅	公升	辟臨	侯小過內
立春	正月節 坎六四	東風解凍	蟄虫始振	魚上冰	侯小過外	大夫蒙	卿益
雨水	正月中 坎九五	獺祭魚	鴻鴈來	草木萌動	公漸	辟泰	侯需內
驚蟄	二月節 坎上六	桃始華	鶬鶊鳴	鷹化爲鳩	侯需外	大夫隨	卿晉
春分	二月中 震初九	玄鳥至	雷乃發聲	始電	公解	辟大壯	侯豫內
清明	三月節 震六二	桐始華	田鼠化爲鴽	虹始見	侯豫外	大夫訟	卿蠱
穀雨	三月中 震六三	萍始生	鳴鳩拂其羽	戴勝降于桑	公革	辟夬	侯旅內
立夏	四月節 震九四	螻蟈鳴	蚯蚓出	王瓜生	侯旅外	大夫師	卿比
小滿	四月中 震六五	苦菜秀	靡草死	小暑至	公小畜	辟乾	侯大有內
芒種	五月節 震上六	螳螂生	鵙始鳴	反舌無聲	侯大有外	大夫家人	卿井
夏至	五月中 離初九	鹿角解	蜩始鳴	半夏生	公咸	辟姤	侯鼎內

小暑 六月節 離六二	温風至	蟋蟀居壁	鷹乃學習	侯鼎外	大夫豐	卿渙
大暑 六月中 離九三	腐草化爲螢	土潤溽暑	大雨時行	公履	辟遯	侯恆內
立秋 七月節 離九四	涼風至	白露降	寒蟬鳴	侯恆外	大夫節	卿同人
處暑 七月中 離六五	鷹乃祭鳥	天地始肅	禾乃登	公損	辟否	侯巽內
白露 八月節 離上九	鴻鴈來	玄鳥歸	羣鳥養羞	侯巽外	大夫萃	卿大畜
秋分 八月中 兌初九	雷乃收聲	蟄虫坯戶	水始涸	公賁	辟觀	侯歸妹內
寒露 九月節 兌九二	鴻鴈來賓	雀入大水化爲蛤	菊有黃花	侯歸妹外	大夫無妄	卿明夷
霜降 九月中 兌六三	豺乃祭獸	草木黃落	蟄虫咸俯	公困	辟剝	侯艮內
立冬 十月節 兌九四	水始冰	地始凍	野雞入水化爲蜃	侯艮外	大夫既濟	卿噬嗑
小雪 十月中 兌九五	虹藏不見	天氣上騰地氣下降	閉塞成冬	公大過	辟坤	侯未濟內
大雪 十一月節 兌上六	鶡鳥不鳴	虎始交	荔挺出	侯未濟外	大夫蹇	卿頤

步日躔術

周天分一百九十一萬二百九十二 秒九十八

歲差六十八　秒九十八

秒母一百

周天度三百六十五　分二十五　秒六十七

象限九十一　分三十一　秒九

分秒母一百

二十四氣日積度盈縮

恆氣日積度	分秒	損益率	初末率	日差	盈縮積
冬至空		益七千五十九	初四百九十八八十六十五 末四百七十八八十八一十一	四 九十一 七十九	盈空
小寒一十五	九十二 四十三	益五千九百二十	初四百二十五八十九七十二 末三百二十五一十四十一	五 一十八 九十九	盈七千五十九
大寒三十一	七十三 四十八	益四千七百一十八	初三百四十八八十四八十 末二百七十一一十八七十四	五 四十六 一十九	盈一萬二千九百七十九
立春四十七	四十二 五十	益三千四百五十三	初二百六十七六十二八十六 末一百八十六一十六一十六	五 七十二 九十六	盈一萬七千六百九十七
雨水六十二	九十八 八十九	益二千一百二十六	初一百八十二二十七三十八 末九十七 一十二三十二	五 九十八 八十七	盈二萬一千一百五十
驚蟄七十八	四十二 空	益七百三十九	初九十一一十三 四十六 末五 九十八 四十	五 九十八 八十七	盈二萬三千二百七十六

春分九十三	七十一 二十四	損七百三十九	初五 九十八 四十 末九十一 一十三 四十六	五 九十八 八十七	盈二萬四千 一十五
清明一百八	八十五 六十九	損二千一百三十六	初九十八 九十六 五十 末一百八十 四十三 二十	五 七十二 九十六	盈二萬三千二百七十六
穀雨一百二十三	八十六 二十八	損三千四百五十三	初一百八十八 六 四十八 末二百六十五 七十二 五十四	五 四十六 一十九	盈二萬一千一百五十
立夏一百三十八	七十三 六十	損四千七百一十八	初二百七十三 一十一 九十七 末三百四十六 九十一 四十三	五 一十八 九十九	盈一萬七千六百九十七
小滿一百五十三	四十八 二十七	損五千九百二十	初三百五十四 二十 七十九 末四百二十三 九十六 三十二	四 九十一 七十七	盈一萬二千九百七十九
芒種一百六十八	一十 九十二	損七千五十九	初四百二十八 八十八 一十一 末四百九十 八十 六十五	四 九十一 七十九	盈七千 五十九
夏至一百八十二	六十二 一十九	益七千五十九	初四百九十八 八十 六十五 末四百二十八 八十八 一十一	四 九十一 七十九	縮空
小暑一百九十七	一十二 四十三	益五千九百二十	初四百二十五 八十九 七十二 末三百二十五 一十 四十一	五 一十八 九十九	縮七千 五十九
大暑二百一十二	七十六 八	益四千七百一十八	初三百四十八 八十四 八十 末二百七十一 一十八 七十四	五 四十六 一十九	縮一萬二千九百七十九
立秋二百一十六	五十 七十五	益三千四百五十三	初二百六十七 六十二 八十六 末一百八十六 一十六 一十六	五 七十二 九十六	縮一萬七千六百九十七
處暑二百四十一	二十八 七	益二千一百三十六	初一百八十二 二十七 三十八 末九十七 一十二 三十二	五 九十八 八十七	縮二萬一千一百五十
白露二百五十六	三十八 六十六	益七百三十九	初九十一 一十三 四十六 末五 九十八 四十	五 九十八 八十七	縮二萬三千二百七十六
秋分二百七十一	五十三 一十二	損七百三十九	初五 九十八 四十 末九十一 一十三 四十六	五 九十八 八十七	縮二萬四千 一十五

寒露二百八十六	八十二	二十五	損二千一百三十六	初九十八 九十六 五十	末一百八十 四十三 二十	五 七十二 九十六	縮二萬三千二百七十六
霜降二百 二	二十五	四十六	損三千四百五十三	初一百八十八 六 四十八	末二百六十五 七十二 五十四	五 四十六 一十九	縮二萬一千一百五十
立冬三百一十七	八十一	八十四	損四千七百一十八	初二百七十三 一十一 九十七	末三百四十六 九十一 四十三	五 一十八 九十九	縮一萬七千六百九十七
小雪三百三十三	五十	八十七	損五千九百二十	初三百五十四 二十 七十九	末四百二十三 九十六 三十二	四 九十一 七十九	縮一萬二千九百七十九
大雪三百四十九	三十一	九十二	損七千五十九	初四百二十八 八十八 一十一	末四百九十八 八十 六十五	四 九十一 七十九	縮七千 五十九

二十四氣中積及朓朒

恆氣中積	經分	約分	損益率	初率	末率	日差	朓朒積
冬至空			益二百七十六	初一十九 四十九 六十四	末一十六 七十八 五十二	一十九	朒空
小寒十五	一千一百四十二 六十	二十一 八十四	益二百三十二	初一十六 六十八 七十四	末一十三 六十 一十九	二十 二十九	朒二百七十六
大寒三十	二千二百八十五 三十	四十三 六十九	益一百八十三	初一十二 六十九 八十一	末一十 六十二 一十四	二十一 五十九	朒五百 八
立春四十五	三千四百二十八	六十五 五十四	益一百三十五	初一十 四十六 七十	末七 二十七 四十五	二十二 四十五	朒六百九十三
雨水六十	四千三百七十 六十	八十七 三十九	益八十三	初七 一十一 二十四	末三 七十九 六十三	二十三 三十二	朒八百二十八
驚蟄七十六	四百八十三 三十	九 二十四	益二一十九	初三 五十六 三十一	末空 三十四 八十	二十三 三十二	朒九百一十一

春分九十一	一千六百二十六 三十一 / 九	損二十九	初空 末三 / 二十四 五十六 / 八十 三十一	二十三 三十二	朒九百四十
清明一百六	二千七百六十八 五十二 / 六十 九十二	損八十三	初三 末七 / 八十五 五十一 / 七十六 一	二十二 四十五	朒九百一十一
穀雨一百二十一	三千九百一十一 七十四 / 三十 七十八	損一百三十五	初七 末一十 / 二十五 四十 / 五十九 五十六	二十一 五十九	朒八百二十六
立夏一百三十六	五十 九十六 / 五十四 六十三	損一百八十五	初一十 末一十三 / 七十一 五十九 / 三十六 九十一	二十 二十九	朒六百九十三
小滿一百五十二	九百九十六 一十八 / 六十 四十八	損二百三十二	初一十三 末一十六 / 八十九 五十九 / 四十 五十二	一十九	朒五百八
芒種一百六十七	二千一百九 四十 / 三十 三十二	損二百七十六	初一十六 末一十九 / 七十八 四十九 / 五十二 六十四	一十九	朒二百七十六
夏至一百八十二	三千二百 六十二 / 五十二 一十八	益二百七十六	初一十九 末一十六 / 四十九 七十八 / 六十四 五十二	一十九	朓空
小暑一百九十七	四千三百九十四 八十四 / 六十 一	益二百三十二	初一十六 末一十三 / 六十八 八十 / 七十四 一十九	二十 二十九	朓二百七十六
大暑二百一十三	三百七 五 / 三十 八十七	益一百八十五	初一十三 末一十 / 六十九 六十二 / 八十一 一十四	二十一 五十九	朓五百八
立秋二百二十八	一千四百 二十七 / 五十 七十二	益一百三十五	初一十 末七 / 四十六 二十七 / 七十 四十五	二十二 四十五	朓六百九十三
處暑二百四十三	二千五百九十三 四十九 / 六十 五十七	益八十三	初七 末三 / 一十一 七十九 / 二十四 六十三	二十三 三十二	朓八百二十六
白露二百五十八	二千七百二十五 七十一 / 三十 四十二	益二十九	初三 末空 / 五十六 三十四 / 三十一 八十	二十三 三十二	朓九百一十一
秋分二百七十三	四千八百 九十三 / 七十八 二十七	損二十九	初空 末三 / 二十四 五十六 / 八十 三十一	二十三 三十二	朓九百四十

寒露二百八十九	七百九十 一十五	六十 一十二	損八十三	初三 末七	八十五 五十一 七十六 一	二十二 四十五	朓九百二十一
霜降三百 四	一千九百三十三 三十六	三十 九十六	損一百三十五	初七 末一十	三十五 四十 五十九 五十六	二十一 五十九	朓八百二十八
立冬三百一十九	三千 五十八	七十六 八十一	損一百八十五	初一十 末一十三	七十一 五十九 三十六 九十一	二十 二十九	朓六百九十三
小雪三百三十四	四千二百十八 八十	六十 六十六	損二百三十二	初一十三 末一十六	八十九 五十九 四十 五十二	一十九	朓五百 八
大雪三百五十	一百三十一 二	三十 三十一	損二百七十六	初一十六 末一十九	七十八 四十八 五十二 六十四	一十九	朓二百七十六

求每日盈縮朓朒

各置其氣損益率（求盈縮用盈縮之損益 求朓朒用朓朒之損益）六因如象限而一爲其氣中率與後氣中率相減爲合差加減其氣中率爲元末汎率（至後加初減末 分後減初加末）又置合差六因如象限而一爲日差半之加減初末汎率爲初末定率（至後減初加末 分後加初減末）以日差累加減氣初定率爲每日損益分（至後減 分後加）各以每日損益分加減氣下盈縮朓朒爲每日盈縮朓朒（二分前一氣無後率相減爲合差者皆用前氣合差）

求經朔弦望入氣

置天正閏餘以日法除爲日不滿爲餘如氣策以下以減氣策爲入大雪氣以

上去之餘亦以減氣策爲入小雪氣即得天正經朔入氣日及餘也以象策累加之滿氣策去之即爲弦望入次氣日及餘因加得後朔入氣日及餘也（便爲中朔望入氣）

求每日損益盈縮朓朒

以日差益加損減其氣初損益率爲每日損益率馴積損益其氣盈縮朓朒積爲每日盈縮朓朒積

求經朔弦望入氣朓朒定數

以各所求入氣小餘以乘其日損益率如日法而一所得損益其下朓朒積爲定數（便爲中朔弦望朓朒定數）

赤道宿度

斗二十五　牛七少　女十一少　虛九少（六十七秒）　危十五度半

室十七　壁八太

右北方七宿九十四度（六十七秒）

奎十六半　婁十二　胃十五　昴十一少　畢十七少　觜半

參十半

右西方七宿八十三度

井三十三少　鬼二半　柳十三太　星六太　張十七少　翼十八

軫十七

右南方七宿一百九度少

角十二　亢九少　氐十六　房五六　心六少　尾十九少

箕十半

右東方七宿七十九度

求冬至赤道日度

置通積分以周天分去之餘日法而一爲度不滿退除爲分秒以百爲母命起赤道虛宿六度外去之不滿宿卽得所求年天正冬至加時日躔赤道宿度及分秒其在尋斯干之東西者先以里差加減通積分

求春分夏至秋分赤道日度

置天正冬至加時赤道日度累加象限滿赤道宿次去之即各得春分夏至秋分加時日在宿度及分秒

求四正赤道宿積度

置四正赤道宿全度以四正赤道日度及分秒減之餘爲距後度以赤道宿度累加之各得四正後赤道宿度及分秒

求赤道宿積度入初限

視四正後赤道宿積度及分在四十五度六十五分五十四秒半以下爲入初限以上者用減象限餘爲入末限

求二十八宿黃道度

置四正後赤道宿入初末限度及分減一百一度餘以初末限度及分乘之進位滿百爲分分滿百爲度至後以減分後以加赤道宿積度爲其宿黃道積度以前宿黃道積度減之（其四正之宿先加象限然後以前縮減之）爲其宿黃道度及分（其分就近約爲太半少）

黃道宿度

斗二十三　牛七　女十一　虛九少六十七秒　危十六　室十八少

壁九半

右北方七宿九十四度六十七秒

奎十七太　婁十二太　胃十五半　昴十二　畢十六半　觜半

參九太

右西方七宿八十三度太

井三十半　鬼二半　柳十三少　星六太　張十七太　翼二十

軫十八半

右南方七宿一百九度少

角十二太　亢九太　氐十六少　房五太　心六　尾十八少

箕九半

右東方七宿七十八度少

前黃道宿度依今曆歲差所在筭定如上考往古下驗將來當據歲差每一度依術推變當時宿度然後可步七曜知其所在

求天正冬至加時黃道日度

以冬至加時赤道日度分秒減一百一度餘以冬至加時赤道日度及分秒乘之進位滿百為分分滿百為度命曰黃赤道差用減冬至加時赤道日度及分秒即得所求年天正冬至加時黃道日度及分秒

求二十四氣加時黃道日度

置所求年冬至日黃赤道差以次年黃赤道差減之餘以所求氣數乘之二十四而一所得以加其氣中積度及約分以其氣初日盈縮數盈加縮減之用加冬至加時黃道日度依宿次去之即各得其氣加時黃道日躔宿度及分秒（如其年冬至加時黃道宿度空分秒在歲差以下者即加前宿全度然求黃赤道差餘依術筭）

求二十四氣及每日晨前夜半黃道日度

副置其恆氣小餘以其氣初日損益率乘之（盈縮之損益）萬約之應益者盈加縮減

應損者盈減縮加其副日法除之爲度不滿退除爲分秒以減其氣加時黃道
日度即得其氣初日晨前夜半黃道日度每日加一度以萬乘之又以每日損
益數盈縮損益之應益者盈加縮減應損者盈減縮加爲每日晨前夜半黃道日度
及分秒

求每日午中黃道日度

置一萬分以所求入氣日損益數加減益者盈加縮減損者盈減縮加半之滿百爲分不滿爲
秒以加其日晨前夜半黃道日度即其日午中日躔黃道宿度及分秒

求每日午中黃道積度

以二至加時黃道日度距至所求日午中黃道日度爲入二至後黃道日積度
及分秒

求每日午中黃道入初末限

視二至後黃道積度在四十三度一十二分八十七秒之以下爲初限以上用
減象限餘爲入末限其積度滿象限去之爲二分後黃道積度在四十八度一

十八分二十一秒之以下爲初限以上用減象限餘爲入末限

求每日午中赤道日度

以所求日午中黄道積度入至後初限分後末限度及分秒進三位加二十萬二千五十少開平方除之所得減去四百四十九半餘在初限者直以二至赤道日度加而命之在末限者以減象限餘以二分赤道日度加而命之即每日午中赤道日度以所求日午中黄道積度入至後末限分後初限度及分秒進三位同減三十萬三千五十少開平方除之所得以減五百五十半其在初限者以所減之餘直以二分赤道日度加而命之在末限者以減象限餘以二至赤道日度加而命之即每日午中赤道日度

太陽黄道十二次入宮宿度

危十三度三十九分五十九秒外入衛分娵訾之次辰在亥

奎二度三十五分八十五秒外入魯分降婁之次辰在戌

胃四度二十四分三十三秒外入趙分大梁之次辰在酉

畢　七度九十六分　六秒外入晉分實沈之次辰在申

井　九度四十七分一十　秒外入秦分鶉首之次辰在未

柳　四度九十五分二十六秒外入周分鶉火之次辰在午

張十五度五十六分三千五秒外入楚分鶉尾之次辰在巳

軫　十度四十四分　五秒外入鄭分壽星之次辰在辰

氐　一度七十七分七十七秒外入宋分大火之次辰在卯

尾　三度九十七分七十二秒外入燕分析木之次辰在寅

斗　四度三十六分六十六秒外入吳越分星紀之次辰在丑

女　二度九十一分九十一秒外入齊分玄枵之次辰在子

求入宮時刻

各置入宮宿度及分秒以其日晨前夜半日度減之相近一度之間者求之餘以日法乘其分其秒從於下亦通乘之為實以其日太陽行分為法實如法而一所得依發斂加時求之即得其日太陽入宮時刻及分秒

步晷漏術

中限一百八十二日　六十二分　一十八秒

冬至初限夏至末限六十二日　二十分

夏至初限冬至末限一百二十日　四十二分

冬至永安晷影常數一丈二尺八寸三分

夏至永安晷影常數一尺五寸六分

周法一千四百二十八

內外法一萬　八百九十六

半法二千六百一十五

日法四分之三三千九百二十二半

日法四分之一一千三百　七半

昏明分一百三十分　七十五秒

昏明刻二刻一百五十六分　九十秒

刻法三百一十三分　八十秒

秒母一百

求午中入氣中積

置所求日大餘及半法以所入氣大小餘減之爲其日午中入氣以加其氣中積爲其日午中中積（小餘以日法除爲約分）

求二至後午中入初末限

置午中中積及分如中限以下爲冬至後以上去中限爲夏至後其二至後如在初限以下爲初限以上覆減中限餘爲入末限也

求午中晷影定數

視冬至後初限夏至後末限百通日內分自相乘副置之以一千四百五十除之所得加五萬三百八折半限分併之除其副爲分分滿十爲寸寸滿十爲尺用減冬至地中晷影常數爲求晷影定數

視夏至後初限冬至後末限百通日內分自相乘爲上位下置入限分以二百

二十五乘之百約之加一十九萬八千七十五爲法夏至前後半限以上者減去半限列于上位下置半限各百通日內分先相減後相乘以七千七百除之所得以加其法及除上位爲分分滿十爲寸寸滿十爲尺用加夏至地中晷影常數爲所求晷影定數

求四方所在晷影

各於其處測冬夏二至晷數乃相減之餘爲其處二至晷差亦以地中二至晷數相減爲地中二至晷差其所求日在冬至後初限夏至後末限者如在半限以下倍之半限以上覆減全限餘亦倍之併入限日三因折半以日爲分十分爲寸以減地中二至晷差爲法置地中冬至晷影常數以所求日地中晷影定數減之餘以其處二至晷差乘之爲實實如法而一所得以減其處冬至晷數卽得其處其日晷影定數所求日在夏至後初限冬至後末限者如在半限以下倍之半限以上覆減全限餘亦倍之併入限日三因四除以日爲分十分爲寸以加地中二至晷差爲法置所求日地中晷影定數以地中夏至晷影常數減之餘以其處二至晷差乘之爲實實如法而一所得以加其處夏至晷數卽

得其處其日晷影定數

二十四氣陟降及日出分

恆氣	增損	差	加減差	陟降率	初末率	日出分
冬至	增	初九二十九 末七九十六	減十	陟十 四十	初空 五 五十 末一 二十六 四	一千五百六十七 九十三
小寒	增	初七八十九 末六五十九	減十	陟二十八 七十三	初一 三十六 末二 三十七 一十六	一千五百五十七 五十二
大寒	增	初六五十二 末五二十二	減十	陟四十三 五十六	初二 四十三 末三 二十五 一十八	一千五百二十八 七十九
立春	增	初五一十八 末三八十八	減十	陟五十五 一十九	初三 二十九 末三 九十二 四十一	一千四百八十五 二十三
雨水	增	初三八十二 末二五十二	減十	陟六十三 九十	初三 九十五 五十 末四 二十九 八十八	一千四百三十 四
驚蟄	增	初二四十八 末一三十八	減十	陟六十九 一十八	初四 四十四 末四 六十七 二十六	一千三百六十六 一十四
春分	損	初一三十八 末二四十八	減十	陟六十四 六十九	初四 三十七 末四 一十 六十八	一千二百九十六 九十六
清明	損	初二五十 末三五十四	加八	陟五十九 九	初四 八 五十 末三 六十六 三十二	一千二百二十二 二十七
穀雨	損	初三六十五 末四六十九	加八	陟五十 八十四	初三 六十二 末三 三 六十二	一千一百七十三 一十八
立夏	損	初四八十 末五八十四	加八	陟三十九 八十六	初一 九十八 末三 一十四 五十	一千一百二十二 三十四

小滿	損 初五 末七	九十八 二	加八	陟二十六 六	初一 末一	一十六 一十五		一千八十二 四十八
芒種	損 初七 末八	一十九 二十三	加八	陟九 三十一	初一 末四	一十五 七	六	一千五十六 四十二
夏至	增 初八 末七	三十七 三十三	減八	降九 三十二	初空 末一	四 一十四	五十 四十	一千四十七 七
小暑	增 初七 末六	二十 一十六	減八	降二十六 六	初一 末二	二十三 一十六	五十二	一千五十六 四十二
大暑	增 初六 末四	九十六	減八	降三十九 八十六	初二 末二	二十二 九十九	五 二十二	一千八十二 四十八
立秋	增 初四 末三	八十 七十六	減八	降五十 八十四	初三 末三	三 六十二	九十二	一千一百二十二 三十四
處暑	增 初三 末二	六十 五十六	減八	降五十九 八	初三 末四	六十五 八	五十 六十二	一千一百七十二 一十八
白露	增 初二 末一	四十 三十六	減八	降六十四 六十九	初四 末四	一十 三十六	三十 八十二	一千二百二十二 二十七
秋分	損 初一 末一	六十 六十一	加十	降六十九 一十八	初四 末四	六十八 四十四	九十	一千二百九十六 九十六
寒露	損 初二 末三	六十二 九十二	加十	降六十三 九十一	初四 末三	四十二 九十六	二十二	一千三百六十六 一十四
霜降	損 初三 末五	九十八 二十八	加十	降五十五 一十九	初三 末三	九十四 一十九	一十八	一千四百三十 四
立冬	損 初五 末六	三十二 六十二	加十	降四十三 五十六	初二 末二	二十七 四十三	四十三	一千四百三十五 二十三
小雪	損 初六 末七	六十六 九十六	加十	降二十八 七十三	初二 末一	三十九 三十七	五十 一十六	一千五百二十八 七十九

大雪	損 初八 末九 三十三 三十二	加十	降十 四十	初一 末空 二十八 七 五十 一十二	一千五百五十七 五十二

二分前後陟降率

春分前三日太陽入赤道內秋分後三日太陽出赤道外故其陟降與他日不倫今各別立數而用之

驚蟄十二日陟四六十七一十六此爲末率於此用畢其減差亦止於此也

十三日陟四四十一六　十四日陟四三十八九十

十五日陟四

秋分初日降四三十八　一日降四二十九

二日降四五十九　三日降四六十八

此爲初率始用之其加差亦始於此也

求每日日出入晨昏半晝分

各以陟降初率陟減降加其氣初日日出分爲一日下日出分以增損差仍加減加減差增損陟降率馴積而加減之即爲每日日出分覆減日法餘爲日入分以日

出分減日入分半之爲半晝分以昏明分減日出分爲晨分加日入分爲昏分

求日出入辰刻

置日出入分以六因之滿辰法而一爲辰數不盡刻法除之爲刻不滿爲分命子正筭外即得所求

求晝夜刻

置日出分十二乘之刻法而一爲刻不滿爲分即爲刻夜覆減一百餘爲晝刻及分秒

求更點率

置晨分四因之退位爲更率二因更率退位爲點率

求更點所在辰刻

置更點率以所求更點數因之又六因之內加更籌刻滿辰法而一爲辰數不盡滿刻法除之爲刻數不滿爲分命其日辰刻筭外即得所求

求四方所在漏刻

各於所下水漏以定其處冬至或夏至夜刻乃與五十刻相減餘爲至差刻置所求日黃道去赤道內外度及分以至差刻乘之進一位如二百三十九而一爲刻不盡以刻法乘之退除爲分內減外加五十刻即得所求日夜刻以減百刻餘爲晝刻其日出入辰刻及更點差率等並依前術求之

求黃道內外度

置日出之分如日法四分之一以上去之餘爲外分如日法四分之一以下覆減之餘爲內分置內外分千乘之如內外法而一爲度不滿退除爲分秒即爲黃道去赤道內外度內減外加象限即得黃道去極度

求距中度及更差度

置半法以晨分減之餘爲距中分百乘之如周法而一爲距中度用減一百八十三度一十二分八十三秒半餘四因退位爲每更差度

求昏明五更中星

置距中度以其日午中赤道日度加而命之即昏中星所格宿次因爲初更中

星以更差度累加之滿赤道宿次去之即得逐更及明中星

步月離術

轉終分一十四萬四千一百一十　秒六千　二十　微六十

轉終日二十七　餘二千九百　秒六千　二十　微六十

轉中日一十三　餘四千　六十五　秒三千　一十　微三十

朔差日一　餘五千一百　四　秒三千九百七十九　微四十

象策七　餘二千　一　秒二千五百

秒母一萬

微母一百

上弦度九十一　分三十一　秒四十一太

望度一百八十二　分六十二　秒八十三半

下弦度二百七十三　分九十四　秒二十五少

月平行度十三　分三十六　秒八十七半

分秒母一百

七月初數四千六百四十八　末數五百八十二

十四日初數四千　六十五　末數一千一百六十五

二十一日初數三千四百八十三　末數一千七百四十七

二十八日初數二千九百一

求經朔弦望入轉凡稱秒者微從之他倣此

置天正朔積分以轉終分及秒去之不盡如日法而一爲日不滿爲餘秒卽天正十一月經朔入轉日及餘秒以象策累加之去命如前得弦望經日加時入轉及餘秒徑求次朔入轉卽以朔差加之加減里差卽得中朔弦望入轉及餘秒

求轉定分及積度朓朒

一日	一千四百六十八	度初	疾初	益五百一十三	朓初
二日	一千四百五十七	一十四度六十八	疾一度三十一	益四百六十九	朓五百一十三
三日	一千四百四十三	二十九度二十五	疾二度五十一	益四百一十二	朓九百八十二

四日	一千四百二十二	四十三度六十七	疾三度五十六	益三百三十二	朓一千三百九十三
五日	一千三百九十九	五十七度八十九	疾四度四十一	益二百四十三	朓一千七百二十五
六日	一千七百七十三	七十一度八十八	疾五度三	益一百四十一	朓一千九百六十八
七日	一千三百四十七	八十五度六十一	疾五度三十九	初益四十三 末損四	朓二千一百九
八日	一千三百二十一	九十九度八	疾五度四十九	損六十三	朓二千一百四十八
九日	一千二百九十五	一百一十二度二十九	疾五度三十三	損一百六十四	朓二千八十五
十日	一千二百七十一	一百二十五度二十四	疾四度九十一	損二百五十八	朓一千九百二十一
十一日	一千二百四十七	一百三十七度九十五	疾四度二十五	損三百二十五	朓一千六百六十三
十二日	一千二百二十八	一百五十度四十二	疾三度三十五	損四百二十五	朓一千三百一十
十三日	一千二百一十四	一百六十二度七十	疾二度二十六	損四百八十一	朓八百八十四
十四日	一千二百四	一百七十四度八十四	疾一度三	初損四百三 末益一百一七	朓四百三
十五日	一千二百八	一百八十六度八十八	遲空三十	益五百五	朒一百一十七
十六日	一千二百一十九	一百九十八度九十六	遲一度五十九	益四百六十二	朒六百二十二

十七日	一千二百三十六	二百一十一度一十五	遲二度七十七	益三百九十五	朒一千八十四
十八日	一千二百五十八	二百二十三度五十一	遲三度七十八	益三百九	朒一千四百七十九
十九日	一千二百八十一	二百三十六度九	遲四度五十六	益二百一十九	朒一千七百八十六
二十日	一千三百七	二百四十八度九十	遲五度一十三	益一百一十七	朒二千七
二十一日	一千三百三十三	二百六十一度九十七	遲五度四十三	初益二十七 末損一十一	朒二千一百二十四
二十二日	一千三百五十九	二百七十五度三十	遲五度四十七	損八十六	朒二千一百四十
二十三日	一千三百八十四	二百八十八度八十九	遲五度二十五	損一百八十四	朒二千五十四
二十四日	一千四百八	三百二度七十三	遲四度七十八	損二百七十八	朒一千八百七十
二十五日	一千四百三十一	三百一十六度八十一	遲四度七	損三百六十八	朒一千五百九十三
二十六日	一千四百四十九	三百三十一度一十一	遲三度一十三	損四百三十八	朒一千二百二十四
二十七日	一千四百六十三	三百四十五度八十一	遲二度一	損四百九十三	朒七百八十六
二十八日	一千四百七十二	三百六十度二十四	遲空七十五	損二百九十三	朒二百九十二

求中朔弦望入轉朓朒定數

置入轉小餘以其日筭外損益率乘之如日法而一所得以損益朓朒積爲定數其四七日下餘如初數以下初率乘之如初數而一以損益朓朒積爲定數如初數以上以初數減之餘乘末率如末數而一用減初率餘如朓朒積爲定數其十四日下餘如初數以上以初數減之餘乘末率如末數而一爲朒定數

求朔弦望中日

以尋斯干城爲準置相去地里以四千三百五十九乘之退位萬約爲分曰里差以加減經朔弦望小餘滿與不足進退大餘卽中朔弦望日及餘以東加之以西減之

求朔弦望定日

置中朔弦望小餘朓減朒加入氣入轉朓朒定數滿與不足進退大餘命壬戌筭外各得定朔弦望日辰及餘定朔干名與後朔同者其月大不同者其月小月內無中氣者爲閏視定朔小餘秋分後在日法四分之三以上者進一日春分後定朔日出分與春分日出分相減之餘者三約之用減四分之三定朔小餘及此分以上者亦進一日或有交虧初於日入前者不進之定弦望小餘在

日出分以下者退一日或有交虧初於日出前者小餘雖在日出後亦退之如望在十七日者又視定朔小餘在四分之三以下之數春分後用減定之數與定望小餘在日出分以上之數相校之朔少望多者望不退而朔猶進之望少朔多者朔不進而望猶退之日月之行有盈縮遲疾加減之數或有四大三小若循常當察加時早晚隨所近退之使不過四大三小

求定朔弦望中積

置定朔弦望小餘與中朔弦望小餘相減之餘以加減經朔弦望入氣日餘中朔弦望少即加之多即減之即爲定朔弦望入氣以加其氣中積即爲定朔弦望中積其餘以日法退除爲分秒

求定朔弦望加時日度

置定朔弦望約餘以所入氣日損益率乘之盈縮之損益萬約之以損益其下盈縮積乃盈加縮減定朔弦望中積又以冬至加時日躔黃道宿度加之依宿次去之即得定朔弦望加時日所在度分秒

又法置定朔弦望約餘副之以乘其日盈縮之損益率萬約之應益者盈加縮

減應損者盈減縮加其副滿百爲分分滿百爲度以加其日夜半日度命之各得其日加時日躔黃道宿次若先於曆中注定每日夜半日度即用此法爲準也

求定朔弦望加時月度

凡合朔加時日月同度其定朔加時黃道日度即爲定朔加時黃道月度弦望各以弦望度加定朔弦望加時黃道日度依宿次去之即得定朔弦望加時黃道月度及分秒

求夜半午中入轉

置中朔入轉以中朔餘減之爲中朔夜半入轉又中朔小餘與半法相減之餘以加減中朔加時入轉中朔少如半法加之多如半法減之爲中朔午中入轉若定朔大餘有進退者亦加減轉日否則因中爲定每日累加一日滿轉終日及餘秒去命如前各得每日夜半午中入轉求夜半因定朔夜半入轉累加之求午中因定朔午中入轉累加之求加時入轉者如求加時入氣之術法

求加時及夜半月度

置其日入轉筭外轉定分以定朔弦望小餘乘之如日法而一爲加時轉分（分滿百爲度）減定朔弦望加時月度以相次轉定分累加之卽得每日夜半月度（或朔至弦望或至後朔皆可累加之然近則差少遠則差多置所求前後夜半相距月度爲行度計其日相距入轉積度與行度相減餘以相距日數除之爲日差行度多日差加每日轉定分行度少日差減每日轉定分而用之可也欲求速卽用此數欲究其微而可用後術）

求晨昏月度

置其日晨分乘其日筭外轉定分日法而一爲晨轉分用減轉定分餘爲昏轉分又以朔望定小餘乘轉定分日法而一爲加時分以減晨昏轉分爲前不足覆減之爲後乃前加後減加時月度卽晨昏月度所在宿度及分秒

求朔弦望晨昏定程

各以其朔昏定月減上弦昏定月餘爲朔後昏定程以上弦昏定月減望昏定月餘爲上弦後昏定程以望晨定月減下弦晨定月餘爲望後晨定程以下弦晨定月減後朔晨定月餘爲下弦後晨定程

求每日轉定度

累計每定程相距日下轉積度與晨昏定程相減餘以相距日數除之爲日差定程多加之定程少減之以加減每日轉分爲轉定度因朔弦望晨昏月每日累加之滿宿次去之爲每日晨昏月度及分秒凡注曆朔日已後注昏月望後一日注晨月古曆有九道月度其數雖繁亦難削去具其術

求平交日辰

置交終日及餘秒以其月經朔加時入交汎日及餘秒減之餘爲平交其月經朔加時後日筭及餘秒中朔同以加其月中朔大小餘其大餘命壬戌筭外卽得平交日辰及餘秒求次交者以交終日及餘秒加之如大餘滿紀法去之命如前卽得次平日辰及餘秒也

求平交入轉朓朒定數

置平交小餘其日夜半入轉餘以乘其損益率日法而一所得以損益其日下朓朒積爲定數

求正交日辰

置平交小餘以平交入轉朓朒定數朓減朒加之滿與不足進退日辰卽得正

交日辰及餘秒與定朔日辰相距卽得所在月日

求中朔加時中積

各以其月中朔加時入氣日及餘加其氣中積及餘其日命爲度其餘以日法退除爲分秒卽其月中朔加時中積度及分秒

求正交加時黃道月度

置平交入中朔加時後日筭及餘秒以日法通日內餘進二位如三萬九千一百二十一爲度不滿退除爲分秒以加其月中朔加時中積然後以冬至加時黃道日度加而命之卽得其月正交加時月離黃道宿度及分秒如求次交者以交中度及分秒加而命之卽得所求

求黃道宿積度

置正交加時黃道宿全度以正交加時月離黃道宿度及分秒減之餘爲距後度及分秒以黃道宿度累加之卽各得正交後黃道宿積度及分秒

求黃道宿積度入初末限

置黃道宿積度及分秒滿交象度及分秒去之餘在半交象以下爲初限以上者減交象度餘爲末限入交積度交象度並在交會篇中

求月行九道宿度

凡月行所交冬入陰曆夏入陽曆月行青道冬至夏至後青道半交在春分之宿當黃道東立冬立夏後青道半交在立春之宿當黃道東南至所衝之宿亦皆如之也宜細推冬入陽曆夏入陰曆月行白道冬至夏至後白道半交在秋分之宿當黃道西立冬立夏後白道半交在立秋之宿當黃道西北至所衝之宿亦如之也春入陽曆秋入陰曆月行朱道春分秋分後朱道半交在夏至之宿當黃道南立春立秋後朱道半交在立夏之宿當黃道西南至所衝之宿亦如之也春入陰曆秋入陽曆月行黑道春分秋分後黑道半交在冬至之宿當黃道北立春立秋後黑道半交在立冬之宿當黃道東北至所衝之宿亦如之也四時離爲八節至陰陽之所交皆與黃道相會故月行有九道各以所入初末限度及分減一百一度餘以所入初入初末限度及分乘之半而退位爲分分滿百爲度命爲月道與黃道汎差凡日以赤道內爲陰外爲陽月以黃道內爲陰外爲陽故月行正交入夏至後宿度內爲同名入冬至後宿度內爲異名其在同名者置月行與黃道汎差九因之八約之爲定差半交後正交前以差減正交後

半交前以差加（此加減出入六度正如黃赤道相交同名之差若較之漸異則隨交所在遷變不常）仍以正交度距秋分度數乘定差如象限而一所得爲月道與赤道定差前加者爲減減者爲加其在異名者置月行與黃道汎差七因之八約之爲定差半交後正交前以差加正交後半交前以差減（此加減出入六度正如黃赤道相交異名之差若較之漸同則隨交所在遷變不常）仍以正交度距春分度數乘定差如象限而一所得爲月道與赤道定差前加者爲減減者爲加各加減黃道宿積度爲九道宿積度以前宿九道積度減之爲其宿九道度及分秒（其分就近約爲太半少論春夏秋冬以四時日所在宿度爲正）

求正交加時月離九道宿度

以正交加時黃道日度及分減一百一度餘以正交度及分乘之半而退位爲分分滿百爲度命爲月道與黃道汎差其在同名者置月行與黃道汎差九因之八約之爲定差以加仍以正交度距秋分度數乘定差如象限而一所得爲月道與赤道定差以減其異名者置月行與黃道汎差七因之八約之爲定差以減仍以正交度距春分度數乘定差如象限而一所得爲月道與赤道定差

以加置正交加時黃道月度及分以二差加減之卽爲正交加時月離九道宿度及分

求定朔弦望加時月所在度

置定朔加時日躔黃道宿次凡合朔加時月行潛在日下與太陽同度是爲加時月離宿次各以弦望度及分秒加其所當弦望加時日躔黃道宿度滿宿次去之命如前各得定朔弦望加時月所在黃道宿度及分秒

求定朔弦望加時九道月度

各以定朔弦望加時月離黃道宿度及分秒加前宿正交後黃道積度爲定朔弦望加時正交後黃道積度如前求九道積度以前宿九道積度減之餘爲定朔弦望加時九道月離宿度及分秒其合朔加時若非正交則日在黃道月在九道所入宿度雖多少不同考其兩極若繩準故云月行前在日下與太陽同度卽爲加時九道月度求其晨昏夜半月度並依前術

元史卷五十六

西元二〇二〇年十一月一日重製一版

元史（附考證）冊三（明宋濂撰）

平裝十冊基本定價陸仟伍佰元正
（郵運匯費另加）

發行人 張敏君
發行處 中華書局
臺北市內湖區舊宗路二段一八一巷八號五樓（5FL., No. 8, Lane 181, JIOU-TZUNG Rd., Sec 2, NEI HU, TAIPEI, 11494, TAIWAN)
客服電話：886-2-8797-8396
公司傳真：886-2-8797-8909
匯款帳戶：華南商業銀行西湖分行
179100026931
印　刷：維中科技有限公司
海瑞印刷品有限公司

No. N1060-3

國家圖書館出版品預行編目(CIP)資料

元史/(明)宋濂撰. -- 重製一版. -- 臺北市 : 中華書局, 2020.11
冊 ; 公分
ISBN 978-986-5512-38-5(全套 : 平裝)

1.元史

625.701 109016937